普通高等教育规划教材

Guoji Hangyun Jingjixue

国际航运经济学

（第二版）

（交通运输类专业）

主　编　杨　靳
副主编　杨荣波　李　照　黄鹏飞
主　审　余思勤

人民交通出版社股份有限公司
China Communications Press Co.,Ltd.

内 容 提 要

本教材在第一版的基础上，进行了重大修订，在保留国际航运经济学经典基础理论的同时，引进了航运市场危机理论。内容包括国际航运市场概况，国际航运沿革与格局，国际航运市场的供给与需求，航运现金流与成本分析，船舶融资，不定期船运输经济学，班轮运输经济分析，造船与拆船经济，国际航运政策。

本教材一律采用联合国每年公布的国际航运公报的材料，有关数据权威可靠，旨在成为交通运输类专业经典教材。

本教材可作为航海类高等院校国际航运经济专业方面的教学用书，也可供从事国际航运经济研究的学者和管理者参考。

图书在版编目(CIP)数据

国际航运经济学 / 杨靳主编. — 2 版. -- 北京 : 人民交通出版社股份有限公司, 2014.8

ISBN 978-7-114-11440-3

Ⅰ. ①国… Ⅱ. ①杨… Ⅲ. ①国际运输—水路运输—运输经济学 Ⅳ. ①F550.84

中国版本图书馆 CIP 数据核字(2014)第 111296 号

普通高等教育规划教材

书　　名：国际航运经济学(第二版)
著 作 者：杨　靳
责任编辑：张　淼
出版发行：人民交通出版社股份有限公司
地　　址：(100011)北京市朝阳区安定门外外馆斜街 3 号
网　　址：http://www.chinasybook.com
销售电话：(010)64981400,59757915
总 经 销：北京交实文化发展有限公司
印　　刷：北京鑫正大印刷有限公司
开　　本：787 × 1092　1/16
印　　张：10
字　　数：220 千
版　　次：2009 年 8 月　第 1 版　2014 年 8 月　第 2 版
印　　次：2014 年 8 月　第 2 版　第 1 次印刷
书　　号：ISBN 978-7-114-11440-3
印　　数：0001 - 3000 册
定　　价：30.00 元

(有印刷、装订质量问题的图书由本公司负责调换)

Preface 前言

2013 年,中国的商品进出口贸易总额已超过 4.16 万亿美元,成为世界最大的商品进出口贸易大国。按照美国标准,大概每 1000 美元的商品出口将产生 1 载重吨的国际航运需求,2013 年中国产生大约 41.6 亿载重吨的国际航运需求,而全球 2013 年实际发生了总计约 90～100 亿载重吨的国际航运需求,因此中国约占全球海上货物运输的 40%。如此庞大的国际货物运输量,无论从国际的角度或国内的视角来看,都需要科学的、专业的国际航运经济理论来进行研究和指导,使中国的国际航运更有效率。

与中国巨大的国际航运业相比较,中国航运经济理论的研究相对滞后。为了确保中国的航运理论研究在国际航运业中占有一席之地,也确保中国的航运中心不会成为昙花一现,使中国航运事业可持续发展,有必要对世界其他国家的航运理论进行系统整理,并结合中国当代的实践,进行传承与发展。

国际航运中心从 19 世纪的英国伦敦到 20 世纪的美国纽约—新泽西,再到今天向亚洲香港和上海的"西移",西方从事国际航运的学者,尤其是英国和美国的航运经济学家在国际航运管理和经营上作出了杰出的贡献,如英国的 BDI 运价指数、美国的国际海事法规等理论和惯例仍然被今天世界航运业者所使用。到 21 世纪初,由于国际航运业中心的进一步"西移",上海成为世界国际航运中心的地位已经初步确立,国际航运业在发达国家已经不再受到重视,至少受重视的程度不如过去。因此进一步探索国际航运市场的内部规律,指导中国乃至国际航运经济的运行,就落到亚洲,尤其是中国从事国际航运经济学研究的学者和业者身上。上海国际航运中心、厦门正在筹建的东南航运中心,都需要中国的航运学者投身到航运理论的探索和研究中,继往开来。

本教材在上述背景下,秉承传承与发展的理念,在继承有关国际航运经济学的基本理论,如 BDI 指数、FFA 指数等的同时,结合当前国际航运市场的实践,重点引进了一些微观经济学理论,对国际航运市场的结构和运营进行研究和分析;此外也引进了一些针对航运市场危机的经济学理论。过去的国际航运经济学者,可能是资料的取舍,也有可能出于某种歧视的心理,或多或少总是忽视包括中国在内的亚洲国家在国际航运市场上的存在和贡献,本教材强调了亚洲国家,尤其是中国在国际航运市场中的地位和作用。以往国际航运市场的数据取舍,由于存在文化差异和度量工具的变更,使数据的更新及权威性很受质疑,本教材一律采用联合国每年公布的国际航运公报(RMT)的材料,因此,数据具有相当程度的权威性和可靠性。

本教材在第一版的基础上进行了重大修改。第一章增加了历年全球GDP、全球出口贸易、全球商船总载重吨和海上贸易总吨等数据,便于读者进行时间序列的分析。这些数据来源于世界银行、WTO和联合国等世界性组织的数据库。第二章增加了对航运格局产生影响的主要变量分析,使教材能跟踪当代国际航运市场格局的变化,成为某种意义上的经济历史教科书。第三章修改的内容较多,主要体现在数据上,与第一章的部分数据有共用;第四章增加了航次现金流和年度现金流的估算;第六章、第七章和第八章全章节都进行了更新。

本教材具体编写分工如下:主编集美大学杨靳教授(编写第一、三、六、七章);副主编集美大学杨荣波副教授(编写第二、八章),李照副教授(编写第四、五章),黄鹏飞副教授(编写第九章)。本教材由上海海事大学余思勤教授担任主审,在此表示感谢。

作　者

2014年4月

Contents 目录

第一章 国际航运市场概况

国际航运业伴随着国际贸易的发展而产生。国际贸易是国际航运的本源需求,国际航运是国际贸易的派生需求。要掌握国际航运市场的运行规律,了解国际航运市场的产生与发展,就必须先了解和掌握国际贸易发展历程和基本规律,在此基础上才能了解国际航运市场的内在经济规律。因此,本章将重点阐述一些国际贸易的基本理论,在此基础上阐述国际航运市场的总体概况。

第一节 国际航运简介

现代社会每个国家都依赖廉价的原料,使得工厂能够正常地运作以及使住所或者办公场所得到照明或者得到暖气;另外一些国家则生产大量的廉价燃料以满足世界各国的需要,这就是全球化。这些燃料从矿井中抽出,然后通过油轮运送到世界各地,由其他国家生产的制成品,再通过集装箱运输到另外一些国家。现代社会各国家之间的联系如此紧密,是因为几个世纪以来,国际航运已经形成了网络运输系统,该运输系统高效地将世界各国紧密地联系在一起。因此国际航运市场对于现代经济,尤其是对经济全球化具有重要的促进作用。

一、国际航运的重要性

国际航运对现代社会具有非常重要的作用,只要有国际贸易的地方,人们总是要直接或者间接地从事与国际航运有关联的活动,因而国际航运从某种程度上影响着人们的生活。此外,国际航运从某种意义上又是人类重要的稀缺资源,它不仅仅是将旅客或者货物从一个地区运送到另一个地区,而且是人类重要的行为活动。当今国际航运已经与我们的现代生活息息相关。为什么国际航运对现代社会如此重要?几条非常重要的原因如下:

1. 国际贸易的需求

地球是一个充满丰富自然资源的大星球,但每一个地区的资源禀赋不一样,每一个地区之间存在差异。这些差异包括气候、矿产和土地肥沃程度等,这些自然差异导致有些地区盛产农产品,这些农产品除满足本地区消费之外,还存在剩余,可以用来进行国际贸易。通常这种交易是双向的,一个地区用一种农产品去换取另一个地区的其他产品。运输,尤其是国际航运是这些贸易得以实现的一个有利工具。例如由于冷冻集装箱的产生,以及快速的航运速度使得食品的贸易得以在国际间进行交易。此外,气候的变化会使得一个国家农产品的产量发生较大变化。食品或者救济品只有迅速、经济和有效地通过有组织的运送,才能安全、高效地到达目的地。

2. 市场之间的联系

一种产品的生产没有必要在任何地区都设立工厂,工厂必须设立在生产最有效率的地区,以实现规模经济,即生产规模的扩大可以降低单位产品的成本,以实现利润的最大化。因此在市场和工厂之间,必须有一个高效的运输系统。历史证明,没有一个高效的运输系统尤其是廉价的国际航运系统,要实现市场和工厂之间的联系,以利于工厂进行规模生产,是不可能的。

3. 社会交流

人类是一种群聚动物,只有一小部分人希望独居。即使在交通运输非常艰难的年代,人类也希望通过彼此的联系,增加社会关系,促进思想的交流。国际航运在社会关系的扩散中,起着非常重要的作用。

4. 国家凝聚力

一个国家有一支有效的世界级商船队,对于一个国家的安全具有非常重要的作用。对于一个由许多分散领土构成的国家,该国领导者的政策和国家认同必须通过航运系统得到执行。此外,能培养较好的海员,在战时,海员、商船都能成为战争获得胜利的基础。

5. 经济全球化与贸易增长

经济全球化导致世界各国之间商品贸易迅速增长。为了追求最佳竞争力和经济性,生产制造业中心开始超越国界转移其生产基地。消费者每天所消费的农产品和制造业产品都来自世界各地,尽管世界经济不断遭到地区性经济危机的冲击。

二、国际航运市场的功能

国际航运市场的功能可以从回答运输的功能中得到答案,即为什么人们需要将旅客和货物运送到另外的地点?一个可能的原因是人们到另外一个地点是为了商业和旅游,货物运到另外一个地点是为了获得较高的价格。因此我们可以将国际航运的功能定义为如下两个方面:

(1)对于旅客运输,是将旅客从现在的地点运送到旅客将来希望到的地点。

(2)对于货物的运输,是将货物从现在所在的地点运送到较高价值的地点,即增加位置效用。

因而我们可以将国际航运看成改变商品和旅客位置,即使旅客和货物的位置与在未来所期望的位置的差距得到缩小。经济学家认为生产可以产生效用,那么国际航运的目的是增加位置的效用。换句话说,国际航运的效用是实现从生产地点到消费地点效用的增加。例如农民种植的粮食,如果在国内,这些粮食的价值有限。当这些粮食被包装、运送到国外市场,粮食的价值就得到增加。国际航运通过使农民所种植的粮食运送到潜在的市场,使粮食的价值得到增加。

三、国际航运产品

对于怎样定义国际航运产品,许多从事国际航运业者经常会提出这样的问题:“我们将售给顾客什么产品?”对于这一问题的回答似乎非常明显:一个座位给旅客,一个舱位给货物。这个问题也可以反过来由消费者询问:“旅客和托运人想从国际航运中买到什么产品以进行消费?”本质上国际航运产品是“位移”或者说是位置的移动。国际航运经营的目的就是将旅

客或者货物从一个地点运送到另一个地点，这是国际航运存在的主要原因，或者说是从事国际航运业者所管理的主要工作。此外，国际航运还附带其他任务的工作，这就是要将旅客和货物安全、经济、及时地运送到目的地。这并不意味着是以最快的速度、按照确定的运费率和服务质量进行运输。国际航运与其他企业类似，必须在竞争的市场中获得生存。这意味着航运企业必须获得足够的收入，来弥补航运的运输成本，满足不断变化的航运市场环境的需求。

四、航运产品的公共性

公共产品是相对私人产品而言的，私人产品一般具有竞用性和排他性。竞用性指某消费者消费了该商品，则其他消费者就不能消费该商品；排他性指必须是支付价格的人，才能消费商品。国际航运产品作为运输产品的一部分，类似所有的运输产品，虽然需要支付费用才能使用船舶或船舶舱位，但并不排斥其他旅客和托运人同时使用该船舶的运输，因此航运产品具有半公共产品的特性。国际航运产品的半公共产品特性，决定了国际航运企业与其他企业既存在许多共性，又具有其独特性。这些独特性主要表现在其产品成本的独特性，即在某些特定的情况下，其边际成本非常低，甚至为零。如一条确定的集装箱班轮运输航线，其边际成本可以是零，或者仅仅是其装卸单位货物的价格。低边际成本导致了政府对国际航运市场的干预。

第二节　国际贸易发展历程与趋势

一、国际贸易发展历程

现代国际贸易产生于1760～1850年的工业革命，从1760年开始，英国的工人开始向工厂、矿山、冶炼企业集聚。新的城镇开始从中世纪传统宗教的统治中分离出来并成为现代经济增长中心。1750年以前，世界经济增长率年均为0.3%，而1760年开始直到19世纪中期，世界经济增长率持续保持在1.3%水平。1760年全球国内生产总值（Gross World Product）大约为7.6万亿美元，到2008年，全球GDP增长达到55.5万亿美元，同一时期，全球人口从8亿增长到60亿。2012年，全球GDP实现71.43万亿美元（表1-1）。

从事工业革命研究的一些学者在研究其产生的原因时，得出如下一些结论：一些学者认为是这一时期一系列的发明创造，使得大规模工业化获得可能，从而使得英国企业在与国外企业进行竞争时积累了资本；另一些学者将重点放在人力资本要素研究上，认为工程师和企业家的获得是工业革命在英国产生的主要原因。德国经济社会学家马克斯·韦伯（Max Weber，1864～1920）将企业家精神与新教徒伦理联系起来，认为新教徒伦理精神是工业革命在英国产生的主要原因；其他学者认为是因为英国发生了7年与Bengal的战争（1756～1963），并在战争中获得大量奴隶而暴富，因而通过采用外国的先进人力技术而使本国工业化的时机获得成熟；经济学家刘易斯则认为由于英国发达的农业，释放了大量工厂所需要的劳动力，是工业革命发生在英国的主要原因；其他学者认为是英国的政治制度确保了对人权与创新的保护，这些权力充分保证了自由竞争获得生存与发展。

或许是上述原因中的一个或几个的组合，或许是上述所有原因的组合，促使了工业革命的产生。先进技术和工业的扩张积累了经济起飞所需的条件。工业革命在英国产生，接着开始向比利时、法国和美国扩散。这一时期,运河开始让位给铁路,新部门开始商业化运作,新产品开始出现,经济增长成为了惯例而不是特例。

全球经济和贸易出口额

表 1-1

时间（年）	全球 GDP（万亿美元）	全球贸易出口（万亿美元）	时间（年）	全球 GDP（万亿美元）	全球贸易出口（万亿美元）
1991	23.27	3.61	2002	33.43	6.48
1992	24.92	3.77	2003	37.55	7.56
1993	25.38	3.78	2004	42.28	9.19
1994	27.13	4.32	2005	45.74	10.5
1995	29.99	5.18	2006	49.6	12.13
1996	30.6	5.41	2007	55.89	14.00
1997	30.49	5.59	2008	61.23	16.12
1998	31.24	5.5	2009	57.96	12.53
1999	32.4	5.72	2010	63.06	15.25
2000	32.29	6.45	2011	69.72	18.2
2001	32.1	6.19	2012	71.43	18.4

资料来源:UNCTADstatistics:http://Unctad.org/en/pages/statistics.aspr.

从1850年到1914年,即工业革命结束到第一次世界大战前夕,伦敦一直作为世界资本主义经济体系的中心。19世纪下半叶,工业化开始向德国、意大利、日本、奥地利等国家扩散,甚至俄罗斯也赶上了工业化的班车,这种扩散的重要媒介是国际贸易。英国为了拓展自己的工业化,将国外市场作为自己重要的目标市场。到1854年,英国出口国外的产品占本国国民生产总值的20%,同一时期,英国出口到世界市场的制成品超过世界总量的40%。当然贸易绝不是唯一对国民经济增长起作用的因素,其他因素还有:如,从欧洲到美国史无前例的移民与新领土的扩展;中国、印度及热带国家的低密度人口和丰富的自然资源;从非洲运输到美国的奴隶;欧洲国家向美国的大量资本的投资。这一时期,英国每年向美国投资其国民生产总值的7%,相当于2000亿美元的规模,这也是世界经济增长的主要原因。19世纪的最后30年,世界各国通过货币体系开始出现经济一体化趋势,从1870年开始,黄金已经成为名副其实的国际名义货币。黄金充当流通货币及其储存体系的形成,大大便捷了国际债务结算,促进了国际贸易的增长。19世纪的经济持续增长一直到进入20世纪。1914年的第一次世界大战爆发将世界经济中的自由贸易、劳动和资本的自由流动、金本位制度等自由国际贸易体系彻底摧毁,战争带来生命财产的损失是史无前例的。战争中诞生的苏维埃共和国拒绝偿还俄罗斯所欠的所有债务,导致法国积累的所有国外债权消失;英国则收回所有的国外债权以应付战争,其他欧洲国家的国际贸易都不同程度出现萎缩。到1919年,当第一次世界大战结束时,贸易商再次寻找战前的消费者时,发现他们都已经不存在了。这一时期虽然国际资本开始恢复流动,但它再也不是从发达国家流入到发展中国家,而是流向美国,因为美国经济开始强劲增长,但是到1929年前后,所有这些努力再一次失败。这一时期,欧洲国家失业率达到史无前例的

20%～30%，银行开始破产，债务堆积如山，资本市场的资金开始干枯，金本位制度被迫放弃，货币贬值成为一种时尚，保护主义开始盛行。许多国家如德国、英国、巴西等国家开始采用国有化和放弃金本位制度，这些国家在经济上采用以邻为壑，靠牺牲邻国就业来获得增长，这种国有化和经济的崩溃立即导致1939年的第二次世界大战。

在"二战"结束前一年，世界各国在美国的新罕布什尔州的布雷顿森林召开了一次经济史上的历史性会议，同意成立国际货币基金组织和世界银行，其目的是建立国际经济新秩序和为世界经济的重建筹措资金。

从1945到1973年，由于前苏联没有加入布雷顿森林体系而在欧洲地区自行创立计划经济体系，东西方进入了冷战时期。这一时期中国与美欧等西方国家的政治关系出现了缓和，为了欧洲经济的恢复，美国制定了著名的马歇尔计划，但战后重建并不如人们预期那样，经济恢复异常困难。1949年的柏林封锁和从1950年到1953年的朝鲜战争几乎酿成了第三次世界大战。

这一时期世界经济虽然经历了从通货膨胀到新的萧条，由环境污染而导致的经济停滞到自然资源的枯竭，以及由国际金融体系的破产到各国独立战争，但世界经济的繁荣仍然是史无前例的，世界经济年均增长率达到创记录的5.5%。从1974年到1989年，世界经济增长率开始下降，这一时期的经济平均增长率仅仅只有3%。而同一时期，世界人口增长率保持在2%的水平，因而人均收入下降幅度很大。从1989年到2007年，世界经济持续增长。表1-1阐述了全球经济主要指标，包括全球GDP和全球出口贸易量指标。从表1-1中可以看出：2007年，世界GDP增长率达到3.8%，世界贸易的增长率达到顶峰时的5.5%。此后，从2008年开始，美国的次贷危机开始演变为世界性的金融危机，国际贸易遭到重创。全球出口贸易总额则从2008年的16.12万亿美元下降到2009年的12.53万亿美元，可见美国金融危机导致全球进出口贸易额发生了绝对下降。当然此后的2010年和2012年，全球贸易额开始回升。2013年美国、日本等国家经济开始复苏，尤其是2013年日本的日经指数创造了1972年以来最好的表现，增长率达到57%左右。

二、国际贸易现状

1. 知识成为国际贸易发展的动机

按照亚当·斯密、大卫·李嘉图古典的比较优势理论和赫克歇尔、俄林的资源禀赋理论，一国与另一国发生国际贸易的动因，主要是各国拥有的生产成本和资源禀赋不同，按照生产成本的不同和资源要素丰缺盈余的程度进行国际分工，然后进行国际贸易，贸易双方均能获得拥有生产成本和资源禀赋相对优势的贸易利益。然而，20世纪90年代以来，知识经济初露端倪，特别是以信息技术、知识产业为主要标志的知识革命迅猛发展，人类正在迈向一个以智力资源和知识要素占有、分配、生产和消费的知识经济时代，知识总量、人才素质和科技实力将代替资本成为竞争的根本要素，智力资源的丰缺盈余程度将成为国际分工和国际贸易的决定性因素，自然禀赋状况的重要性日益被削弱，以自然资源为中心的国际分工体系逐渐被以知识和技术为中心的国际分工体系所代替，科学技术知识将成为国际贸易发展的新的重要动因。

2. 国际贸易交易对象的技术含量提高

在科学技术知识对经济发展日益重要的今天，国际贸易交易对象的技术含量逐渐提升。

首先,技术贸易在国际贸易的构成中发展十分迅速;其次,国际贸易货物的技术水平逐年提高,高科技产品在制造业的份额也日益上升。国际贸易交易对象的技术含量提高的原因主要有以下几个方面:第一,随着知识经济时代的到来,各国都普遍重视科技的开发研究,实行科技发展战略,把高科技产业作为产业制高点;第二,世界技术发明创造与更新的周期大大缩短,蒸汽机从研制到形成产品用了100年的时间,而平面型晶体管从研制到产品只用了5年的时间,产品技术更新的周期在20世纪90年代平均只有1.5~2年;第三,与技术贸易有关的社会条件日益完善,尤其是各国在知识产权方面的努力,为国际技术贸易的发展提供了良好的经济、法律环境;最后,经济全球化和自由化浪潮使各国的经济合作与依赖进一步加深,国际技术交流更加频繁。

3. 国际贸易方式网络化

随着知识经济时代多媒体技术和网络技术的发展,国际贸易日益借助国际互联网来完成,出现了所谓的网络贸易。网络贸易是指通过计算机网络,如万维网、因特网等现代化电子方式所进行的贸易或商务活动,整个交易过程包括交易磋商、签约、货物交付、货款收付等,大多在全球电信网络上进行。其交易的产品主要是数字化产品,如金融服务、网上娱乐、售票服务、音像书刊、软件设计、咨询服务、信息传递等;也有实物产品交易,实物产品交易则是交易磋商、签约、货款支付在网上进行,实物交付在具体地点进行。1997年7月8日,在德国波恩召开的由40多个国家参加的部长会议上,一致同意在网络贸易中维护自由贸易原则,各国不得自设关税和非关税壁垒,同意网络贸易不得征收新的税种,其中29个国家在通过的文件上签字;此外,WTO和APEC等国际或区域经济组织对网络贸易也十分重视。

4. 国际贸易市场垄断化

由于跨国公司垄断了国际技术创新的70%~80%和国际技术贸易的90%,因此,在国际交易市场中跨国公司的垄断地位日益加强。目前,跨国公司是新技术的主要开发者,也是技术贸易的主要交易者,已经成为拉动世界经济的火车头。在迈向知识经济快速发展的21世纪,信息技术和高效运输技术的突飞猛进,企业的跨国经营变得更加容易和有效,跨国公司的发展也将面临新的飞跃。因此,跨国公司现在都纷纷调整其发展战略,对内进行经济结构的升级和技术的大规模更新,对外竭力维护其市场份额,并努力开拓新市场。

5. 国际贸易利益分配两极化

由于发达国家和发展中国家在知识经济的发展过程的差异,在国际贸易利益分配格局中,两极化的趋势明显,呈现所谓"中心边缘化"现象。在国际技术贸易中,发达国家占80%,仅美国就占了世界技术贸易总额的1/3,而且全球技术贸易的85%在发达国家之间进行。

6. 国际经济协调贸易化

随着知识经济的发展,特别是近年来电子通信产业的快速发展和网络贸易的兴起,国际贸易商品结构发生了很大的变化,国际经济协调的重点日益侧重贸易领域。与此同时,国际贸易所关注的问题也从自然资源转向了知识资源,从自然资源密集型产品、资本密集型产品转向了知识密集型产品。国际贸易协调的范围和重点也转移到以服务业、电信业、知识产权为代表的知识经济领域,1997年世界贸易组织《全球基础电信协议》、《信息技术协议》和《开放全球金融服务市场协议》的签订就反映了这一发展趋势。

第三节　国际贸易理论与现代航运

一、国际贸易的基本理论

1. 重商主义理论

重商主义理论产生于15世纪，全盛于16世纪至17世纪，该理论认为国际贸易的主要目的是实现国际收支的盈余。出口是一件值得称许的事，因为出口直接刺激本国工业并导致贵重金属如黄金和白银的增加。相反进口则是一种负担，因为它直接降低对本国商品的需求，并减少黄金储存。因此重商主义提出的政策是鼓励出口而限制进口。

重商主义理论一般适合一个国家的市场需求小于市场供给；或一个国家的国际贸易是赤字；或一个国家由于盈余资本没有立即的用途，希望通过积累盈余以备未来使用的情况。此外重商主义理论还有一些潜在考虑：即积累足够金融能力以备对外战争以维护本国领土完整。

2. 绝对优势理论

1776年，亚当·斯密(Adam Smith)在其著作《国富论》中，进行国际贸易能给贸易双方带来利益，而且不需要一方存在国际贸易盈余或另一方存在国际贸易赤字。绝对优势理论与重商主义理论比较，绝对优势理论反对政府采取各种政策保护本国出口而限制进口，主张进行自由贸易。因而该理论成为贸易保护主义和自由贸易主义的分水岭。

3. 相对优势理论

绝对优势理论有一个假设条件，即要获得绝对优势理论的国家之间的交易必须在各自交易商品存在要素禀赋时，才能进行国际贸易并使双方获得利益。如果交易中的一方在交易的两种商品都具有绝对优势时，是否还有进行国际贸易的必要呢？大卫·李嘉图(D. Ricardo)采用相对比较优势理论回答这一问题。它认为即使一个国家在进行交易的两种商品都具有绝对优势，只要通过分工，让一方生产比较优势大商品，另一方生产比较优势小的产品，然后通过交易，双方仍然可以获得各自利益。

斯密和李嘉图的理论后来被称为自由贸易理论的代表。该理论的核心论点是实行自由贸易可以形成相互有利的国际分工；扩大国民的真实收入；进口廉价商品，减少国际开支；减少垄断，加强竞争，提高经济效率；提高企业利润，促进资本积累。因而自由贸易理论很好地回答了为什么要进行国际贸易的问题。

从上述国际贸易理论，可知国际贸易的利益包括：第一，降低获得贸易商品的成本；第二，丰富国内商品交易；第三，扩大市场，使企业可以获得规模经济；第四，使贸易双方获得互惠利益。由于国际贸易是国际航运需求的本源需求，二者之间有很强的相关关系。1995年世界总海运运输量大约为8亿吨，到2007年增长到80亿吨。20世纪70年代到80年代，美国出口金额与国际市场上原油价格相关。但是，到了最近，集装箱海运运输箱量与高附加值贸易商品之间的相关性很强。如美国大约出口1000美元的商品，就会产生1载重吨的国际航运需求。到20世纪80年代，国际航运市场上船东接受托运人委托运输的货物种类主要是石油、铁矿石、煤和谷物，这四种货物占船东运输贸易的2/3以上。此外，糖、冷冻食品、微量矿物质，工业原料如橡胶、木材、水泥、纺织品和化学品以及工业制成品如重型机械、汽车等消费品也占重要份额，这些货物的运输需求导致了航运市场的多样化。

二、现代航运业产生与发展

1492年10月12日，哥伦布登上了美洲大陆的圣萨尔瓦多岛，标志人类开辟了从欧洲到美洲的跨大洋航线；1498年5月中旬，达·伽马抵达印度的卡利卡特港，标志从欧洲绕好望角，经印度洋达到亚洲，联系欧洲、非洲、亚洲，跨越大西洋、印度洋和西太平洋的航线被人类开拓；1519年9月20日，麦哲伦率领5艘船舶和250名船员，开始了人类历史上第一次环球航行，在沿着南美西海岸向北航行3个月零20天的时间里，麦哲伦没有遇到一次风暴，于是将这片大洋命名为“太平洋”。1521年3月6日，麦哲伦达到关岛。从此，跨太平洋航线被人类开拓。世界三大航线的开辟，标志航运业进入了一个新的里程碑。

1. 不定期船市场起源

不定期船运输最早开始于1850年，第一艘蒸汽轮船开始投入到跨大西洋的海上运输，运输的货物为煤矿，进出港口主要为伦敦、威尔士等。虽然采用蒸汽轮船运输成本比帆船要高，但蒸汽轮船运输比帆船运输可靠，速度快，能确切预定达到港口的时间，降低海上航行时间，且每艘船舶运输的货物要比帆船运输的货物重量大得多。到1900年，不定期船舶的载重吨已经达到5000～6000吨，航行速度一般可达到9节；当时最现代化的船舶载重吨可达到7000吨，在良好航行条件下，航行速度可达到11节。有一艘船舶 William McFee，船宽达到10.0米、吃水14.4米，有三口锅炉，每天燃烧煤25吨，其动力达到1800马力。该类型船舶一般以运输煤矿为主，在返程时运输棉花、糖等。1900～1914年，干散货船舶普遍达到7000载重吨，航行速度为10节；1919～1939年，每艘干散货船舶已经达到10000载重吨，此时燃料已经由燃料油取代煤。1912年，柴油机首次取代锅炉，成为不定期船舶的主要动力。1946年，由美国制造的一批标准载重吨干散货船“自由号”成为当时主要的不定期船型。该类型不定期船舶为10500载重吨，采用双甲板，可以运输散货和包装的杂货，在以后的20年间，“自由号”船型开始扩展到几乎世界每一条国际航线上。到1968年，英国船厂(Austin and Pickersgill)首次制造了一艘14000载重吨的干散货船舶，这种大型的干散货船舶如果满载煤矿、铁矿石、谷物，那么它们的船东将获得较高的经济效益，因而对这类大型的船舶需求持续旺盛，以至于40000载重吨的干散货船舶也在这一时期被建造并下水营运。这些大型船舶由于只有少数的港口的能挂靠，因而在灵活性方面，比不上一些小的干散货船舶，这一时期，小型的干散货船舶仍然得到许多承租人的青睐。到21世纪，不定期船市场已经形成了一套完善的运作模式和管理方法。

2. 班轮运输市场形成

现代航运市场起源于欧洲，其标志是杂货班轮运输的产生。直到19世纪中期，海运业的航行还依赖风力，没有产生国际杂货班轮运输，航运业还是一种无组织、自发性的行业。当时如果船舶要航行到一个特定的目的港，船东必须打广告，公告船舶名称、航行目的港和运费率。从一个港口到另一个港口的货物，无论是散货还是杂货，都只能采用不定期船运输。到19世纪中期后，大量新的技术和商业惯例开始运用到航运业，使得定期船运输成为可能，其中蒸汽机的运用对定期船舶运输起了决定性作用。1844年，铁行(P&O)引进了明轮翼蒸汽机船，航行在远东航线上。航运经济学家 Rogers 认为该航线是人类历史上的创举。因为蒸汽机船舶的应用，使跨大西洋航线所耗费的成本降低了1/3。

1866年从英国利物浦到中国上海的航线上也首次采用蒸汽机船。该航线绕过好望角，从利物浦到上海的时间为77天，平均航速为6节。而如果不采用蒸汽机船运输，即使一艘第一流的最快的帆船，遇上最适宜的风向，从利物浦到上海也需要90天时间，一般时间为120~150天。1969年，苏伊士运河开通后，从利物浦到上海的时间再次降低到只需要57天左右。到19世纪70年代，从欧洲到远东航线上，定期班轮运输所需要的商业和技术条件都已经成熟，大量船东开始订购蒸汽机船舶投入至欧洲到远东航线上的定期班轮运输。

这一时期，由于蒸汽机在航运业的应用，托运人对跨大西洋航线和欧洲到远东航线的托运量迅速增加，伴随着货物运输需求的增加，船东因此也大量增加蒸汽机船舶的订单。特别是1869年苏伊士运河的开通后，蒸汽机船显示了巨大的优势，大量货物采用班轮运输，班轮运输市场的运费率迅速提高，导致1872~1873年的两年之间，蒸汽机船的订单大量增加，完工后的船舶立即投入到跨大西洋和远东航线上。导致班轮运输市场的经济规律开始显现出来。19世纪70年代，包括英国铁行在内的许多家航运企业都投入到两条国际性干线运输，市场竞争异常激烈，定期班轮运输的运费率开始大跌。有的船公司为了抢货源，不惜采用低运价，亏本运输。尤其是远东到欧洲航线的运输还受季节性影响，因为远东到欧洲的大宗货物主要是茶叶，茶叶是一种受季节性影响很强的货物，货源的季节性导致东西向货源的不平衡性大大增加，加剧了竞争的激烈程度。为了降低竞争，防止船公司之间货源的竞争导致竞争双方的两败俱伤，船东被迫联合起来，于1875年在欧洲到印度的加尔各答航线上，首次自发成立公会组织，即远东运费联盟，该组织的船东一致同意向所有托运人征收相同的运输费率，限制航线密度。1877年，为了进一步争取托运人，班轮公会同意向托运人支付佣金，但条件是该托运人必须至少12个月时间内将其所有的货物交由班轮公会承运，班轮公会则支付其货物的10%作为回扣或佣金。

在以后的数十年里，班轮公会管理体系开始在世界其他航线逐渐得到扩展，到20世纪70年代，班轮公会的总数达到370家(Deakin. B. M and Seward. T,1973)，班轮公会组织也发生了巨大变化，其主要差异表现在封闭性班轮公会和开放性班轮公会。班轮运输的产生以及该运输形式的管理体系——班轮公会的产生，标志着现代航运的成熟。

3. 集装箱运输市场的形成

集装箱运输首创者是美国的海陆运输公司(SEA - LAND Service Inc.)，该公司以前主要经营卡车运输。1955年该公司出售卡车运输公司，买下了大西洋轮船公司(Pan Atlantic Steamship Company)，开始了其集装箱运输的计划。1965年4月，该公司首先在美国沿海航线上开展集装箱运输，取得成功之后，该公司改名为"海陆公司"，并于1966年开辟大西洋国际航线，国际集装箱班轮运输的产生标志着国际集装箱运输业的产生。随着国际贸易的不断扩大，以及航海技术、装卸技术的进一步发展，集装箱运输作为一种最为快捷、方便的运输方式越来越受到重视，已经成为国际上货物运输的主要方式之一。

表1-2是历年全球海上运输总量的统计。从表中可以看出：全球海上运输总量是持续增加的，虽然有个别年份如2009年出现绝对下降，但总趋势是持续增加的。干散货总计实际包括集装箱运输的量，也表现出持续增加的趋势，表明集装箱运输成为海上运输的总趋势；但油轮运输不乐观，如2012年与2011年比较，呈现绝对下降的趋势，主要受全球能源革命，尤其是美国能源革命的影响，未来发展有待观察。

历年全球海运量运输　（单位:亿吨）　表1-2

时间(年)	原油和天然气	五大干散货	干散货总计	全球总计
1991	18.67	10.05	22.53	41.20
1992	18.90	9.90	23.30	42.20
1993	19.70	9.93	23.60	43.30
1994	21.00	10.28	23.85	44.85
1995	21.73	10.82	24.78	46.51
1996	21.56	10.92	26.02	47.58
1997	23.22	11.49	26.31	49.53
1998	28.17	—	27.81	55.98
1999	21.42	11.70	35.26	56.68
2000	22.78	11.96	36.12	58.90
2001	20.57	12.88	37.75	58.32
2002	24.15	13.31	37.04	61.19
2003	25.19	13.52	39.81	65.00
2004	26.80	14.75	42.74	68.45
2005	25.80	15.87	45.28	71.08
2006	29.95	17.01	46.87	76.82
2007	29.81	18.36	50.02	79.83
2008	29.23	19.57	52.87	82.10
2009	23.56	20.59	54.87	78.43
2010	31.92	23.33	52.16	84.08
2011	31.28	24.17	56.56	87.84
2012	28.36	26.65	63.29	91.65

资料来源:UNCTAD 秘书处资料编辑,2013。

第四节　国际航运市场的基本结构

一、航运市场货物分类依据

为了解释航运业是如何将复杂货物组合进行分类,以完成货物运输任务的,我们必须引进一个航运市场的核心概念,即单票订单吨位分布函数(Parcel size distribution,简称 PSD)。该概念首先定义所有的托运人在某一特定时间内某类货物托运单的票数,然后将这些托运单按照每票托运货物吨位大小进行分类,如 4 万吨以下谷物、4 ~ 6 万吨的谷物、6 ~ 8 万吨谷物,最

后将某一吨位的谷物托运单占总托运单的比例进行统计计算，然后将该统计结果在坐标图上显示出来。PSD概括了单票货物大小分布范围。图1-1是某时期内谷物的PSD，该函数表明在该时期内6～8万吨货物订单的比例达到80%以上。船公司在订造新船时，必须考虑6～8万吨之间的船舶吨位。每票货物的分布函数受较多因素的影响，其中包括经济因素和非经济因素。此外船舶的可获得性以及运输基础设施情况，尤其港口装卸是影响PSD的重要因素。PSD的重要性在于回答了某种货物需要托运吨位大小的概率，每种货物的PSD不同，表明该种货物需租赁船舶吨位大小的差异。

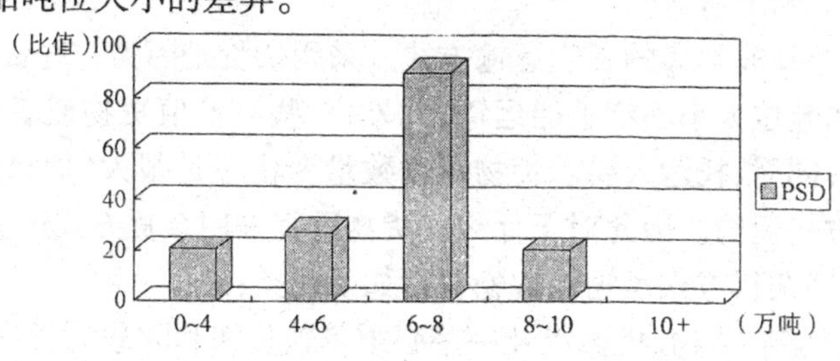

图1-1 某时间内谷物的PSD

二、航运市场货物分类

在国际航运市场，PSD是航运市场划分散货和杂货的依据，货物分类划分依据是按照PSD概念，即托运人每托运一票货物吨位大小来划分的。如果托运人每托运一票货物吨位足够一艘整船运输，我们称该货物为散货（散货还可以采用其他方法定义），而如果托运人托运货物吨位较少，不够整船运输，只能租赁船舶的一个或几个舱位，则该货物被称为杂货，即“普通承运人”租赁舱位运输。如托运人只有500吨钢材的货物，托运人会采用杂货运输；而如果是5000吨钢材，一般采用整船运输。因此本质上散货和杂货是指货物的运输方式，而不是指特定的货物。图1-1是依据PSD概念，将货物按照每票托运货物分布函数，将货物划分为散货和杂货。散货在国际航运市场上一般采用不定期船方式运输；而杂货则采用定期班轮运输。因此航运市场可以根据运输方式的差异分为两个不同的运输市场。

1. 散货

散货的历史虽然很长，如19世纪的谷物、茶叶以及煤就开始采用船舶运输，但散货真正成为一种运输方式——散货运输，则开始于第二次世界大战后。当时主要散货——原油（从中东运输到日本和西欧），以及少量化学品和液体散货就逐渐采用散货运输。在干散货运输中，由于许多国家处于工业化时期，生产大量的钢铁、铝以及化肥等制成品销售到国外；同时，从国外进口大量的原材料，结果散货运输迅速成为一个重要的行业，散货船舶吨位占到世界船舶总吨位的3/4以上。许多原材料成为散货运输的主要运输产品，如原油、铁矿石、煤，以及谷物。这些货物几乎成为了“散货”的代名词，人们只要听到原油、铁矿石、煤以及谷物就认为这些货物是散货。但这些货物之所以采用散货运输，是因为货物本身价值比较低，承受运价的能力很弱，只能通过整船运输，获取规模经济效益，降低运输成本，因而变成了“习惯性散货”名称。但当这些货物运输量较少时，也会采用杂货方式运输。散货按照其物理特性一般划分为如下四种类型：

（1）液体散货。一般采用油轮运输，液体散货中的主要货物是原油、油制品，液体化学品，如苏打、菜籽油和酒，每一货种的吨位从数千吨到百万吨不等。

(2)五种“干散货”。包括铁矿石、谷物、煤、磷矿石和铝土矿，这些货物一般采用传统的散货船运输。

(3)小宗散货。铁制品、水泥、石膏、非金属铁矿石、糖、木制品以及化学品。

(4)特种散货。一些需要在装卸和储存上采取特别方式的货物，如摩托车、铁制品、冷冻货以及其他特种散货等。

2. 杂货

杂货是一种与散货差别非常大的货物运输方式。采用杂货是因为一些货物不能采用整船运输，或者说托运货物的吨位太小不能整船运输；此外，一些高价值货物或者灵敏性较高的货物也采用杂货方式运输；同时，托运人要求货物运输数量变化不是很大，货物需求在较长时间稳定时，也常采用杂货方式运输。因此对于什么样货物适宜采用杂货方式运输，一般很难有一个标准的答案。最常采用杂货方式运输的货物包括如下几类：

(1)松散货。包括纸箱装货物、机械以及一些必须单独装卸和贮藏的货物。

(2)集装箱货。一般采用20英尺和40英尺集装箱，箱内装满货物。

(3)成组货。为了便于贮藏和快速装卸，将货物集中装运在一个托盘上。

(4)捆绑货物。将一些木制货物捆绑成标准的包装。

(5)液体货。采用油箱、液体集装箱以及桶状包装。

(6)冷冻货。经过冷冻以确保货物新鲜的货物。

(7)笨重货物。太大而难于装卸的货物。

直到20世纪60年代中期，大多数杂货运输采用松散和单件的杂货方式运输，这种运输是一种劳动密集型行业，既浪费时间，又费用昂贵，而且货物很容易被损坏。结果货物运输花费了2/3的时间在港口，导致货物装卸成本占到总航次成本的1/4。随着货物运输量的增加，杂货航运公司发现满足这种杂货运输的困难越来越大，而且托运人又要求降低运输成本，对航运运输的要求越来越高。航运业为了解决这一问题，对杂货运输采用了“成组化”运输，即将单件货物进行包装成标准单位，以便于快速装卸和廉价运输。对于将货物成组化运输能否满足托运人的运输需求，当时有两种选择，即采用托盘运输和集装箱运输。托盘是一种扁盘，是将多件货物捆绑在一起进行装卸，然后通过叉车式起重机进行装卸；集装箱运输则是将不同的杂货装入标准箱进行运输，最后，托运人似乎选择了集装箱运输。

三、航运市场组织结构

航运市场是怎样组织散货和杂货运输的？回答该问题必须了解航运市场的组织结构。航运市场组织结构的基本原则是：散货运输采用不定期船方式运输；杂货运输则采用定期船方式运输。但这个答案似乎与现实差异很大。实际上，船公司经营航运业仍然是按照利润最大化的原则，有时运输杂货的船舶有可能暂时从事散货运输；运输散货的船舶也可能暂时从事杂货运输。不定期船运输与定期船运输的差异较大。这些差异主要包括航运组织类型，航运政策等。

在讨论航运市场的组织结构时，我们所关心的是什么样的商业组织来组织航运市场的运输。毫无疑问，在航运市场的主要部门包括从事散货运输的不定期公司，它们主要从事大宗散

货运输；以及从事杂货班轮运输的定期船公司，它们主要从事小宗散货运输。这两个部门经营方式有很大的差异，这些差异包括航运组织类型、航运政策甚至雇佣人员。如班轮运输所组织的货物票数数量很大，需要大量的销售人员来处理货运与托运人之间的关系，如处理提单、计划装箱以及通关等运输操作过程。而散货运输则相反，运输货物的票数少，但量大，因而不需要大量的陆地管理人员。散货运输的决策对散货船公司非常重要，散货航运业的主要领导人，如经理、副经理一般直接从事航运决策，如购买船舶、出售船舶以及承租货物。

图1-2绘出了航运市场的结构组成关系。

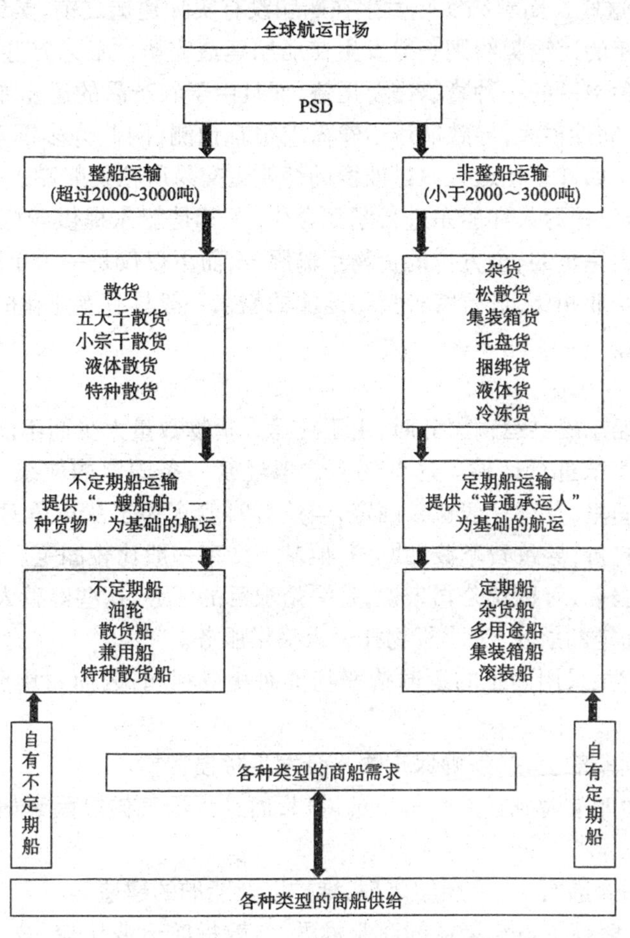

图1-2　航运市场结构图

1.不定期船运输

不定期船运输主要从事大吨位的货物运输，基本原则是“一艘船舶，一种货物”。从事不定期船运输，拥有大量货物的托运人通常拥有自己的船队来完成自己的货物运输，如日本和欧洲的钢铁企业，企业用自己的船舶从事铁矿石和煤的运输。这些企业追求一个稳定的、可预期的航运效益。早期从事干散货运输的伯利恒钢铁公司，它们第一次拥有自己的船队从事秘鲁到巴尔迪摩的铁矿石运输，使该公司的成本大大降低。可见工业化的聚集效应并不是必须通过航运市场才能实现降低企业成本的方式，采用自己拥有船舶，企业自己从事运输，同样可以降低企业的成本。可见为了确保在可预期的运输成本下,不通过航运市场来实现企业的运输需求,公司自己拥有自己的船队是可行的。只是企业自己拥有船队,企业必须具有足够大的资本用来购买船舶。

如果托运人对航运市场有较长期的稳定的需求,自己又不想拥有一支船队,他就必须通过航运市场。在航运市场上与船东签订一个长期的期租租赁契约。这种契约可能长达10~15年不等,尤其是在铁矿石市场,这种长期租赁合同更普遍。如日本的商船三井,就与日本钢铁公司签订了长期租赁合同。20世纪80年代,在日本铁矿石进口市场上,长期租赁合同占整个市场的20%左右。这些长期契约实际发生在船舶没有实际建造之前,契约就已经产生。至于一年、三年、甚至五年的运输契约则一般发生在船舶建造完毕之后才产生。在航运市场上,大多数托运人只有品种单一的一种货物需要运输,而且由于农产品的运输如谷物、糖等货物因季节性因素,市场的波动性很大,导致航运运输需求很难预测,因此许多国家采用航运交易所的组织形式组织运输。如许多托运人通过波罗的海航运交易所租赁船舶进行单航次运输。至于特种散货的运输,需要托运人和船东进行紧密合作,尤其是船东提供较好的服务非常重要,因为此时船东必须提供完整的、全方位的货物运输服务,而不仅仅是一个单航次、单品种的服务。与一般的散货运输企业相比,进行特种货物运输的船东一般具有专业化的功能,能够降低运输成本、提高运输质量。

2. 定期船运输

定期船运输是船东提供运输服务时,由于托运人货物数量太少而不能从事整船舶运输,因而必须将托运货物集结进行运输。这些船东一般经营一条固定的航线,而且进行广告服务。同时在一个较长时间里,费率一般比较固定,当然有时船东为了从竞争对手那儿抢夺货源,会对托运人进行运价打折,导致费率波动剧烈,但基本费率一般比较固定。班轮船东进行小宗散货的定期班轮运输服务,对班轮公司来说,是一个艰巨的任务,这些经营人必须从事如下业务:

(1)提供一条固定的航线,为小货物托运人提供服务。

(2)对不同的货主采用固定的运输费率基价而获得利润,因而每周要处理上千件的托运货物。

(3)将货物装到船舶上,必须确保货物不会发生货损货差。

(4)必须保证船舶准时到达广告提供的港口,而且无论气候等因素如何,船舶必须准时达到固定港口。

(5)确保船舶适合航行,包括船舶修理、维护以及船舶的建造等。

所有这些管理,解释了班轮运输的商业术语,与散货航运业比较,技术和组织管理上存在着较大的差异。由于班轮运输存在高管理成本,而且必须进行固定服务,甚至即使船公司发生亏仓时,运输也必须进行。因此班轮运输对非经济性的费率竞争非常脆弱,为了克服这一弱点,班轮运输产生了班轮公会体系。

根据表1-3所示,2013年全球商船突破16.29亿载重吨,其中油轮4.90亿载重吨、干散货船6.84亿载重吨、杂货船0.80亿载重吨、集装箱船2.10亿载重吨,其他船舶1.66亿载重吨。在所有船舶载重吨趋势变化中,只有杂货船舶的趋势处于递减,其他船舶都处于递增趋势。尤其是集装箱船舶和其他类型船舶递增趋势显著,表明集装箱和其他类型船舶的市场需求在不断增加。

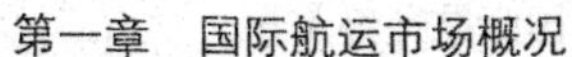

历年全球商船供给　（单位:亿载重吨）　表 1-3

年　份	全球总计	油轮	散货船	杂货船	集装箱船	其他船
1980	6.72	3.37	1.81	1.12	0.10	0.29
1981	6.78	3.38	1.84	1.14	0.11	0.30
1982	6.86	3.34	1.93	1.13	0.12	0.33
1983	6.90	3.23	2.04	1.13	0.13	0.36
1984	6.81	3.04	2.12	1.11	0.14	0.38
1985	6.68	2.84	2.18	1.08	0.17	0.39
1986	6.54	2.58	2.27	1.03	0.18	0.45
1987	6.32	2.38	2.26	1.00	0.20	0.46
1988	6.25	2.34	2.24	0.97	0.21	0.47
1989	6.20	2.34	2.22	0.97	0.21	0.49
1990	6.29	2.35	2.2	1.00	0.22	0.47
1991	6.51	2.44	2.30	1.02	0.23	0.50
1992	6.74	2.56	2.36	1.02	0.27	0.53
1993	6.84	2.61	2.34	1.04	0.29	0.53
1994	7.00	2.69	2.36	1.06	0.32	0.55
1995	7.19	2.71	2.50	1.04	0.39	0.56
1996	7.31	2.66	2.61	1.03	0.44	0.57
1997	7.55	2.71	2.71	1.04	0.49	0.60
1998	7.73	2.72	2.80	1.02	0.56	0.63
1999	7.85	2.80	2.74	1.01	0.61	0.67
2000	7.94	2.83	2.74	1.02	0.63	0.71
2001	8.02	2.85	2.80	0.99	0.69	0.68
2002	8.22	2.86	2.94	0.95	0.77	0.68
2003	8.42	3.10	2.96	0.96	0.83	0.57
2004	8.63	3.20	3.10	0.94	0.92	0.48
2005	9.07	3.40	3.26	0.92	1.00	0.49
2006	9.65	3.56	3.49	0.96	1.13	0.52
2007	10.42	3.83	3.68	1.01	1.28	0.62
2008	11.17	4.07	3.91	1.05	1.45	0.69
2009	11.92	4.18	4.18	1.09	1.62	0.85
2010	12.76	4.50	4.57	1.08	1.69	0.92
2011	14.15	4.40	5.47	0.81	1.84	1.63
2012	15.37	4.70	6.23	0.81	1.99	1.67
2013	16.29	4.90	6.84	0.80	2.10	1.66

资料来源:UNCTAD Statistics[DB/OL]. http://unctad.org/en/pages/statics.aspx.

小　结

本章阐述了国际航运产品的本质是“位移”，航运产品在“位移”过程中获得价值的增加；国际航运市场与国际贸易之间的派生需求关系；国际航运市场产生的渊源、国际航运市场的结构、国际航运市场营运方式。在论述国际航运市场的渊源时，重点阐明了国际航运的本源需求，即国际贸易产生的理论：要素禀赋的差异所导致的绝对优势和相对优势理论，国际贸易现状，并简明介绍了国际贸易的历程；在国际航运市场结构部分，阐明了伴随着国际贸易产生的国际航运市场的产生过程，先采用帆船运输、不定期船运输和定期船运输，最后到定期集装箱运输的发展历程。国际航运市场分类：杂货和散货；国际航运运输结构：定期班轮运输和不定期船运输。

专业术语

1. PSD(The Parcel Size Distribution Function)：单票订单吨位分布
2. Bulk Cargo：散货
3. General Cargo：杂货
4. Dry Bulk：干散货
5. Bulk Liquid：液体散货
6. Specialist Cargo：特种散货
7. Loose Cargo：松散货
8. Pallets/flats：托盘货/框架货
9. Pre-slung：捆绑货
10. Refrigerated Cargo：冷冻货
11. Wheeled Cargo：滚动货
12. Heavy and awkward loads：笨重货
13. Tankers：油轮
14. Bulk carriers：散货船
15. Combined carriers ：兼用船
16. Specialist bulk vessels：特种散货船
17. Multipurpose vessels：多用途船
18. Containers：集装箱船
19. Ro-ro vessels：滚装船
20. Shipper：托运人
21. Shipowner：船东
22. Charterer：承租人
23. Charter-party：承租方
24. Voyage charter：航次租船
25. COA(Contract of affreightment)：包运合同

26. Time Charter:期租
27. Period time charter:定期租船
28. Time charter trip:航次期租(以一个航次时间为租船时间的期租)
29. Bareboat or demise charter:光租
30. Laytime or Laydays:装卸时间
31. Demurrage:滞期费
32. Despatch:速遣费
33. IMO(International Maritime Organization):国际海事组织
34. ILO(International Labour Organization):国际劳工组织
35. The Shipping Committee of UNCTAD:联合国贸易和发展组织航运委员会

思　考　题

1. 国际航运市场的产品本质以及特征有哪些?
2. 分析国际航运市场的基本结构。
3. 阐述国际航运市场的本源需求特征。
4. 阐述绝对优势和相对优势理论。

第二章　国际航运沿革与格局

航运业是一种典型的国际性行业,其发展一般受国内生产总值、经济发展阶段、自然资源的分布状况三个经济变量的影响。本章拟先简要阐述国际航运发展历史,即以大西洋、太平洋和印度洋为轴线,分析国际航运发展历程与运行轨迹,并分析大西洋、太平洋和印度洋沿岸国家的航运发展状况。

第一节　国际航运中心的发展历史

纵观长达5000年之久的世界航运发展历史,就会发现,不论是由于机遇还是某些深藏的经济规律,航运贸易中心在持续地“西移”。这条“西移”路线始于公元前3000年的黎巴嫩,而后缓慢向西进入罗德岛(Rhodes)、克里特岛(Crete)、希腊大陆、罗马以及意大利北部。大约在1000年前,该线路移动了一大步,进入了西北欧的安特卫普和鹿特丹、伦敦以及美国东岸,使这些国家和地区依次成为主要的航运贸易中心。最后,在20世纪,该线路跨出了巨大一步,航运贸易中心进入太平洋地区的日本、韩国、新加坡、中国香港,最后是中国的上海、宁波等地。“西移”的每一步都伴随着同样处于航运贸易中心的相邻国家之间的经济竞争,导致旧的世界经济中心不断衰落,新的世界经济中心同时产生,犹如船舶沿着环球航线航行。不同地区的海运文化、政治联盟、港口甚至经济财富,都是数个世纪以来经济演变的产物,而航运则在其中起到重要的纽带作用。

一、工业化前的国际航运中心

1. 公元前1000年地中海和印度洋的贸易

历史资料证明,早在公元前约3000年,海上贸易运输已经出现。随着早期航运的发展,地中海沿岸率先出现了一些对外贸易港口。公元前2700年,腓尼基人就在地中海东岸兴建了西顿港和提尔港。古代腓尼基的疆域,大体上相当于现代的黎巴嫩,由于其位于海路和陆路商队贸易路线的交汇点,因此成为地中海沿岸地区的贸易中心。海上贸易是腓尼基人最重要的经济活动,他们的商业和航运业非常发达。

到了公元前8世纪,通过商业贸易,提尔港已发展成当时一流的城邦。腓尼基人控制地中海贸易线路长达3个世纪之久,成为船舶制造商和中转贸易商(运输其他国家的商品)。他们从事玻璃、纺织品和金属制品的贸易,生产木材、酒类和石油,换取埃及的亚麻、黄金和象牙,小亚细亚的羊毛、塞浦路斯的铜器以及阿拉伯的树脂。

2. 希腊航运的兴起

公元前666年，提尔城被亚述人占领，腓尼基人统治东地中海的时代宣告结束，海运贸易中心西移。在地中海中部出现了相当规模的城镇，如北非的迦太基、锡拉丘兹，希腊的雅典，埃及的孟菲斯。随着腓尼基商人的衰落，以市场经济为基础的希腊成了较为集中的贸易地区，并最终演变为主要的海运贸易国。随着雅典的扩张，这个城邦需进口粮食来供应其居民。以后1000年间(到公元400年)，东地中海成为以雅典、罗德岛、安提阿、亚历山大四个重要城市为主的活跃贸易区。而后两个城市尤为强盛，这是由于它们通过红海和阿拉伯湾把贸易扩展到东方国家。

3. 罗马贸易和“罗马和平”时期

随着罗马经济的成长和政治重要性的上升，贸易中心向西移到意大利。罗马从西班牙进口矿产，从北非和黑海地区进口小麦，从东地中海进口制造品。在以后的200年间，罗马帝国控制着地中海和黑海以及英国的沿岸地区。在“罗马和平”时期，尽管地中海东岸的城镇数量和贸易线路远多于西岸，但地中海地区贸易还是得以扩张。东岸的大都市从“发展中”的西班牙和英国进口矿产，从北非、埃及和黑海地区进口谷物，并从商业还仍然兴盛的黎巴嫩和埃及进口制造品。东方的贸易线路已经由后两个国家进入地中海了。

至公元前3世纪末，罗马帝国开始分化，在行政管理上，分成西罗马帝国和东罗马帝国。东罗马帝国首都位于君士坦丁堡，发展成了拜占庭帝国，而西罗马帝国却缓慢衰败。到了公元700年，海运贸易以君士坦丁堡为中心，开辟了至罗马、威尼斯和黑海的海运航线。而伊斯兰帝国控制的整个地中海南岸，很少使用海运方式，而以骆驼商队来运输货物。

4. 北欧海运贸易的开始

中世纪期间，北欧经济开始成长，主要以英格兰的羊毛业和佛兰德的纺织业为基础。斯堪的纳维亚开放了波罗的海和北欧之间的贸易，从海上运输鱼类、羊毛、酒类和谷物。科隆发展成了主要城市。当时，“发达”的世界有两个经济中心，一个在东地中海，另一个在北欧。由于没有海路连接这两个中心，两者之间的贸易距离最近而且成本最低的方式是：货物经由海上最远运到威尼斯或热那亚，之后越过阿尔卑斯山，最后顺莱茵河而下至北欧。

5. 威尼斯时代

威尼斯共和国，一个很小的城邦，由于处在东西方贸易的交汇处的战略位置，演变成下一个国际航运中心。公元500~1200年，威尼斯上升为主要的贸易、航运和造船中心，得益于拜占庭帝国的衰败。拜占庭帝国出于农业考虑，立法实行低利息，从而避免该国进入远距离贸易这种高风险行业。由于拜占庭帝国施加于过多的税赋负担，拜占庭船东即使在国内航线上也无法与威尼斯人竞争，威尼斯的海运网络开始取代拜占庭本土海运运输网络。为了发展海运业，威尼斯实行优惠税率，并于1081年规定，在崩溃的拜占庭帝国境内，从事贸易活动不加以任何限制或征税。

在12世纪，威尼斯海上强权达到顶峰，当时意大利北部成了贸易中心。但是，在接下来的一个世纪，威尼斯逐渐失去了其中心地位。其中，原因之一是西方经济快速成长，到了1400年，“汉撒同盟”城市，尤其是吕贝克和汉堡，控制着北欧和波罗的海之间的贸易，变得非常强大。原因之二是1453年君士坦丁堡战败于奥斯曼帝国，由于关闭了与东方的贸易线路，从而清除了威尼斯与印度贸易的垄断权。而更为重要的是，由于失去了香料贸易，为了寻找新的利润，西欧商人冒险进入大西洋海区，探寻有香料的岛屿，贸易中心也因此再次西移。

6. 15～16 世纪的航海大发现

15 世纪后期的“航海大发现”使得航运成了全球性行业。新的贸易中心包括地中海、北海、波罗的海、北大西洋、印度洋以及太平洋。西班牙和葡萄牙走在前头，他们早与非洲有贸易往来。1487 年，葡萄牙人巴尔托洛梅乌·迪亚士（Bartholomew Dias）沿着非洲海岸航行，试图到达香料之岛（Spice Island）。3 年后，克里斯多弗·哥伦布（Christopher Columbus）出发去日本，向西航行进入了之前未被探险过的大西洋水域，在 1492 年、1493 年和 1498 年三次航行中，他横穿大西洋去探寻西印度群岛。1497 年，瓦斯科·达·伽马（Vasco da Gama）从葡萄牙出发，成功绕过好望角，10 个月后抵达印度南部。而最后，1520 年，麦哲伦绕过好望角，建立了一条进入太平洋的航线，证明了环球航海的可能性。

由于这些航海大发现，一些新兴的主要贸易地区被打开了，包括北美的哈得逊湾和墨西哥湾、西印度群岛、南美洲以及远东（包括印度和中国）的香料之岛。到香料之岛的好望角航线最快取得商业价值，因为欧洲与该地区之间早已有实质性贸易。此外，通过海运的远东香料的质地远远好于通过东地中海的传统陆运香料。这个新世界的殖民者需要制造品，而贸易的稳步增长为他们提供了支付条件。

7. 荷兰航运的兴起

位于新型贸易网络的中心地带，安特卫普和阿姆斯特丹受益于贸易发展趋势。这两个港口处于欧洲贸易的交汇之处：既可运输来自意大利北部的大量货物，又满足了来自东方、西方和波罗的海的货物。

1520～1576 年，安特卫普已成了世界贸易的中转地、仓库和市场。在安特卫普，英国冒险商人出售英国的服装和羊毛；德国南部的银行主与德国人、意大利人交易服装、香料和金属品；葡萄牙国王通过代理商购买了大量的印度胡椒粉、肉豆蔻、肉桂和丁香油；西班牙商船从加德斯运来羊毛、酒类和白银，而运回服装、铁器、煤炭和玻璃。

1585 年，安特卫普的统治地位结束。1585～1620 年，阿姆斯特丹演变为世界贸易中心，辐射范围从德国到印度。荷兰商船的建造成本和经营成本均低于任何其他国家的商船，因此占据了谷物、木材、食盐和白糖的散装运输。由于西北欧人口增长，谷物进口量快速上升，荷兰商船在波罗的海的谷物运输方面获得了空前的成功。

二、工业化时期的国际航运中心

1. 1660～1940 年的英国航运

17 世纪的工业革命始于英国，在海运贸易方面，英国商人成了荷兰商人的有力竞争对手。受益于大西洋航线上的白糖、棉花、烟草贸易和奴隶买卖，英国西岸港口布里斯托尔（Bristol）、怀特黑文（Whitehaven）、利物浦（Liverpool）和格拉斯哥（Glasgow）发展起来。此外，纺织品、铁器、铁钉和玻璃的出口也快速增长。17 世纪 50～60 年代，为了排斥荷兰商人，英国国会通过了《航海法》（The Navigation Act），规定任何货物都不得进口到英国，除非由英国船东所有的、并在英国建造的船舶承运，而且该船的船长和 3/4 的船员必须是英国人。英国又通过建立海军来保护其商船，排斥荷兰商船，导致了荷兰海运权威地位的衰退和英国海运的兴起。

在英国东岸，从纽卡斯尔到伦敦开始有了煤炭贸易，英国商船队也迅速发展起来。17 世纪末期，英国经济的发展和海军力量使得海运贸易中心从阿姆斯特丹移到伦敦。而到了 19 世纪 70 年代，处于这个横跨全球海运帝国中心的伦敦，控制着 1/2 世界海运贸易量和 3/4 全球造船业。

而就经济发展程度而言，北美东岸与欧洲的差距并不大。在美国东北部，钢铁和重工业在从北美五大湖区的匹兹堡（Pittsburgh）、芝加哥（Chicago）和底特律（Detroit）一直到东岸的纽约和巴尔的摩（Baltimore）这些地区得到了发展。来自西欧的移民加剧了东岸人口的快速增长，该地区成了巨大的市场。

19 世纪中叶，铁路和铁质轮船的出现使得运输成本大幅度减低，通过运输获得原材料和市场已不再是制造业经济上的关键问题。原材料和粮食资源可以全球配置，制成品几乎可以运达任何地区，而成本仅占货物价值的几个百分点而已。1950 年以前的大多数世纪，西欧主导着国际航运，控制着大多数的世界航运、造船业和班轮公会，世界海运网络围绕着殖民体系建立起来，该网络的主要功能是输出制成品而运回初级产品。

2.20 世纪的美国航运

北美洲位于繁忙的北大西洋西部，在 20 世纪的海运贸易方面扮演着很微妙的角色。散装运输、货物一体化操作、集装箱运输以及大量的商船制造等所需的许多技术都来自美国。美国首先采取措施制定国际航运规则，并于 1889 年召开国际海事会议。20 世纪 30 年代，美国船东就已开展了开放登记；在 90 年代，美国又开始实行更为严厉的防污染规则。

1920 年 6 月，美国制定了《商船航运法》（常称之为“琼斯法案”）。该法案的目标在于使美国保持一支装备精良、船型最合适的商船队，能足以运输更多的美国商品，而且最终应由美国公民拥有和经营。该法赋予美国海运委员会广泛的管理权力以监控船舶的经营，包括：班轮航线的数量、投入的船舶类型、航班频率、班轮公会的行为。

第一次世界大战期间，美国运作一项重要的造船计划，但大多数船舶直到战后才交付。对于剩余的船舶，海运委员会允许出售给私人船东。如此一来，该委员会就参与了航运补贴计划，而该项计划以后持续了约 50 年。至 20 世纪 20 年代中期，由于船舶经营和建造成本远高于欧洲，如果不提供广泛的补贴，美国就不能维持一支近于自足的船队。为此，1928 年的美国《商船航运法》规定，海运委员会可以对新船建造提供贷款。

8 年后，著名的 1936 年《商船航运法》也坚持了这种规定。该法案目的在于制定并通过造船和经营方面的优惠政策，为不具有竞争力的美国航运业提供补贴。法案尽力保护美国海员就业，限制美国籍船舶雇佣外国海员的数量，并规定海员的工作时间和条件以及最低工资。同时还规定，经政府票据融资（全部或部分）的全部美国出口货物应该由美国籍船舶承运。由于这项计划，至 1939 年，根据劳氏船级社的统计数据，美国船队规模位居世界第二，占世界总登记吨位的 13.9%。

第二次世界大战时期见证了美国航运业的复兴。几年期间，美国商船承运了很大部分的世界贸易商品。但是，至 20 世纪 50 年代中期，欧洲国家已重新建立起其商船队，而美国廉价出售其“二战”期间建造的船舶正好助推这个过程的完成。美国的高劳动力成本、税赋以及限制性海事立法，促使美国船东到国外进行船舶登记。在以后的 20 年间，美国船队规模稳步缩减，2008 年降到 0.39 亿载重吨，不足全球商船规模的 4%。

三、后工业化时期的国际航运中心

1. 1945 ~ 1975 年的日本与韩国航运

随着世界经济的发展,大西洋贸易经济开始变得成熟并失去发展的动力,经济增长的中心开始西移到太平洋和印度洋地区。这一时期,日本和韩国逐渐成为世界航运中心。日本工业成长始于19世纪末,但在20世纪50、60年代之前,日本国际航运的重要性就已经显现出来。1946年后,日本经济重组,选择发展造船、汽车、钢铁和航运等产业作为支柱产业。至60年代,日本开始实施经济增长计划,目的是使日本成为全球的主要航运国家。1965 ~ 1972年,日本贡献了远洋干散货贸易增长的80%。至70年代初,日本造船业已占到全球的1/2;包括开放登记船舶在内,日本已控制着全球最大规模的商船队。在70年代,日本经济进入了更成熟阶段,从原材料贸易转向高附加值产品贸易。

西移的下一站是韩国。在70年代后期,韩国也加入了海运联盟,努力抢占全球造船市场的主要份额,钢铁、汽车等重工业快速发展并与日本竞争。但是,西移进程并未到此为止。在与西方国家20年的完全隔绝以及数个世纪的限制联系之后,70年代中期,中国经济开始向资本主义"敞开大门",接着出现了一段不同寻常的经济增长期。在普通杂货贸易方面,中国香港和新加坡这两个贸易中心力争区域性权威地位,而从新加坡至日本之间的各国都成了海运贸易的商业中心。

2. 21 世纪初的中国航运

20世纪末21世纪初,随着中国经济的改革开放,中国于21世纪初加入WTO,逐渐发展成世界工厂,其贸易总量迅速进入世界经济的前列。截至2008年,中国的商船吨位占世界总吨位的第五位,造船吨位也跃居全球第二位。中国沿海港口迅速发展,尤其是上海、宁波等沿海港口迈入世界大港的前列。2008年上海港货物吞吐量排名世界第一,集装箱吞吐量世界第二。中国航运从1992年中美航运备忘录的签署到2009年的17年的时间,迅速跃居成为世界航运贸易的中心,创造了世界航运史的奇迹。如今,上海、香港和高雄港已经成为世界航运经济的龙头。

第二节　世界主要运河与航区

一、世界主要运河

1. 苏伊士运河(Suez Canal)

苏伊士运河位于埃及境内,于1869年通航。苏伊士运河是连通欧、亚、非三大洲的重要国际海运航道,它沟通了红海与地中海,把大西洋和印度洋连接起来,大大缩短了东西方航程。与绕道非洲好望角相比,从欧洲大西洋沿岸各国到印度洋和太平洋两岸,可缩短航程8000 ~ 10000公里,苏伊士运河是一条在国际航运中具有重要战略意义的国际海运航道。

为了吸引更多的船舶使用苏伊士运河,以确保埃及靠苏伊士运河所得的收入不会下降,苏伊士运河管理局对运河几经扩建。目前,苏伊士运河吃水深度已达到20米,载重吨为22万吨的重载船舶和37万载重吨的放空船舶均可双向通过。

对于船东而言，利用运河所节省的成本是：经过运河的实际成本（主要是燃油费和运河通航费）和绕道好望角长航线成本之间的差额部分。运河通航费按照船舶的苏伊士运河净吨位（Suez Canal Net Tonnage，SCNT）来征收。费率计算单位为美元/苏伊士运河净吨（US $/SCNT），按重载航次和空载航次分别计算。苏伊士运河净吨相当于船舶甲板下载货舱容，这种吨位由船级社或正式的贸易机构核定，并签发苏伊士运河特殊吨位证书。

2. 巴拿马运河（Panama Canal）

巴拿马位于巴拿马共和国的中部，于1914年通航，是沟通太平洋和大西洋的重要航运要道。与绕道非洲的好望角比较，从大西洋到太平洋的航程经巴拿马运河可缩短11000～14000公里。运河总长约83公里，吃水深13～26.5米，河宽150～304米，可以通航载重吨为60000～80000吨、船宽不超过32.3米的船舶。运河设有6座船闸，船闸用途是把船升高或降低，以适应运河各段的水位。运河入口处为大西洋一侧的克里斯托瓦尔港和太平洋一侧的巴尔博亚港，通航船舶的最大尺度如表2-1所示。

巴拿马运河概况　　表2-1

船舶各尺度	船舶总尺度（米）	船舶最大尺度（米）	船舶各尺度	船舶总尺度（米）	船舶最大尺度（米）
长度	304.8	274.3	吃水	12.4	11.28
宽度	33.53	32.3			

资料来源：Review of Maritime Transport 2008，United Nations conference on trade and development Genea 编辑。

由于运河航道拥堵常常发生，2006年4月24日，巴拿马运河管理局正式向外界公布了扩建计划。根据计划，2007～2014年，巴拿马政府将斥资52.5亿美元将现有河道挖深1.2米，新建两座三级船闸、一座海上指挥作业平台、一条单行局部航道。扩建工程完成后，运河的通航能力将增加1倍，货物年通过量将从目前的约3亿吨增至6亿吨。

巴拿马运河通航费以船舶的巴拿马运河净吨位（Panama Canal Net Tonnage，PCNT）为基础计算，对集装箱船则以船舶的箱位运力为基础计算。此外，巴拿马运河管理局早在1982年就推出班轮通航巴拿马运河预先登记办法，分为24小时以内、1个月内和1个月至1年三个时间阶段预先登记，但是预先登记保留船舶通航巴拿马运河的远洋承运人必须缴纳5.30美元/标箱的预先登记费，集装箱船运力越大，预先登记费用越高。

二、世界主要航区

1. 大西洋航区

一个世纪以来，大西洋地区一直是世界航运中心，周边地区（尤其在北大西洋）分布着主要的航运强国。大西洋非常适合于海运贸易，东西两岸主要工业国之间的距离很少超过3000海里，或相当于商船10天的航程。西欧仍是最大的贸易区，海运贸易量占全球的25%，而北美（包括北美西岸）占13%，两者一起创造了原材料和制成品的巨大贸易量。而另外4个地区的贸易量则少得多。位于地中海的10个非欧洲国家占7%，加勒比和中美洲地区为3%，南美东岸为6%，西非为5%。大西洋的贸易模式如下：大西洋东西航线上船只密集，而南北航线的船只较少。就地形而言，大西洋呈S形，南北向较长，东西向较窄。整个大西洋贸易区内有18个主要的海洋和海湾。

(1)西欧的海运贸易。欧洲海运贸易包括13个国家。最大进口国是荷兰,其后是英国、意大利和法国。在欧洲经济共同体(EEC)和斯堪的那维亚,这些成熟工业经济体在20世纪70年代进口下滑,其中,英国从2亿吨急剧下降到1.36亿吨(同时也反映了北海石油产业的发展)。相比之下,在发达程度较低的欧洲其他国家,进口却有所增长,尤其是西班牙、葡萄牙和前南斯拉夫。

欧洲有大量的河流和港口。位于最北的纳尔维克港(Narvik)出口铁矿石,而位于波罗的海的各个港口则中转芬兰、俄罗斯、波兰、德国北部以及瑞典各国和地区的贸易货物。木材产品、石油、煤炭以及普通杂货经过圣彼得堡(St Petersburg)、文茨皮尔斯(Ventspils)、格坦斯克(Gdansk)、罗斯托克(Rostock)、斯文诺斯切(Swinoujscie)、斯德哥尔摩(Stockholm)、马尔默(Malmo)各港运输。往南有汉堡港(Hamburg)和不来梅港(Bremen),服务于德国及其腹地。这些都是重要的散货港口,储运谷物、化肥、钢铁和汽车。但近年来,集装箱业务凸显出来,汉堡港、不来梅都进入全球集装箱大港行列。

再往南有欧洲最重要的内陆水道——莱茵河,经鹿特丹港流入北海。莱茵河通过运河与其他多条河流相连,每年货运量约有5亿吨。鹿特丹港是欧洲最大港口,又是全球最繁忙的港口之一。鹿特丹还是欧洲的主要集装箱中转港,而附近的安特卫普港、法国北部的勒阿弗尔港(Le Havre)、英国的费利克斯托港(Felixstowe)、南安普敦港(Southhampton)和蒂尔伯里港(Tilbury)都是世界性大港口。

欧洲地中海港口服务于西班牙东部工业区以及从马赛(Marseilles)至意大利北部特里亚斯特(Trieste)之间的工业地带。马赛、热那亚、特里亚斯特都是重要港口,从事谷物、铁矿石、石油、小宗散货以及集装箱的装卸业务。最大的集装箱码头位于西班牙南部的阿尔赫西拉斯港(Algeciras)和意大利的拉斯佩齐亚港(La Spezia)。总之,西欧仍然对航运市场有重要影响力,其海运贸易量巨大,且在其经济成熟之后,贸易增长已从原材料进口转向制成品和半成品贸易,贸易变得更为均衡。

(2)北美的海运贸易。全球海运贸易中,北美地区占总量的13%。北美是全球最大经济区,人口超过3亿,财富为全球的1/3,耕地19亿公顷,6倍于西欧。美洲大陆中部种植粮食作物,中西部是全球最大的集约化连续耕种地区,而北美有丰富的原材料。作为全球最富有的地区,北美对制成品有巨大的需求。多年来,北美产品几乎可以全部满足本地市场需求,但最近几年,工业制成品越来越多依赖于从中国进口。

最近数十年,北美贸易有了实质性发展。出口货物主要是资源密集型很高的产品,包括煤炭、谷物、林产品、铁矿石、硫磺以及各种小宗矿物。北美是全球最大的谷物出口地,粮食出口市场也得益于水路运输体系,尤其是密西西比河和五大湖区,而西岸所处地理位置更便于满足快速成长的亚洲市场需要。出口量第二的是煤炭,主要来自与东岸并行的阿巴拉契亚山脉(Appalachians)的煤田以及西岸的加拿大煤田。

北美进口贸易量主要是原油和原油制品,虽然美国是一个主要的石油生产国(油田位于南部,主要在得克萨斯州),但现在国内产油量下降,需要由进口石油补充。与亚洲和欧洲的制成品贸易也非常重要,在过去20年间,北美已成为汽车和制成品贸易的最重要的国际市场。

北美东岸和海湾沿岸是非常繁忙的海运地区。在美国东岸,从北到南港口有:波士顿、纽

约、费城、巴尔的摩、汉普顿(HamptonRoad)、莫尔黑德城(Morehead City)、查尔斯顿(Charleston)以及萨瓦纳(Savannah)。东岸是主要的工业区,集装箱船频繁停靠这些港口。最大的3个集装箱港口分别是纽约、汉普顿和查尔斯顿。出口的主要散货是煤炭,经汉普顿和巴尔的摩运出。

美国海湾是散货进出美国的主要路线,原油和成品油达到进口货量的76%,而干散货占出口货量的80%以上,尤其是谷物、油料籽(oilseeds)、饲料和煤炭。另外,还有重要的冷藏货进口到海湾地区。多数货物从密西西比河沿岸的各码头装运出口,沿岸共有11个谷物输送带,最远的在内陆的巴顿鲁治(Baton Rouge)。美国海湾也是最大的石油进口地,由于历史原因,美国石油提炼和配送中心位于该地区。石油进口到海湾地区,加工后通过河运和管道进行输送。在新奥尔良港外的LOOP码头是唯一的深水码头,能够停靠超大型油轮(VLCC)。在新奥尔良以东,有莫比尔(Mobile)、坦帕(Tampa)和佛罗里达(Florida),莫比尔出口煤炭,坦帕出口磷矿石。而在新奥尔良以西,有查尔斯湖(Lake Charles)、波蒙(Beaumont)、亚瑟港(Port Arthur)、休斯敦(Houston)、加尔维斯敦(Galveston)以及克珀斯-克里斯堤(Corpus Christi),全都储运石油货物。其中,休斯敦港最大,装卸石油、谷物、集装箱和化学品货物。由于水深所限,150000载重吨以下的油轮可以进港,来自中东的更大型油轮只能在港外转船。

北美西岸具有非常不同的海运特点。西岸以落基山脉为界,没有主要的可航河流,内陆货物主要通过铁路和公路运输。最北处的瓦尔迪兹港(Valdez)有阿拉斯加原油出口码头。鲁珀特王子港(Prince Rupert)则出口煤炭和谷物,该港以南有温哥华港,位于温哥华岛对岸的大陆边,这个大港出口加拿大以下原材料:煤炭、谷物、林产品、钾碱和硫磺等其他矿物。再往南100海里有西雅图港,主要出口谷物和林产品,该港也是这个地区的主要集装箱港口之一。再往南,波特兰、奥克兰、旧金山、洛杉矶及长滩各港服务于美国西岸地区,这些港口的主要业务是集装箱运输。

(3)南美洲的海运贸易。南大西洋沿岸的贸易又是另一种不同模式。南美洲仍然主要生产初级产品,每年大约出口货物5亿吨、进口货物2亿吨。在过去的40年中,出口量上升但波动大,但自20世纪70年代后,进口几乎没有增长。为便于分析,按通常方法将南美划分成2个区域,即加勒比和中美洲地区以及南美东岸地区。

加勒比和中美洲地区范围如下:加勒比岛屿、墨西哥北部到巴拿马之间的沿岸地带,包括沿岸国家伯利兹、洪都拉斯、尼加拉瓜和哥斯达黎加。人口总数1.45亿,GDP约相当于北美的1/12。土地面积共2.67亿公顷,包括环墨西哥南岸的许多岛屿和沿岸国家。

在出口货物中墨西哥石油几乎占该区域石油出口总量的80%,主要出口到美国海湾地区,少量到欧洲。加勒比其他地区出口货物如下:牙买加出口铝矾土,特立尼达和多巴哥以及荷属安的列斯出口经提炼的进口原油到美国,古巴出口白糖和香蕉。

南美东岸地区(ECSA)沿着大西洋海岸,北起哥伦比亚、委内瑞拉、圭亚那和苏里南,经过巴西,南至阿根廷。该地区陆地面积18亿公顷,人口2.4亿,两者规模均与北美相当,但是经济规模却小得多。可以想象,该地区以初级产品出口为主导,而事实上也是如此。在这条非常漫长的海岸线,主要是出口原材料和半制成品。

巴西和委内瑞拉主要出口铁矿石、数量较少的煤炭、化肥粗料、木材产品、小宗矿物以及原油和非金属矿石。巴西是全球最大的铁矿石出口国,2009 年开始已占到全球铁矿石出口量的 1/3。铁矿石出口的主要港口为:图巴朗(Tubarao)、蓬塔多乌布(Ponta do Uba)、塞佩蒂巴(Sepetiba Bay)、马德拉(Ponta da Maderia)。此外,ECSA 与北美、西欧以及亚洲之间均有很多班轮航线。

(4)西非的海运贸易。南大西洋的另一岸是非洲。从事海运贸易的国家多达 40 个之多,出口以初级产品为主导,3/4 出口货物是石油,产自阿尔及利亚、利比亚、尼日利亚和喀麦隆。出口干货主要有:铁矿石(毛里塔尼亚)、磷矿石(摩洛哥)、铝矾土(几内亚)以及各种农产品。

西非从丹吉尔(Tangiers)至好望角(Cape of Good Hope)。该地区面积 10 亿公顷,3 倍于欧洲,人口 2.89 亿。然而,与欧洲和北美工业化国家相比,16 个西非国家的经济水平非常低,与瑞典 GDP 相当。可以想象,其贸易量也相对很低,仅占全球的 5%。

2. 跨太平洋和印度洋航区

太平洋和印度洋的海运特点非常不同于大西洋。其中之一是范围,太平洋占地球表面的 1/3,2 倍于大西洋,跨度也大得多。中国南海位于太平洋的西侧,距离南美西岸 10000 海里以上,若按 13 节航速需航行 33.6 天。

2007 年,亚欧航线超过跨太平洋,成为世界最大的集装箱海运贸易地区。该航线 2007 年总计达到 2770 万标箱。其中,从亚洲输入到欧洲的集装箱总量达到 1770 万标箱,而从欧洲输入到亚洲地区的集装箱为 1000 万标箱。

(1)中国的海运贸易。中国从 1979 年的改革开放后,进出口贸易量稳步上升,到 2007 年,中国进出口贸易量达到创纪录的 2.56 万亿美元。尤其是加入 WTO 后,中国迅速融入世界经济体系之中,进出口贸易量连续以两位数增长。其中 2005 年、2006 年和 2007 年出口增长率分别达到 25%、22% 和 19.5%;而进口增长率也分别达到 11.5%、16.5% 和 13.5%。伴随着商品进出口贸易量的增长,中国的海运贸易量也迅猛增加,迅速跃升为世界航运中心。中国的主要港口包括上海、宁波、深圳、广州、青岛、天津、厦门等。

(2)日本的海运贸易。日本是亚洲海运经济中心。20 世纪 90 年代初,贸易量已达到 8 亿吨,成为全球最大的海运进口国,而支撑这个贸易量的是大规模的工业基础。炼钢所需的所有铁矿石和焦炭均为进口,同时还进口了包括:动力煤、原油、木材产品、谷物、有色金属矿物以及制成品其他原材料。在过去 30 年中,日本也经历了一个与西欧相似的贸易发展周期。20 世纪 50、60 年代,进口贸易增长很快,1971 年达到 6 亿吨。之后是一段停滞期,80 年代后期恢复增长,增速较为适中。日本的出口在 50 ~ 80 年代增长极为迅速,从 1950 年 400 万吨上升至 1984 年 9500 万吨,之后就停滞不前。大多数货物是制成品,主要由班轮和专用船承运,以汽车、钢铁制品、机械设备以及消费品为特色(日本因此而出名)。出口停滞反映了日本制造业经营模式的变更,同时也反映了增值贸易、日本海外制造厂的重要性。日本主要港口均位于东京和大阪的工业地带。就货物装卸量而言,最大港口包括横滨、神户、名古屋、大阪以及东京。这些港口均有许多由制造公司所拥有的货主码头。

(3)东南亚地区贸易。东南亚地区是个典型的海运贸易地区,其贸易量由 13 个国家共同创造。这些国家环绕着 4000 公里长的海洋盆地,从东北端的韩国至西南端的新加坡。韩国和日本处于这个区域的一个端部,新加坡和泰国位于另一端,而亚洲大陆和印尼群岛、马来西亚以及菲律宾则分处该区的两边缘,难以想像有比这更适合于海运的区域布局。新加坡和香港

已确立了贸易和航运中心地位,重复着北大西洋的安特卫普和阿姆斯特丹、地中海的威尼斯和热那亚等“城邦国家”的贸易中心经历。

由于东南亚地区的贸易增长迅速,过去20年间贸易量增长到原先的4倍之多,且进出口贸易量接近平衡。该地区明显处于贸易发展周期的初期阶段,而当回顾单个国家经济进程时就更为明显。1991年韩国贸易量达到2.6亿吨,其70、80年代的发展轨迹与较早20年的日本相似。与日本一样,韩国集中发展钢铁、造船、汽车、电子和耐用消费品产业,依赖出口这些制成品以支付原材料和能源进口所需的外汇,而且经济发展由少数大型企业所控制,同时政府也密切参与。韩国经济尚处于原材料密集型阶段,虽然贸易发展迅速,但与日本相比,贸易量就小得多,其面积、人口和GDP分别为日本的1/4、1/2和1/12。韩国的主要港口包括釜山港、浦项港、蔚山港。东南亚地区的西南一带有印尼、马来西亚、菲律宾以及中国台湾,这些经济体规模小,且都处于发展中阶段。

第三节　当代国际航运格局

在国际航运市场,从事国际航运的35个国家,几乎控制了95%以上的国际航运市场份额。因此,国际航运市场的格局基本在这35个国家之间进行移动。国际航运市场的控制,必须从两个角度进行分析:第一个视角是国际航运市场的力量,这种市场力量来自于对国际航运市场需求的控制或对国际航运市场供给的左右;第二个视角是对国际航运市场的运作程序或航运法规的制定。

一、世界主要商品贸易大国

20世纪70年代,控制航运市场、获得市场利润的方法一般通过控制班轮公会来实现;到80年代,获得市场利润可以通过联合国贸易和发展组织(UNCATD)的政治力量,以及发展中国家货载保留程度等方式获得;90年代,取决于该国家在世界贸易组织中的地位;21世纪初,获得利润的方法只有通过在世界航运市场的竞争性力量,即成本和服务质量等来获得利润。2008年,美国、德国、中国、日本、法国的国际贸易的全球市场份额分别为:11.38%、8.51%、7.81%、4.77%和3.76%,位居全球前五名。但仅仅过了4年的时间,国际贸易的市场份额的排名发生了较大的变化。表2-2是2012年世界主要大国国际贸易的全球份额。从表中可以看出:当前世界贸易的格局,正发生深刻的变化。2008年,美国占世界贸易的份额为11.38%;其次是德国、中国、日本等经济体。2012年,亚洲的中国大陆、中国香港和韩国的商品贸易正在发生巨大变化。2012年中国的出口额为2.04万亿美元,首次超过美国的1.56万亿美元,成为世界第一的出口大国。2012年美国的进出口总额为3.88万亿美元,贸易赤字为0.79万亿美元,赤字占美国GDP总额的4.9%;而中国2012年进出口总额为3.87万亿美元,贸易盈余为0.23万亿美元,盈余占中国GDP总额的2.8%。2013年中国的商品贸易进出口总额达到4.16万亿美元。而日本、法国、荷兰、韩国和香港的商品在全球的贸易额基本在一个档次,下降幅度最大的是英国,其国际贸易额几乎只相当于香港的。商品贸易额的大小,直接关系到对国际航运的需求。因此从某种意义上讲,世界航运的需求逐渐由中国、日本、韩国和中国香港等亚洲国家和地区控制。欧洲,尤其是英国、法国、意大利等过去航运需求大国正逐渐退出世界航运需求的大国行列。

2012年世界主要商品进口与出口国家占全球的份额　（单位：万亿美元）　表2-2

名次	国家	出口价值（万亿美元）	全球份额（%）	名次	国家	进口价值（万亿美元）	全球份额（%）
1	中国	2.049	11.1	1	美国	2.336	12.6
2	美国	1.547	8.4	2	中国	1.818	9.8
3	德国	1.407	7.6	3	德国	1.167	6.3
4	日本	0.799	4.3	4	日本	0.886	4.8
5	荷兰	0.656	3.6	5	英国	0.69	3.7
6	法国	0.569	3.1	6	法国	0.674	3.6
7	韩国	0.548	2.9	7	荷兰	0.591	3.2
8	俄罗斯	0.529	2.7	8	中国香港	0.553	3.0
9	意大利	0.501	2.7	9	韩国	0.52	2.8
10	中国香港	0.493	2.7	10	印度	0.48	2.6

资料来源：Compiled by the UNCTAD secretariat on the basis of data supplied by UNCTAD 2008 Handbook of Statistics(trade) and LIoyds Register - Fairplay. WTO of Statistics 2012.

二、世界主要散货的生产和需求大国

对航运运输的需求，商品贸易是最直接的影响因素，但影响航运需求大小的因素包括原油、天然气和主要干散货量，这些散货运输占全球航运需求的60%以上。表2-3是全球原油和天然气的主要干散货的生产和消费市场份额。从表2-3中可以看出，主要发达国家美国、日本和欧盟等国家对主要干散货的需求占比都比较低，只有中国对主要干散货的需求占比较大，尤其是铁矿石、原油等占世界需求的比重超过50%以上。

三、世界主要航运供给大国

仅仅从航运需求大国及其控制的船舶吨位角度，还不足以了解国际航运市场的现状，必须从航运供给的角度作进一步的分析。2008年，世界商船吨位总计11.2亿载重吨，35个世界航运大国控制了95%以上的商船吨位，表2-4显示了其中的11个世界航运供给大国或地区拥有的商船吨位。从表2-4可以看出：2008年，排在第一的是希腊，其总计拥有1.74亿载重吨的船舶，其中挂本国国旗的船舶为0.56亿载重吨，挂方便旗的船舶为1.18亿载重吨，占世界商船吨位总额的16.81%；其次是日本；再其次是中国、中国香港和中国台湾。其中挪威、丹麦等国家也跃居世界最大航运供给大国。到2012年，全球商船吨位快接近15.4亿载重吨。经过2008年美国次贷危机后，国际航运经过4年的航运危机的洗礼，仅仅从航运吨位的变化来看，尤其是全球前11个航运大国的吨位变化不大。如表2-4所示，最后一栏是全球11个航运大国所占全球载重吨的排名和市场占有率变化。前四大航运大国，希腊、日本、德国和中国基本没有变化，其他七大航运大国和地区的名次稍稍有些变化；但变化不大。可见，航运大国承受

航运危机打击的能力比较强。

全球主要散货的进口和出口份额　（单位：%）　表2-3

原油全球市场份额				钢铁全球市场份额				煤炭全球市场份额			
产　地		消费地		产　地		消费地		出　口		进　口	
西亚	33	亚太地区	32	中国	45	中国	45	印尼	34	日本	18
转型国家	16	北美	24	日本	7	欧盟	11	澳大利亚	30	欧洲	18
北美	14	欧洲	16	俄罗斯	5	独联体	4	美国	10	中国	13
非洲	11	拉丁美洲	9	印度	5	中东	4	哥伦比亚	8	印度	13
拉丁美洲	12	西亚	10	韩国	4	拉丁美洲	3	南非	6	韩国	13
亚太地区	10	转型国家	5	德国	3	非洲	2	其他	2	中国台湾	6
欧洲	5	非洲	4	乌克兰	2	其他	22	中国	1	其他	17
天然气全球市场份额				铁矿石全球市场份额				谷物全球市场份额			
产　地		气消费		出　口		进　口		出　口		进　口	
北美	25	北美	25	澳大利亚	42	中国	63	美国	36	亚洲	33
转型国家	24	欧洲	16	巴西	31	日本	12	欧盟	12	拉丁美洲	21
西亚	16	亚洲	17	其他	10	欧盟	10	阿根廷	11	非洲	22
亚太地区	15	转型国家	18	印度	7	韩国	6	澳大利亚	10	中东	14
欧洲	8	西亚	14	南非	5	中东	2	加拿大	9	欧洲	6
拉丁美洲	7	拉丁美洲	7	加拿大	3	其他	6	其他	23	独联体	3
非洲	6	非洲	3	瑞典	2						

资料来源：UNCTAD 秘书处通过整理 2012 年全球钢铁协会、世界能源统计等资料获得。

如果仅仅从船舶吨位拥有角度，只能了解哪些国家是航运大国。还必须了解各航运大国船舶类型分布和完成全球海运贸易的份额，才能更好了解每一个国家的航运竞争力，从而了解哪些国家是真实的航运强国。表 2-5 分析了各航运国家拥有船舶类型，以及这些类型的船舶完成海运贸易的份额。是否是航运强国，主要观察该国船舶完成海运贸易的世界份额。从表 2-5 中第一栏可了解各国船队结构。一般而言，集装箱船舶代表了航运发展方向，而杂货船舶则是要淘汰的船舶。因此这两种类型的船舶代表的方向是矛盾的，如果集装箱船舶多，一般表明该国的船队的竞争力强；而杂货船舶多，表示该船队的竞争力弱。从表 2-5 中可以看出：德国的集装箱船舶最多，表明德国船队的竞争力应该是世界航运国家中最强的船队，其次是日本和丹麦，再其次是希腊和中国。此外，从表 2-5 中的最后一栏还可以看出：德国完成全球海运贸易的份额为 23.2%；日本为 11.2% 等，该份额是航运强国的真实指标。德国、日本、希腊、中国、丹麦、中国台湾、挪威、韩国、新加坡和中国香港等为全球航运强国（地区）的排名。在海运大国中，有两个国家需要强调的是美国和挪威，这两个国家的集装箱船比例都比较低，美国只占 1.5%，与美国作为世界强国和航运需求大国的地位差异较大，美国将美国总统轮船公司和海陆船队出售后，其船队的竞争力就日渐衰落。此外，挪威的集装箱船舶只占 0.3% 的份额，这与挪威的世界航运大国的地位也是不匹配的，这可能与该国的航运政策关系较大。

世界航运供给大国拥有的商船吨位　　表2-4

经济体	年份	本国旗(DWT)	方便旗(DWT)	合计(DWT)	占世界商船份额(%)
希腊	2008	55766365	118804106	174570471	16.81(1)
	2012	64921486	159130395	224051881	16.10(1)
日本	2008	11620381	150126721	161747102	15.58(2)
	2012	20452832	197210902	217662902	15.64(2)
德国	2008	14588066	79634721	94222787	9.07(3)
	2012	17296198	108330510	125626708	9.03(3)
中国	2008	34351019	50530684	84881703	8.18(4)
	2012	51716318	72285422	124001740	8.91(4)
挪威	2008	14182841	32689255	46872096	4.51(5)
	2012	15772288	27327579	43099867	3.10(8)
美国	2008	20301154	19526996	39828150	3.84(6)
	2012	7162685	47460048	54622733	3.92(6)
韩国	2008	19122776	18580931	37703707	3.63(7)
	2012	17102300	39083270	56185570	4.04(5)
中国香港	2008	18228651	15195788	33424439	3.22(8)
	2012	28884470	16601508	45485988	3.27(7)
新加坡	2008	16440270	12192284	28632554	2.76(9)
	2012	22082468	16480079	38562727	2.77(11)
丹麦	2008	10466920	16967723	27434643	2.64(10)
	2012	13463727	26527607	39991334	2.87(9)
中国台湾	2008	3986356	22163936	26150292	2.52(11)
	2012	4076815	34968474	39045289	2.8(10)

资料来源:Compiled by the UNCTAD secretariat on the basis of data supplied by UNCTAD Handbook of Statistics(trade) and LIoyds Register-Fairplay(fleet registration and ownership).2013.

主要航运大国船舶类型和完成全球海运贸易量　（单位:%）　表2-5

份额 / 船型 / 国家	主要类型船舶占世界吨位份额				本国主要类型船舶完成海运贸易份额				
	集装箱船	散货船	油轮	杂货船	集装箱船	散货船	油轮	杂货船	合计
德国	37.0	4.8	4.6	13.3	19.2	0.3	1.0	23.2	23.2
日本	8.8	22.7	12.5	12.4	4.6	1.4	2.7	11.2	11.2
希腊	6.8	19.9	20.8	2.4	3.5	1.2	4.6	0.5	9.8
中国	6.3	14.0	5.2	11.0	3.3	0.8	1.1	2.2	7.5
丹麦	8.8	1.1	3.4	1.1	4.6	0.1	0.7	0.2	5.6
中国台湾	4.8	3.4	1.7	1.6	2.5	0.2	0.4	0.3	3.4

续上表

份额 / 船型 / 国家	主要类型船舶占世界吨位份额				本国主要类型船舶完成海运贸易份额				
	集装箱船	散货船	油轮	杂货船	集装箱船	散货船	油轮	杂货船	合计
挪威	0.3	1.4	3.4	12.0	0.2	0.1	0.7	2.4	3.4
韩国	3.2	6.3	2.8	2.3	1.7	0.4	0.6	0.5	3.1
新加坡	3.3	2.0	3.9	1.4	1.7	0.1	0.9	0.3	3.0
中国香港	2.2	4.5	3.0	1.8	1.1	0.3	0.7	0.4	2.4
美国	1.5	3.1	5.0	1.0	0.8	0.2	1.1	0.2	2.3

资料来源：Compiled by the UNCTAD secretariat on the basis of data supplied by UNCTAD Handbook of Statistics(trade) and Lloyds Register - Fairplay(fleet registration and ownership). 2013.

第四节　国际航运组织和方便旗船

一、国际航运法规与航运组织

国际航运市场是一个比较古典的市场，其经营原则基本遵循航运惯例和海运法规。由于国际航运市场是一个国际性市场，船舶的营运活动一般遵循如下公约或法规：

(1)船舶登记。通过船舶登记表明一个国家对船舶的所有，以及该船舶登记国的法律是否适应于该船舶的管辖。

(2)国内法。该船舶和船东受该船舶登记国的法律管辖，这些管辖包括该国家的公司法、税法。甚至在诸如每艘船舶所雇佣的船员数量、船舶的安全、船舶防污染等方面，也适应于该国家的法律管辖。

(3)领土法。船舶同时受到所航行水域国家的法律的管辖。

最早关于海上经营的法律是1876年的“Pimsoll Act”法律，该法律的主要内容是关于船舶“适航”的规定，接着英国又制定了大量关于海上经营的法律，这些法律立即被其他国家引用。国际上有关海上法律的制定最早开始于1889年，当时的美国政府邀请了37个国家参加有关国际海事会议。在这次会议中，许多议题是有关海运业发展中所遇到的问题。最后该会议确定了如下几个方面的议题。

(1)避免海上航行发生“碰撞”的规定。

(2)关于船舶“适航”的规定。

(3)关于船舶“适载”的规定。

(4)关于海上航线“航标”的规定。

(5)关于海难船舶的生命和财产救护原则。

(6)关于海员和海上经营企业所必须的条件的原则。

(7)海上航行时，夜晚通信标志。

(8)海上风暴“警告”。

(9)海难船舶的报告、标志、打捞。

(10)海上航行危险的通知。

(11)海上航行的浮标和信号的设置。

(12)创立长期的国际海事委员会。

实际上,这一次会议最后只就避免海上航行发生“碰撞”达成的协议。在其他议题上,都没有任何结论。但是它为以后的国际航运会议提供了讨论的议题。在以后的国际性海事会议上,任何一项国际惯例要成为国际性法律,一般需经过如下三个程序。

(1)协商。有关法律问题经过确定后,在国际性会议上经过协商,达成一致意见。

(2)草案的审批。当一个议题通过协商,达成了一致意见后。该议题将在国际性会议上进行审批,即交给大会进行集体签署。

(3)报批。任何一个在国际会议上签署的草案必须交给本国有关部门报批,成为本国法律的一部分,因而这些草案才具有法律效率。

对于这些有关海运的国际法律,需要投入大量的时间和精力。因而需要建立有关海运方面的国际性组织。在20世纪80年代,联合国就有关海运的事宜建立了三个国际性组织,它们分别是国际海事组织、国际劳动组织、联合国贸易和发展组织航运委员会,每一个国际性组织都负责有关航运的一个领域。

(1)国际海事组织原名政府间海事协商组织,最早成立于1958年,该组织主要功能是处理有关海上安全和防污染事宜。1982年该组织正式更名为国际海事组织,其负责领域开始拓宽,从海上生命安全到石油污染,以及船舶吨位测量等等。

(2)国际劳动组织是一个最古老的政府间组织,现为联合国所管辖,最早成立于1919年。该组织所处理的主要问题为海上劳工问题,即海上船员的安全,待遇等问题。这些问题包括船员配置、工时、退休金、假期以及疾病待遇等。自从船员工资成为船舶运输成本的一个重要组成部分后,国际劳工组织就成为一个重要的国际性组织。

(3)联合国贸易和发展组织航运委员会最早成立于1964年,该组织主要处理有关发展中国家海运方面的事宜。

这三个组织的功能虽然在不断演变,但有关海上安全、防污染和船员罢工的问题一直是三个组织工作的核心。

二、方便旗船的产生的原因

船舶必须取得某国(地区)的国籍,悬挂该国(地区)的旗帜才可以航行和营运,这也就是所谓的“船舶登记”。依据各国法律和政策对船舶登记条件的不同规定,目前船舶的登记制度主要有开放式和封闭式两种。其中,采用船舶开放登记制度的国家,对前往登记的船舶条件限制较少,有些几乎没有限制条件,所有的船舶都可以在该国登记。相反,封闭型登记严格限制船东的国籍。所谓“方便旗船”(Ship of Flag of Convenience),是指在开放登记国家进行登记,从而取得该国国籍,并悬挂该国国旗在国际市场上进行营运的船舶。公开允许外国船舶在本国登记的所谓开放登记国家,主要有巴拿马、利比里亚、巴哈马、马绍尔群岛、塞浦路斯、新加坡及百慕大等国,通过这种登记可为登记国增加外汇收入。方便旗船产生于第一次世界大战期间,当时由于政治原因,方便旗数量有限。第二次世界大战结束后,由于商业原因,方便旗船发

展迅速，到今天其总载重吨约占世界商船总载重吨的1/3，对世界航运市场产生了巨大的影响。其原因是多方面的：

(1)从采用船舶开放登记制度的国家来看，这些国家把船舶登记看作一个商业行为，并为之制定了宽松的船舶登记条件和优惠的政策吸引其他国家的船舶前往登记，以收取可观的登记费和税金，弥补其外汇收入的不足。

(2)从发达国家船东方面来看，战后经济的高速发展，国际贸易海运量成倍增长，促进了各国商船队的迅速发展。在发展中国家的船员和西欧及北美的船员工资之间存在着显著的差距，而工资在船舶的总营运开支中又占了很大的比例，超过船舶的维修，保险等开支。而开放登记国对船员的雇佣不加限制，对船舶的经营管理不予干涉，加之登记费和税赋低等因素，降低了船舶的营运成本，因而受到了各国船东的欢迎，纷纷把它们的船舶入籍方便船籍国。

(3)从发展中国家方面来看，在20世纪80、90年代，由于发展中国家船队在国际航运市场上的劣势地位和WTO的影响，发展中国家放弃航运保护政策，制定了特殊的航运、金融和税收政策，鼓励本国船舶入方便船籍。在提高本国航运企业在国际航运市场上的竞争力的同时，又减少了对它们的财政补贴。一些发展中国家还可以借此进行船员劳务输出，以赚取外汇。

表2-6统计了2012年1月1日全球合计15.34亿载重吨船舶在全球各国的登记。第一栏主要统计了世界各国登记船舶载重吨的数量大小。2012年在全球登记的船舶吨位中，巴拿马最大，占全球总吨位的21.39%，与2008年比较，只有少许的减少；其次是利比里亚和马绍尔群岛等。第四栏中，表明在本国登记中，实际有多少属于外国船舶。中国香港和新加坡虽然均有占全球5%的船舶登记，但外国船舶占比均达到75%左右。其次是英国、美国、法国等国家，外国船舶登记的量也很大，中国只有11%不到。

2012年全球船舶登记分布　(单位：1000DWT)　表2-6

国　家	载重吨	占全球份额(2008年)	外国船吨位比例(%)
巴拿马	328210	21.39(22.6)	99.97
利比里亚	189911	12.38(10.51)	100.00
马绍尔群岛	122857	8.01(5.33)	100.00
中国香港	116806	7.61(5.30)	76.26
新加坡	82084	5.35(4.97)	72.99
希腊	72558	4.73(5.49)	10.36
马耳他	71287	4.65(4.05)	99.94
巴哈马	69105	4.50	99.30
中国	58195	3.79(3.32)	10.28
塞浦路斯	32986	2.15(2.60)	93.80
日本	23572	1.54	1.69
韩国	19157	1.25	7.62
英国	18664	1.22	89.02

续上表

国　　家	载 重 吨	占全球份额(2008 年)	外国船吨位比例(%)
挪威	17896	1.17	18.15
德国	17482	1.14	0.70
丹麦	13846	0.90	2.69
美国	11997	0.78	38.22
荷兰	8279	0.54	40.31
法国	7973	0.52	62.47
俄罗斯	7413	0.48	22.01
中国台湾	4328	0.28	3.4
全球合计	1534019	100.00	

资料来源:UNCTAD 秘书处依据 2012 年 HISFairplay 编辑。括号中资料来源:劳埃德船舶登记所的 2008 年的统计数字。

三、方便旗船的弊端

从方便旗的产生和发展来看,方便旗船是在一定历史条件下,国际经济、政治、各国航运立法等因素的综合性产物。其存在和发展有其积极的一面,同时给世界航运经济带来了一系列负面影响。首先,方便旗船由于成本相对较低,导致了不公平竞争,影响了航运市场的正常发展;其次,由于开放登记国忽视了对方便旗船的有效管辖与管制,使得方便旗船在营运中暴露出许多弊端,如船舶技术条件相对较差、船员权益没有保障、海事事故频发、海运欺诈常有发生等。因此,从 1974 年起,联合国贸易和发展委员会先后召开一系列的专门会议,讨论方便旗船给世界航运,特别是对发展中国家的航运带来的不利影响,并最终决定通过建立船舶与船旗国之间的"真正联系",在合理时期内逐步取消方便旗船。为实现这一目的,联合国贸发会于 1986 年 2 月在日内瓦通过了《联合国船舶登记条件公约》,该公约的核心是通过在行政、技术、经济和社会事务等方面建立真正联系,使船旗国对其所属船舶确实施行有效的管辖和控制。

小　　结

本章从经济和地理角度描绘了全球海运贸易。论述起点是"西移路线理论",按照该理论,海运贸易中心出现于公元前 3000 年的地中海,之后稳步向西移动。在贸易发展周期上,每个新兴区域的成长和竞争史均具有许多相同之处,只是发展规模更大而已。之后分析了当今世界贸易的地理格局,主要划分成大西洋和太平洋/印度洋两大贸易区。该地区拥有的大量河流和港口。太平洋的跨度很大,经济活动的很大部分集中在中国—日本的区域内。这个区域面积约与地中海相等,现已演变成新的国际航运中心。最后本章分析了当今国际航运市场的格局,即控制当前的国际航运市场的主要大国。从需求的角度分析,控制国际航运市场的国家主要是德国、日本、丹麦等国;从供给的角度分析,控制国际航运市场的国家则还包括韩国、希腊、挪威等。但由于国际航运市场经常是供给大于需求,因此国际航运市场通常处于买方市场,即由需求方控制市场,理论上讲应当是中国、德国和日本等控制国际航运市场,但是实际上

中国的船东和从事国际贸易的当事人经常抱怨国际航运市场的不公，国际航运市场的实际控制人仍然是如英国和美国等西方大国。

思　考　题

1. 国际航运市场发展路径“西移”的决定性因素是什么？
2. 为什么控制国际航运市场仍然是美国、英国等西方国家？
3. 世界主要国际航线有哪些？
4. 世界主要运河分布在哪些海洋？

第三章 国际航运市场的供给与需求

市场指从事商品买卖的交易场所或接洽点，是确定交易价格和交易数量的组织形式和制度安排。市场可以是一个有形的买卖商品的交易场所，也可以是利用现代化通信工具进行商品交易的接洽点。因而从本质上讲，市场是商品买卖双方作用并得以决定其交易价格和交易数量的一种组织形式或制度安排。国际航运市场是从事国际船舶运输服务的交易场所或接洽点，它与一般商品市场既存在共性又具有自己的特殊性。其共性主要表现为航运市场与其他商品市场的“周期性”，即所谓的“波峰与波谷”的周期更替。如果我们回顾过去一个世纪航运市场运价的变化情况，就可以很清楚地看到，托运人和承运人在国际航运市场上似乎总是被一双无形的手在操纵着，有时航运市场突然波峰，大量的利润滚滚而来；有时市场持续萧条，甚至达数十年之久，致使大量承运人亏损甚至破产，这种航运市场波峰与波谷的交替，我们称之为航运市场的周期。

第一节 航运市场周期概述

一、航运周期产生的航运风险

市场周期渗透了整个航运市场，航运市场的潮起潮落塑造航运业者的金融形态。由于航运业是一个资本密集型行业，其涉及金额巨大，航运业者被迫对航运周期异常关注，这是因为航运周期的变化会给航运业者带来巨大的风险，即对未来航运投资的不确定性。在航运业，“谁承担航运风险？”一艘商船的资本成本是巨大的，由于航运市场的需求在不断发生变化，承运人必须考虑什么时候订购新船，什么时候将旧船拆卸。如果新的船舶还没有来得及下水，而货物运输需求却在持续增加，就会出现原油企业不能运输原油到目的地；钢铁厂就会在消耗所有的铁矿石之前得不到补充；出口商就不得不将出口货物积压在仓库或码头。比较幸运的承运人就会将运价提高，从而获得比以前更高的商业利润。相反，如果大量的船舶下水，而运输需求严重不足，船舶就不得不闲置，这些不幸的承运人就将看着自己的投资遭受巨大的损失。因而，航运周期的变化将导致航运风险的发生。如果航运风险由货主承担，承运人仅仅是转承包商或分供方，承运人承担的风险很小，这种类型的经营方式称为“工业航运”。如果航运风险由承运人承担，那么航运变得高度投机。航运业就成为世界最大的纸牌游戏，船舶就是其中的筹码。与纸牌在某种程度上类似，参与人必须了解游戏规则，航运业的游戏规则就是航运业的经济规律。在航运业能成为胜者，必须知道获胜的概率、策略、心理和运气。

1. 工业航运时代:托运人承担航运风险

当托运人确认未来他所需要运输货物的规模,或者他认为他能否成功的关键取决于船舶运输时,他们就会决定由他们自己来承担航运业的风险,自己拥有一支自己的商船队,或者采用期租的方式成为独立的物流公司经营航运运输,以降低船舶的营运成本,该运输方式也称"第一方或第二方物流"。在货物得到保证的前提下,此时从事船舶运输的承运人,只要其运输成本比货物包运合同的成本低,就可以获得商业利润,这种营运方式就是"工业航运"。铁矿石、煤、非金属矿石等经常采用上述工业航运的经营方式。工业航运是一种经营策略而非市场需求。在20世纪50年代和60年代,大量原油运输企业拥有自己的油轮船队;这一时期,大约1/3~2/3的油轮是以工业航运的经营方式营运。但是,到了1973年原油危机后,大量原油运输企业开始进入运输市场,托运人也开始大量依靠原油运输市场来解决运输需求。到20世纪80到90年代,采用工业航运或转承包方式运输原油的比例从80%下降到25%左右。工业航运使承运人成为了转承包商,而没有成为航运风险的承担者。工业航运的挑战就在于如何获得长期货物运输合同,以及将运输成本降低到长期货物运输合同运价以下。虽然承运人没有承担航运风险,但仍然必须承担一些其他风险,例如如何与货主讨价还价以确定长期货物运输合同的运价;运价确定后如何应对通货膨胀、汇率、船舶的运输效率等问题。

2. 第三方物流时代:承运人承担航运风险

在某些情况下,托运人宁愿放弃独立承运人的身份而进入运输市场来运输其货物。当托运人有运输需求时,他们开始进入运输市场租赁船舶来运输他们的货物。这是因为有许多行业如农产品谷物和糖类等,由于受季节性影响,托运人对未来的运输需求无法确定。当发生需求时,托运人到航运市场租赁船舶运输其货物,其租赁费用与"工业航运"的经营方式比较,其成本会更加低廉。虽然有时会比较昂贵,但是他们至少可以从航运市场获得这些船舶运输其货物。此时,承运人在现货航运市场从事货物运输,就必须承担航运风险。承运人会根据自己的经验,来判断市场需求,以确定是否购买船舶来获取经营收益。但如此大量的船舶资本裸露在来自于航运周期所带来的风险前,承运人就类似于在玩一场赌资巨大的纸牌游戏。由于赌资巨大,承运人必须聚精会神盯住变幻莫测的航运市场,尤其是在航运市场持续萧条时更是如此。对于那些希望体验赌博和进行资本融资的承运人,只需要一个办公室和少量的通讯工具,进行些许的船舶买卖和租赁决策,就可能获得巨大的财富盈余或者造成巨大的收益损失。

二、航运周期特点

周期对于航运市场而言,并不是航运市场所特有的,周期在许多的行业都存在。经济学者一般将周期研究的重点放在周期的长度上,如Kitchen认为市场周期为3~4年;Fuglar认为6~8年;Labrousse认为10~12年;Kuznnets则认为20年,而Kondratieff认为50年。虽然航运周期理论在航运界得到普遍的关注,但周期的重要性,远远不仅仅是运价的周期性波动,而是通过波峰和波谷的交替发出信号,通过调剂现金流以实现航运供给与需求的均衡过程。

1. 航运周期的四阶段的特点

(1)波谷:波谷阶段的主要特征是船舶运能过剩。首先,在港口的船舶都在排队等待运输货物;在海上的船舶则低速航行以节约燃料或尽量延迟到达目的港;第二,运价下降到船舶经营成本的附近,低效船舶开始闲置;第三,持续的低运价导致负现金流和亏损持续扩大,迫使航运企业低价出售船舶。二手老旧船舶的销售价格接近拆船价格，导致大量的船舶进入拆船市场。

(2)复苏：供需逐渐趋于均衡，复苏的第一个经济信号是运价上涨，运价逐渐大于经营成本，闲置船舶的吨位逐渐减少。但市场行情仍然不确定和不可预测，对市场是否复苏的质疑交织在乐观和悲观之间。

(3)波峰：当所有的过剩吨位被市场吸收，供给和需求实现均衡，运费率持续上涨，通常是涨到经营成本的两到三倍。波峰期可能持续几周或几年不等，主要由供需状况决定。所有能营运的船舶都已经进入了市场，船舶营运速度几乎都是船舶能航行的最大速度，船舶买卖非常活跃，银行也积极介于其中，新闻媒体也不断报道盈利的航运企业，很多基金和公债开始购买航运企业的债权或者干脆成立造船基金。二手船舶的交易价格远远超过其账面价值，如果是现代商船又能即期交船的，其交易价格可能超过新造船舶的价格，造船厂的订单开始时逐渐增加，最后迅速增长。

(4)崩溃：当供给逐渐大于需求，市场开始进入崩溃阶段。虽然崩溃可能是由于商品市场的周期引起的。商品市场的崩溃行情蔓延到航运市场可能需要数周的时间。现货船舶开始在港口集结、运费开始下降、船舶开始降低经营速度、没有特色的船舶开始等待货物、资金流动性仍然较高，行情处于质疑阶段，所有的崩溃变化开始通过运费率的持续下降表现出来。

总之，航运周期存在四个特点：第一，航运周期是由航运市场的供给和需求共同作用的市场机制决定的，航运周期是调剂航运市场投资与现金流的金融阀门；第二，一个完整的航运周期由波谷、复苏、波峰和崩溃四个阶段组成；第三，任何一个周期的不同阶段的出现类似于一段“插曲”。由于不能保证航运周期的市场规律会发生作用，没有一套精确的方法可以预测什么时候进入航运周期的下一个阶段；第四，也没有一套行之有效的简单方法来预测什么时候进入下一个周期。复苏阶段可能还没有完成，而市场可能又再次进入衰退；市场周期还没有进入波谷时，崩溃却可能已经发生逆转，进入波峰期；波谷可能持续六个月或六年；波峰可能盘旋一个月或一年；有时周期可能处于波谷和衰退之间。

2. 主要航运周期

一般情况下，当世界经济开始恢复增长时，航运市场的运价开始上涨，较高的运价给那些在航运市场波谷时，已经购买了二手船或已经建造新船的承运人带来盈利。在这种盈利的效应下，大量新船订单开始流向造船厂，这种趋势一般持续到运价跌到波谷时结束。当世界经济增长缓慢甚至停滞时，一方面航运市场的运输需求下降，另一方面新订购的船舶相继下水，航运供给增加，导致航运市场的运价急剧下降。低运价使承运人停止订购新船、闲置船舶甚至拆解旧船，供给过剩开始得到缓解，供给和需求基本达到平衡，此时航运市场完成了一个周期。一般情况下一个完整的航运市场周期需要三到四年，这种供给和需求不断从不均衡向均衡趋势过渡的现象，经济学家称为“蛛网”模型，航运市场从“波谷到波峰”基本类似“蛛网”模型。

在第一次世界大战前 40 年，航运市场的周期时间一般为六到八年。随着造船效率的提高，航运市场的周期有逐渐缩短的趋势，有时甚至出现周期重叠的现象。现代国际航运市场的周期与世界经济周期一样，变得很模糊，要像一次世界大战以前那样，清楚地区分每一次周期，已基本不可能。但如果从一个较长时间来看，国际航运市场与世界经济的周期一样仍然存在，因此我们仍然有必要回顾航运市场的周期。从 1869 年苏伊士运河开放到 1936 年，航运市场的周期基本与国际贸易周期吻合。如表 3-1 所示，航运市场的波峰与商品贸易的波峰是基本

一致的,表中国际贸易周期与航运周期有些许时间差异,可能与国际政治事件的影响有关。如1873年航运市场出现波峰是由于法国与德国之间战争后,国际贸易迅速恢复波峰所致;而1900年航运市场的波峰期也部分是由于南非战争的原因所致。可见国际航运市场的周期本质上是由于制造业和工业品贸易周期所决定,但也受政治事件变化的影响。"一战"前的航运市场周期与"一战"后的航运市场周期比较,"一战"前航运市场表现为持续波峰,高运费率持续的时间比低运费率持续的时间要长得多。高运费率时承运人所获得的利润不仅能补偿承运人在低运费率时期所蒙受的损失,而且还能获得盈余。但"一战"和"二战"之间的时期,航运市场基本表现为波谷,而且出现了几个波谷严重的时期,产生这一现象的原因是在"一战"后期,船舶供给大量增加,航运市场的需求不能消化如此多的船舶供给。到20世纪20年代,航运市场出现好转的迹象,此时大多数承运人预测航运复苏就要到来。然而,1929年华尔街股市的崩溃,引发了世界经济的持续下滑,导致航运市场再次陷入波谷,这场波谷持续到20世纪30年代,达10年之久。

运费市场与贸易周期 表3-1

运费市场波峰	贸易周期波峰
1873	1872
1881	1882
1888	1890
1900	1900
1907	1907
1912	—

资料来源:Martin Stopford. Maritime Economics. London: HarperCollinsAcademic,1991.

在"二战"后到21世纪初的50多年时间里,航运市场接连出现几个波峰和波谷交替时期:

1947~1956年,航运市场基本保持波峰,承运人的收入较高。

1957~1966年,航运市场基本处于波谷,市场竞争非常激烈,承运人的收入也较低。

1967~1973年,航运市场出现过三个波峰期,虽然其中也插入了几个严重的波谷期,但航运市场基本保持较高的收入。

1974~1986年,航运市场基本处于波谷。

1986~2000年,航运市场以波谷为主,偶尔也插入波峰时期。

2000~2007年,伴随着中国经济的高速增长,世界原油和铁矿石的运量大幅增加,国际航运市场出现了持续波峰的景象。

2008至今,航运市场持续波谷。

第二节 航运投资收益分析

一、航运资本投资(ROI)收益率的定义

航运业类似其他行业,其资本投资收益率是投资者投资企业的投资报酬。其定义为航运

营运收益(为收益减折旧)与船舶买卖净值之和除船舶资本初始投资。

$$ROI = (营运收益 + 船舶资本投资收益)/船舶初始值$$
$$= [(R_1 - DP_1) + (MV_1 - MV_0)]/MV_0$$

式中:R_1——代表投资期间的营运现金收入;

DP_1——代表船舶折旧;

MV——代表船舶的市场价值。

营运收益是承运人在运输市场从事船舶运输或者将船舶期租后的利润,必须减去在营运期间的船舶折旧($R_1 - DP_1$);承运人经常忽视船舶折旧,而宁愿相信船舶的市场价值。资本收益是营运期间船舶市场价值的变化量($MV_1 - MV_0$)。船舶市场价值的变化量在航运投资决策中具有重要的意义。计算方法是采用期末市场价值减去起初市场价值,承运人将船舶市场价值量的变化当成船舶收入的重要来源之一,如希腊承运人经营船舶古典方法就是将船舶贱买贵卖,获得价差。最后,将营运收益加资本收益后除船舶资本的初始值,得到资本利润率或资本收益率(ROI)。可见,一个成功的航运企业家,其航运投资收益率由三个因素决定,营运收益、船舶资本收益和船舶资本的折旧(或消耗)。由于营运收益和资本收益在某种程度上呈现"跷跷板"效应。营运收益高,则船舶一般比较现代,其资本消耗或折旧就大,因而资本收益就低;相反,如果船舶投资资本低,船舶一般比较陈旧,此时船舶资本收益高,但燃油消耗等会相应提高,其营运收益就低。

二、航运与其他投资的资本收益率比较

在航运业,由于航运经营的复杂性,航运企业或承运人的投资收益率差距很大。只有较少的承运人能在航运市场有幸通过船舶运输成为成功的人。希腊和挪威的航运人就曾经在15到20年的时间里积累了10亿美元以上的财富,这种成功在航运业是很投机的,也是很少见的。这是因为航运业与其他行业比较,其资本收益率是很低的。"航运业与农业具有某种相似性,'靠天吃饭'"。但即使在很好的年份,其资本收益率也可能低于与其他行业。表3-2为干散货航运市场与英国证券市场资本收益率的比较,从表中可以看出,航运市场的资本收益率是一个长期偏低的行业。

干散货市场的资本收益率(ROI)(单位:%/年)　　表3-2

年　份	资本收益率(ROI)		
	航运市场	英国证券市场	相差比率
1930~1935	1.45	N	
1950~1957	10.3	17.2	60%
1958~1969	3.5	13.6	26%
1970~1990	9	11.2	80%

资料来源:Martin stopford. Maritime Economics. NewYork: Routledge,1997(2):69.

三、航运周期的预测

从上文中可以看出,航运企业的投资者,获得超过4%~5%的资本收益率,就必须承担航运风险,而航运风险的本质就是在航运市场如何应对航运周期。应对航运周期最好的策略,就

是找到一个能使航运运费保持持续稳定入账。上上策当然是在航运周期的波峰时期将船舶出售或者采取期租的方式将船舶脱手，而在航运波谷的时候将船舶买进或者采用期租的方式将船舶租进。但只有极少数的航运业者能做到低买高卖，能低买高卖的关键技术就是“执行”。很多航运业者根据其行业经验经常能精确地预测到航运周期，但由于缺乏“执行”的能力，最终航运业绩平平，其关键是缺少“执行”的能力和技巧。

航运业者在阅读航运历史时，能清楚地了解航运周期。如果采用这种方式来管理航运周期，那航运周期就不是循环性的。在真实的航运世界，航运周期的波峰和波谷是一个隐藏的秩序。任何一个周期阶段的时间长短是没有规律的，许多简单的规则，如七年时间为一个完整周期的统计规律是不可靠的，许多航运周期波峰和波谷是反复出现的。如 2012 年，BDI 指数在 700 点上下不断徘徊。经济形势、商业周期、航运需求、造船订单、拆船都是必须分析的变量，才能减少航运风险。

总之，管理航运风险的重要方法就是要形成一个对航运周期每一个阶段的客观的认识，通过对每一个阶段的认识来识别市场信号，推断市场周期，然后采取应对措施。上述方法虽然不能保证百分之百正确，但一般能保证收益超过平均水平。

四、航运市场供给与需求曲线

从上文分析可知，航运市场具有周期性循环的经济特征。而航运运价经常在一段较短时间内，甚至在一天的时间内都会发生剧烈的波动。

当国际航运市场的需求大于供给时，运价上涨，此时国际航运市场会出现如下经济现象：

第一，船龄较大、效率较低的船舶会重新回到航运市场。第二，承运人为了利润最大化，一般会将船舶的经营速度提高以减少一切非营运时间。

当国际航运市场上的供给大于需求时，航运市场将出现如下经济现象：

第一，一些在经营上不经济的船舶的买卖价格将下降至报废船舶的价格，使得这些船舶被迫拆解，从而长期地离开航运市场，此时航运市场上船舶吨位开始绝对下降。第二，大量船舶在二手船市场被出售，产生许多新的承运人。通过二手船市场，过剩船舶的利用率得到提高，如将超大型油轮用来储存原油或者将大型散货船舶当作转运装置等，使供给过剩得到暂时缓解，此时航运市场的船舶吨位开始相对下降。图 3-1 进一步阐述上述需求与供给现象，横轴是船舶的供给量或航运需求量，是一个因变量，其单位是吨海里/年；纵轴是航运市场的运价，是自变量，其单位是 \$/吨 · 海里。

由于运价占货物总价值的比例较小，一般在 10% 左右，运价对航运需求影响不大，因此国际航运需求曲线的弹性很小，其曲线是一条很陡峭的曲线，如图 3-1 所示的三条需求曲线 D_1、D_2、D_3，这就是国际航运的派生需求的特征（需求的外生特征）。

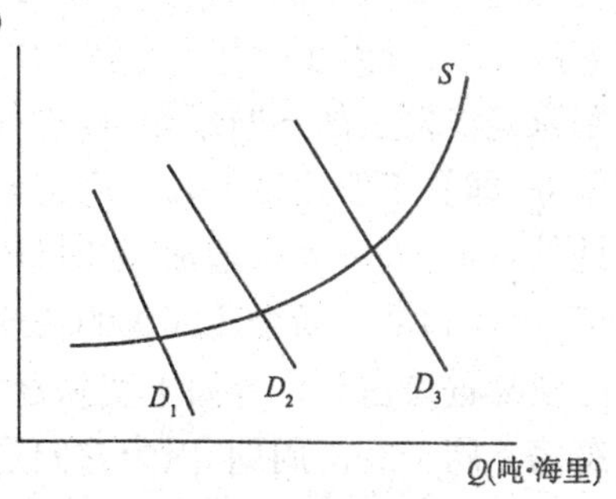

图 3-1 国际航运市场供给与需求曲线

三条需求曲线 D_1、D_2、D_3 分别描述了三种不同的航运供给与需求状况。当需求曲线从 D_1 向 D_2 过渡时，此时航运市场通过提高经营效率、重新启用闲置船舶，使航运市场的运费率在一个低水平下达到新的均衡；当需求曲线从 D_2 向 D_3 过渡时，航运市场不能通过提高船舶经营效率或启用闲置船舶来提高供给满足需求时，会使运费率大幅度地升高，此时运费率将在一个较高水平上波动。

第三节 影响航运市场供给与需求的因素

一、航运供给与需求模型

航运市场是一个非常复杂的经济体，为了方便理解，我们选择 10 个主要的变量进行分析，其中 5 个是影响航运需求的变量；5 个是影响航运供给的变量。影响需求的 5 个变量是世界经济、海上贸易、周转量、运输成本和政治事件，影响供给的 5 个变量主要包括世界商船总载重吨、新造船载重吨、船舶报废与失踪载重吨、船队经营效率与经营环境（如表 3-3 所示）。

影响航运市场周期的 10 个主要因素 表 3-3

需 求	供 给
1. 世界经济；	1. 世界商船总载重吨；
2. 海上贸易；	2. 新造船载重吨；
3. 周转量；	3. 船舶报废与失踪载重吨；
4. 运输成本；	4. 船队经营效率；
5. 政治事件	5. 经营环境

二、影响航运需求的因素

1. 世界经济

毫无疑问，对航运需求具有最重要影响的变量是世界经济。20 世纪 50 年代以前，在不定期船市场，世界经济与航运市场需求之间关系相当密切，通过为制造业进口原材料或者进口工业制成品，产生大量国际贸易，进而导致国际航运需求。世界经济会从三个方面产生国际航运需求。第一，世界经济商业周期的循环。有许多证据表明，当世界经济强劲增长时，许多国家大量消耗了本国的原材料，导致这些国家不得不从国外进口原材料。如 20 世纪 60 年代欧洲从国外进口铁矿石、70 年代美国从中东进口原油、90 年代中国的原油、铁矿石等原材料大量消耗迅速导致进口的增长大于制成品的出口等，都产生了大量的国际航运需求。第二，工业化国家的发展，导致了大量制成品的出口，进而形成国际班轮运输需求。经济研究表明，随着一个国家经济发展的不断成熟，经济行为逐渐从需要大量原材料的建筑、汽车等行业转向生产中间服务，即从工业化时期转向后工业化时期，会产生班轮运输需求。如 20 世纪 60 年代工业化时期的日本，进口大量增加，此时日本的进口占到世界海上贸易的 54%，到 21 世纪初，中国、印度、巴西和俄罗斯金砖四国的快速发展，导致对铁矿石、原油等原材料的巨大需求，使中国的国际贸易进口占到世界海上贸易量的 50% 以上。第三，世界经济的"震荡"产生航运需求。经济震荡不同于经济周期，因为它们是"偶然"的，常常是特殊的事件，它们对航运市场的影响往往是非常严重。如 1973 年，国际原油价格突然大幅提高，每桶突破 36 美元，导致海运需求突然大量下降。而 2008 年的全球性金融危机，也使得海运需求突然大量下降。大量船舶停泊在锚

地，出现锚地难找的局面。如下几个方面的全球经济趋势，对航运业将产生重要影响。

图 3-2 是给出了航运市场需求与供给的关系模型。

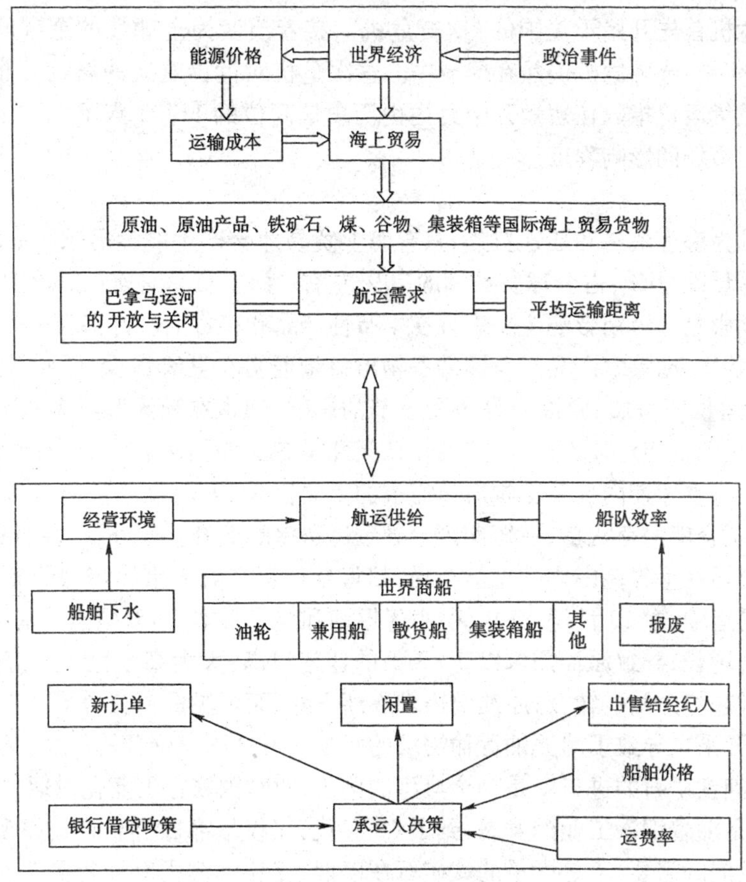

图 3-2　航运市场需求与供给模型

(1)贸易自由化。所谓贸易自由化就是国家间普遍出现的减少或者消除国际贸易障碍的现象。1947 年，关贸总协定签订并且于 1948 年 1 月 1 日生效，是国际贸易自由化趋势的开始。此后虽然贸易自由化的历程有一些反复，但总体而言还是逐步得到深化。1995 年世界贸易组织的成立是国际贸易自由化新阶段的开始，贸易自由化的结果推动了全球经济的发展。

(2)金融自由化。所谓金融自由化指各个国家的金融活动超越国界以及货币差异直到一定程度上超越国家管制，形成整体运动状态的过程。其内容主要包括金融市场国际化、金融交易国际化、金融机构国际化和金融监管国际化四个方面。金融国际化对航运市场的影响主要表现在对造船融资的影响，即提高了船舶融资的可获得性并降低了利率，导致航运市场的供给成本大大降低，此外金融自由化导致航运投资回收期大大缩短。

(3)生产一体化。生产一体化主要指国际直接投资与跨国公司。国际投资是指一国资本的所有者对另一国所进行的投资。国际投资一般分为间接投资(证券投资)和直接投资两大类。这两类投资的差别在于投资者是否对所投资的国外企业具有实际的控制权。而跨国公司则是指在两个或者两个以上国家控制工厂、矿山、销售机构或者其他资产，在一个决策体系下从事国际性生产和经营活动的企业，跨国公司又称为多国公司。生产的一体化大大促进了国际集装箱班轮运输业的发展。

(4)金融危机。2008年的金融危机,堪称是1929年以来,人类现代发展史上发生的第二次经济危机。危机首先开始于美国的“次贷危机”,接着演变为全球性的金融危机,甚至经济危机。截至2009年,金融危机仍然在肆虐中。这次危机对世界航运的影响是非常深刻的,仅从波罗的海干散货运价指数在短短几个月内由历史最高位的11793点下降到千点以下,就可见其对国际航运市场的影响程度。

2. 海上贸易

国际贸易分为海上贸易和陆地贸易,只有海上贸易才会产生航运需求。一般认为海上贸易量占全球贸易量的80%,占全球贸易额的70%左右。海上贸易对航运需求的影响可以分为长期影响和短期影响。短期影响主要表现在季节性产品和存货上。许多农产品的贸易受季节变化的影响,如谷物、糖等农产品。美国的谷物出口量通常在夏天最少,而到九月份谷物开始收割时,谷物的运量便增加;原油贸易也受季节的影响,通常在秋天和早冬季节,原油消费旺盛,而夏天和春天消费相对较少,导致原油在秋天和早冬运输需求较大,而夏天和春天运输需求相对较少。存货在短期内也是影响航运需求的重要因素,人们总是预期商品的价格会大幅上涨,因而提高了仓库的存货量,在短期内会导致运费率的上升。此外,一些商品需求的变化、甚至一家跨国公司在世界范围内的重新布局,都将导致整个航运市场需求的变化。最典型的例子是原油贸易运输,在20世纪60年代,由于原油和煤是日本、西欧国家的基本燃料,日本和西欧国家的经济增长,导致原油需求以2~3倍的速率提高,大大高于世界经济的增长率。到了70年代,这种趋势开始逆转,对原油的需求逐渐下降,而煤炭重新获得了一些市场份额。同时,新的油田的开采也导致了对原油运输需求的减少。发达国家资源的耗尽,又导致对航运需求的增加,如欧洲铁矿石的进口就是一个典型的例子,西欧国家在工业化时期主要依靠欧洲自产的铁矿石,但是随着钢铁工业的发展,到了60年代,仅仅依靠欧洲自产的铁矿石,不能满足欧洲钢铁工业发展的需要,于是大量的铁矿石在巴西、秘鲁和澳大利亚得到开采,导致了对铁矿石运输需求的增加。21世纪初的前10年,以页岩气为代表的美国能源革命,使世界能源结构发生了巨大变化。美国在能源革命之前,每天从国外,尤其从中东进口原油1000万桶。但预期到2015后,美国将成为能源的净输出国,而取代美国成为世界最大能源消费大国的将是中国。2013年,中国已经成为世界进出口贸易大国,贸易额超过4万亿美元,也成为世界最大的原油、铁矿石和煤炭的重要进口大国。另外,一个产业的加工程序及布局的变化也会导致原材料运输的变化。例如铝工业所使用的主要原材料是铝矿石,过去一般是3吨铝矿石产1吨铝,而现在变成了2吨铝矿石产1吨铝,结果导致铝矿石的运输量减少了1/3以上。此外炼铝厂从欧洲转移到巴西,使海运货物从原材料过渡到铝制品,而铝制品是高附加值物品,一般采用集装箱运输,炼铝厂的布局使原材料的运输减少,制成品运输增加,从而改变了国际航运需求的方式。可见产业布局的变化不仅减少了船舶的运量,同时也改变了航运需求的方式。在原油运输的早期,原油加工地一般设置在原油生产地,原油制成品成为运输的主要对象,而到了20世纪50年代初期,原油公司将工厂转移到消费地,导致原油运输量增加,承运人大量建造超大型油轮。另一个案例是过去木材大多采用原木运输,随着木材工业的发展,原木被加工成木板和纸浆,虽然货运量没有发生变化,但导致了大量集装箱运输的需求。在农产品运输方面,由于农产品的生产受气候和收成情况等因素的影响,导致航运需求较难预测,但水果等农

产品的贸易，导致了大量集装箱、冷冻箱运输需求的产生。

3. 周转量

国际航运需求的大小除了受海上交易量的影响外，还与运输距离存在较大的相关性。从中东运输原油到欧洲，如果经过好望角，同样运量的原油比从经过苏伊士运河的需求，要大两到三倍。海湾国家的原油运输到欧洲，如果不经过苏伊士运河，运输距离将从6000海里增加到11000海里，因此每次苏伊士运河的关闭都会导致航运市场运价高涨。从1936年~2007年，主要大宗散货的运输距离都有较大幅度的变化。油轮的平均运输距离从1970年的3881海里下降到2007年的3612海里，五种主要的干散货运输距离则从1970年的4573海里增加到2007年的5421海里。20世纪70年代，国际海上货物的平均运输距离为4151海里，到2007年下降至4105海里左右，下降幅度仅仅1%左右，表明国际原材料生产地与消费地距离没有发生大的变化。海运货物平均运距变化的原因非常复杂，如原油贸易远离主要原油消费国就是原因之一。过去利比亚、北非、委内瑞拉和印度尼西亚等都非常接近原油消费国欧洲、日本和美国，但是随着这些地区原油的枯竭，这些主要原油消费国开始加入中东原油市场，而且伴随着中国对原油需求的增加和加入中东原油市场。从中东运输原油到美国的运距为11000海里，到日本和中国的运距为6500海里，可见油轮运输距离的改变与主要原油消费大国进口原油的地点变化有关。

采用同样的原理，我们也可以解释铁矿石和铝矿石运输。在20世纪60年代以前，这些矿石的来源主要是加勒比海、斯堪的纳维亚，但随着对这些原材料需求的增加，加勒比海、斯堪的纳维亚已不能满足需求，大多数铁矿石和铝矿石需要从更远的其他国家进口，运输距离因此大大增加，新增加的运输成本被大型船舶的规模经济所抵消，这样日本、美国和中国所需要的铁矿石开始从距离更远的巴西和澳大利亚进口，铝矿石则从澳大利亚和西非进口，所以五大干散货的平均运输距离从20世纪70年代的4573海里上升到本世纪初的5079海里，上升幅度达到11%（表3-4所示）。至2012年，国际航运周转量，油轮达到113670亿吨海里，五大干散货达到131410吨海里。而全球所有货物的周转量，则从2008年的392760亿吨海里上涨到2012年的445400亿吨海里。未来北极航线如果能成为商业航道，从东亚到西欧的海洋运输，走苏伊士运河，其航程为1.8万海里至2万海里，而走“北极航线”则可以缩短30%~40%的运输距离，仅仅为1.2万海里。

国际航运周转量　（单位:10亿吨海里）　表3-4

年　份	油　轮	主要干散货	总　计
1970	5597	2049	10654
1980	8385	3652	16777
1990	6261	5259	17121
2000	8180	6638	23693
2008	11241	10523	39276
2009	10371	10715	36936
2010	10980	12042	40891
2011	11112	12666	42794
2012	11367	13141	44540

资料来源：根据 Fearnleys，Review 2013 资料编辑。

4. 运输成本

国际航运之所以得到迅速的发展,主要原因是因为海上运输的经济性所致。如果船舶运输能降低总费用或者能保证工业制成品获得利润,原材料就可以从距离很远的地方进口,因而运输成本成为影响工业化发展的一个非常重要的因素。表3-5所示,2007~2010年,发展中国家中,每个洲的运输水准差异较大。非洲发展中国家的运输费用占CIF的价值一般在10%以上;而美洲和亚洲的发展中国家的运输成本占CIF得比重一般控制在7%左右。发达国家由于运输效率的提高,大型船舶的使用以及航运经营水平的提高,导致运输总费用和运输质量发生了较大变化。在运输质量提高的同时,发达国家的航运成本比发展中国家的航运成本要低。如表3-5所示,发达国家运费占进口商品CIF价格的比率一般控制在6%左右。

海运费占CIF价格之比 表3-5

	2007年	2008年	2009年	2010年
非洲发展中国家	10.68	10.66	10.77	10.73
美洲发展中国家	7.278	6.998	7.235	7.342
亚洲发展中国家	7.913	9.924	9.932	7.894
发达国家	6.389	6.264	6.244	6.517

资料来源:UNCTAD secretariat estimates based on data supplied by the IMF(2012).

5. 政治事件

政治事件一般指地区战争、对外国财产的国有化等事件。政治事件对航运需求的影响一般是非预期的和突发的。这些政治事件并不必然对航运需求产生影响,关键是对航运需求的间接影响。1945年以来,有几起政治事件,严重地影响了航运市场的正常运行,它们分别是:

(1)朝鲜战争。朝鲜战争开始于1950年,从美国运输到朝鲜战场的所有战争物质都是通过船舶运输,因而产生大量国际航运需求。

(2)苏伊士运河危机。1956年,埃及对苏伊士运河国有化,致使运输到欧洲的原油必须绕道好望角,也导致大量航运需求的产生。

(3)以色列与埃及战争。1967年,以色列和埃及的六天战争,导致苏伊士运河的再次关闭,欧洲原油进口再次绕道好望角。

(4)输油管的关闭。1970年从沙特阿拉伯到地中海的输油管道的关闭,也导致对原油运输的需求大大增加。

三、影响航运供给的因素

1. 世界商船总载重吨

建造一艘商船需要几年的时间,导致航运供给对需求的反应滞后,而一旦船舶被建造出来,使用寿命长达15~30年。因此,为了迎合市场需求而对供给的调节,需要较长的时间,尤其是供给大量过剩时,需要更长的时间才能使航运市场恢复到需求与供给均衡的状态。世界

商船总载重吨的大小由原有船舶的数量、船舶拆解与失踪量、新下水船舶数量三个因素决定。由于船舶的经济寿命一般是20年左右，每年只有一小部分船舶被拆解，因此航运市场供给变化的周期一般不用“月”而是用“十年”来衡量。20世纪60～70年代，船队规模的变化主要发生在油轮。从1962～1974年，尽管造船量增加了，但与此同时对油轮运输的需求几乎增长了四倍。60年代后期，油轮供给的增长不能满足需求的增长，导致油轮吨位短缺。到了70年代初期，油轮吨位短缺更加严重，使得一些本来被闲置的油轮以两倍于原始造船价格出售。1973年，在国际航运市场的顶峰时期，少数几个航程的利润就可以补偿造船资本，这一行情导致了大量油轮订单的产生。1973年10月，油轮行情开始逆转，到70年代末，对油轮的需求几乎下降了60%，油轮市场第一次遇到了供给大于需求的问题。由于油轮的使用寿命一般为15年，大多数油轮都是70年代建造，供给无法迅速在如此短的时间内适应需求的变化。1975年，当油轮运输陷入困境之后，1973年订造的油轮陆续下水，导致供给持续扩大。1977年，油轮总吨位达到了3.32亿载重吨。供给的增加，需求的下降以及船舶不能报废，使得国际航运市场供需持续失衡。这波供给与需求的失衡延续到80年代少量油轮报废后，供给才开始减少。直到90年代，油轮市场的供给和需求基本恢复均衡状态，1999年油轮总吨位达到4.3亿载重吨。到2008年，国际油价达到创历史记录的每桶147美元时，世界油轮总吨位保持在6.08亿载重吨。但21世纪初，起源于美国的能源革命，天然气船舶有逐渐取代油轮的趋势，油轮似乎有开始下行的趋势。兼用船的发展过程也经历了类似油轮的发展过程。1967年，由于苏伊士运河的关闭，导致兼用船经历了一个重要的发展时期，过去兼用船的承运人基本从事干散货的运输，此时可以利用回程运输原油，因而经营效果良好。1968年，兼用船订单大量增加，到1978年，世界兼用船规模达到了0.48亿载重吨，此后兼用船的规模持续扩大，1999年达到1.36亿载重吨。大多数兼用船的吨位大小限于8万到20万载重吨，主要运输铁矿石，部分运输谷物和煤炭。干散货船队开始出现在航运市场是20世纪50年代后期的事情，从1963年～1986年，单船载重量在4万吨以上的干散货船舶总吨位从0.17亿载重吨上升到1.95亿载重吨。到2003年，干散货船舶总吨位达到2.969亿载重吨。对干散货船舶的需求主要是煤炭和铁矿石的运输，由于规模经济使得原材料运价较低。同一时期，干散货船在运输谷物、糖、小宗矿物质等方面也取得较大的成果，这些货物过去有相当一部分是采用杂货班轮运输。干散货船运输货物种类的扩大意味着其运输量的大量增加。1977～2008年，航运市场结构性的变化发生在班轮运输，尤其是全集装箱船运输的发展。1977年，集装箱船吨位大约为0.075亿载重吨，1985年增加到0.18亿载重吨，到2008年，集装箱船吨位更是增加到1.45亿载重吨。在过去30年，世界商船的变化主要是船舶的大型化，如在1963～1983年之间，小于8万载重吨的油轮艘数的比例开始下降，大型油轮VLCC的艘数得以增加；在散货船队中，灵便型、巴拿马型、好望角型船舶的吨位都在增长；在集装箱船队中，新建造的船舶主要是5000标箱以上的船舶。

截至2012年，世界商船总载重吨为15.34亿载重吨，其中油轮为5.07亿载重吨、散货船6.23亿载重吨、集装箱船1.97亿载重吨(表3-6)；2013年，世界商船总载重吨则增加到16.28亿载重吨，油轮达到4.9亿载重吨、散货船达到6.85亿载重吨、杂货船0.8亿载重吨、集装箱船舶为2.07亿载重吨。必须注意的是，天然气船舶达到0.44亿载重吨，占全球份额为2.7%。天然气船舶会否取代油轮，成为未来又一新的发展趋势，必须重点关注。

2012~2013 年世界商船吨位表与份额　（单位:亿载重吨）　表 3-6

	油轮	散货船	杂货船	集装箱船	天然气船	化学品油轮	海洋原油支持船	客轮	其他
2012	4.70	6.23	0.81	1.97	0.44	0.23	0.71	0.055	0.23
%	30.6	40.5	5.3	12.8	2.9	1.5	4.6	0.4	1.5
2013	4.90	6.85	0.80	2.07	0.44	0.23	0.70	0.055	0.23
%	30.1	42	4.9	12.7	2.7	1.4	4.3	0.3	1.4

资料来源:UNCTAD secretariat estimates based on data supplied by the IMF(2013).

2. 新造船载重吨

从本质上来说,造船量是对航运市场需求的反应。1974 年,造船量占整个商船总量的比例为 12%,1986 年这个比例下降到 4%,到 2002 年,这一比例保持在 2% 左右。导致这一比例下降的主要原因有两个,一是世界商船总载重吨在不断增加,另一方面是集装箱船舶的经济寿命在延长。由于船舶的大型化,从订船到交船一般需要一到四年的时间,因此订船到交船之间存在一个时滞。承运人一般根据未来的需求预期进行订船,然而这些预期却不一定准确。如 20 世纪 70 年代中期,原油运输需求的下降持续了几年,但油轮订造还在持续,这是由于造船业是一个劳动密集型行业,一旦没有造船订单,将出现大量失业,因此政府一般对造船业进行干预,也就是说船舶订造并非完全由市场需求决定,而是在一定程度上按照政府的意愿进行。此外,船型结构的变化对航运市场也具有非常重要的影响。1963~1975 年,下水船舶中的油轮吨位从 500 万载重吨增加到 4500 万载重吨,占所有下水船舶载重吨位的 75%。1973 年的原油危机之后,市场对油轮需求大量减少,特别是对 VLCC 的需求下降,1984 年油轮下水量跌到了谷底,仅为 300 万载重吨,占油轮船队的 1%。1978~1984 年,油轮下水总量仅仅为 8 万到 12 万载重吨。与油轮相比,新下水的干散货船比较稳定,在 60 年代中期,干散货船下水量基本保持在每年 500 万~1500 万载重吨之间。最低记录是 1979 年,下水船舶只有一般年份的 1/4。1979~1980 年,由于谷物和煤炭贸易的增长,两类干散货船舶订单达到 1470 万载重吨。到 80 年代中期,与油轮市场一样,大量造船导致了干散货船舶出现供给过剩。在 20 世纪 90 年代,集装箱船舶的供给与油轮、干散货船基本一致,陷入了慢性过剩。到 2002 年,世界集装箱船舶总吨位保持在 540 万标箱,其中超巴拿马船舶占集装箱船舶总吨位的 12.6%,而且这些超巴拿马船舶的航速达到 25~26 节,与过去的 22~23 节相比,大大提高了船舶的营运效率。21 世纪初,新造船舶进一步出现大型化趋势,巴西淡水河谷建造了 40 万载重吨的铁矿石船舶,开辟了从巴西到中国青岛的铁矿石航线运输。此外,马士基和中国海运建造了 1.8 万标箱的集装箱船舶,达到了集装箱船舶的极限。

3. 拆船与失踪船舶

世界商船船队规模的增长主要决定于新造船舶的下水量以及船舶的报废量。例如在 1973 年,只有 500 万载重吨的船舶报废,而同年却有 5000 万载重吨的船舶下水,导致世界船队规模迅速增长。1982 年,世界商船报废吨位自二次世界大战以来第一次超过新下水的船舶吨位,也是截至 2000 年以来唯一的一次。当年报废吨位达到 3000 万载重吨,而新下水船舶却只有 2600 万载重吨。报废是减少船舶总吨位的一条非常重要的途径,而决定一艘船舶是否报废是一项非常复杂的课题,因为报废是由许多相互制约的因素决定的,其中主要包括船龄、技

术磨损、报废钢材价格、当前利润和市场预期等因素,其中船龄是决定船舶是否报废的一个非常重要的因素。随着船龄的增长,船舶效率的下降以及耗油量的增加,承运人经营一艘老旧船舶,不仅面临较高的修理和维修成本,而且还面临停租的危险,因为租船人不愿意承租一艘高成本的船舶。但由于物质磨损是一个渐进的过程,船舶报废就没有一个确定的时间。技术磨损是指新技术或者新型船舶的出现,导致旧船在技术性能和经济性能上均处于相对落后的状况。因此技术磨损会使船舶实际报废的船龄缩短。如20世纪60年代,集装箱船舶的出现使双甲板船舶的报废率大大提高;90年代超巴拿马型集装箱船取代小型集装箱船等。决定船舶是否报废的另一个非常重要的因素是报废钢材的价格。报废船舶一般出售给船舶经纪人,这些经纪人将船舶拆解后将钢材出售给钢铁公司。在世界各地有几个拆解船舶的公司,包括欧洲、远东的台湾地区、中国大陆等都是拆解船舶的中心。此外,承运人对未来船舶经营利润的预期也是决定船舶是否拆解的一个影响因素。如果是在波谷时期,承运人可能会认为不久航运市场将进入波峰时期,通常就不会报废他的船舶,因为在波峰时期较高的运价能够弥补承运人从波谷时期到波峰时期所损失的经营成本。只有那些非常破旧的船舶,承运人都认为即使在波峰时期也无利可图时,才被迫报废。表3-7是世界商船船龄的分布表。截至2012年,全球船舶0~4年的DWT为35.8%;5~9年为22.5%;10~14年为14.3%;15~19年的平均船龄为11.2年;20年以上的16.2%。说明新造船舶下水的比例在不断增加。其中20年以上船龄的载重吨位最大的是杂货船,其载重吨比重达到42.8%,说明该类型的船舶处于淘汰之中,而20年平均船龄最小的是集装箱船,只有7.5%,说明该船舶不断有新下水船舶加入商船系列之中。

2012年世界商船船龄分布　　（单位:DWT%）　　表3-7

船龄	0~4年	5~9年	10~14年	15~19年	20年以上
全部船舶	35.8	22.5	14.3	11.2	16.2
油轮	34.7	29.0	18.4	9.4	8.5
杂货船	21.4	13.7	11.8	10.2	42.8
散货船	41.5	16.6	11.3	13.1	17.6
集装箱船	32.8	31.0	16.6	12.0	7.5
其他船舶	27.2	18.3	10.7	7.7	36.1

资料来源:Compiled by the UNCTAD secretariat on the basis of data supplied by LIoyd's Register – Fairplay.

4.*船舶经营效率*

船舶的经营效率一般定义为每载重吨的船舶在一年内所完成的货运量或货物周转量。在船舶吨位一定的前提下,船舶的经营效率越高,供给量就越大。经营效率主要由如下几个因素决定:

(1)船舶营运速度。平均营运速度决定了一艘船舶一个航次所需要的航行时间。由于经济的需要、营运条件的限制以及气候因素的影响,船舶营运速度一般低于船舶的设计速度。如1985年,VLCC的平均设计速度为15.5节,但实际营运速度是11.9节。因为在一个给定的运价下,综合考虑燃料成本和船舶效率等因素,承运人会制订出一个最佳经济效果的船舶营运速度。

(2)载重量利用率。船舶载重量不能得到充分利用主要是因为燃料、淡水的储存,另一个主要原因是货源不足所导致的亏舱。如20世纪70年代,大多数油轮只在部分舱位装运货物,导致了油轮载重量利用率大大下降。

(3)重载时间。船舶在海上的航行时间可以划分为重载航行时间和空载(压载)航行时间。空载(压载)航行时间越短,船舶重载航行时间所占的比例越大,船舶的营运效率就越高。

1972年,每载重吨的油轮所完成的货物周转量为44000吨海里,但是到1985年,降低为24000吨海里;而干散货船每载重吨的营运效率一般稳定在20000~25000吨海里。每载重吨的效率可采用吨或吨海里作单位。表3-8显示,如果采用年载重吨来衡量,每年载重吨的效率1990年为6.1吨,到2007年为7.7吨;如采用周转量来衡量,每载重吨的效率1990年为26000吨海里,到2007年则上升到31600吨海里。所以,世界商船的经营效率近10年是持续提高的,这主要与新技术的广泛应用,如船舶航速的提高、船舶大型化等原因有关。

世界商船年载重吨效率 表3-8

年　份	商船总吨（百万载重吨）	完成货运量（百万吨）	完成周转量（10亿吨海里）	载重吨效率（吨/DWT）	周转量效率（千吨海里/DWT）
1990	658.4	4008	17121	6.1	26.0
2000	808.4	4651	20188	6.3	27.5
2002	844.2	5888	23251	7.0	27.5
2003	857.0	6168	24589	7.2	28.7
2006	960	7652	31447	8.0	32.8
2007	1042	8022	32932	7.7	31.6

资料来源:World fleet :LIoyd's Register – Fairplay; Total cargo carried:UNCTAD secretariat ;ton – miles:Fearnley's Review, various issue. Data compiled by the UNCTAD secretariat.

5.经营环境

在经营环境方面,影响供给量大小的主要因素包括港口拥挤、通航条件的限制、安全和环保等方面的因素。此外,一个非常重要的因素是各国对航运的干预程度。20世纪90年代以来,伴随着经济全球化,航运业纳入WTO的管辖,实现航运自由化的呼声越来越大,航运自由化的本质是反对政府干预航运市场。当前航运市场存在如下几个方面的障碍:第一,国民待遇。主要是政府对运输货物和航行船舶所执行的行为和压力。这些行为导致航运的公平竞争被抛掷一边,例如将货物交给效率低下的承运人,从而模糊了航运的实际成本;第二,市场准入与运输资格的认可性歧视。大多数国家至今仍然禁止外国船舶从事本国沿海货物运输或者实行货物配额等;第三,政府补贴扭曲了国际航运市场的公平竞争;第四,班轮公会导致市场垄断势力的存在;第五,方便旗船扰乱了航运市场的正常经营秩序。这五个方面的因素导致当今国际航运市场经营环境的恶化,使航运企业面临高额的外在不经济。

第四节　全球航运市场的供给与需求现状

全球航运市场的供给与需求的特性,尤其是航运市场需求的派生性,决定了航运市场的供给和需求来调节市场的滞后性,即航运市场的市场均衡,需要一个漫长的时间才能实现,甚至国际航运市场根本不可能实现市场的供给与需求的均衡。在派生需求的特征下,航运市场的

供需调节中,市场不可能调节需求,只能调节供给。调节供给的手段一般是采用降低船舶运行效率、闲置船舶和拆船。这三种手段都需要很长时间才能实现,尤其是拆船是实现航运市场均衡最重要的手段。但由于船舶的拆解受船舶的经济寿命和自然寿命决定,而经济寿命和自然寿命都很长。上述原因,导致国际航运市场长期处于供大于求的状况。表3-9是全球各细分航运市场的过剩表,可以看出:各细分市场都不同程度存在供给大于需求的现象,只是过剩程度不一样。从三个细分市场的过剩率来看,干散货船舶的过剩率相对较小,即干散货市场的市场均衡的程度相对趋向供需均衡。这种供需均衡的程度,除需求的派生性原因之外,还与各细分市场的市场结构或市场的垄断程度相关。

全球各细分航运市场的供给过剩表　　表3-9

年　份	杂货船(百万载重吨)	过剩吨位(百万载重吨)	过剩率(%)
1990	266.2	40.9	15.4
2000	279.4	13.5	4.8
2004	298.3	3.4	1.1
2005	312.9	4.5	1.4
2006	367.4	6.1	1.6
2007	393.5	7.8	1.9
2008	414.0	14.4	3.5
2009	435.2	8.5	2.0
2010	447.6	10.5	2.3
2011	473.9	7.0	1.5
年　份	干散货船舶(百万载重吨)	过剩吨位(百万载重吨)	过剩率(%)
1990	228.7	19.4	8.2
2000	247.7	3.8	1.5
2004	325.1	2.1	0.6
2005	340.0	2.0	0.6
2006	361.8	3.4	0.9
2007	393.4	3.6	0.9
2008	417.6	3.7	0.9
2009	452.5	2.6	0.6
2010	522.5	2.9	0.6
2011	608.6	2.9	0.5
年　份	杂货船(百万载重吨)	过剩吨位(百万载重吨)	过剩率(%)
1990	63.6	2.1	3.3
2000	59.3	1.1	1.8
2004	43.6	0.7	1.6
2005	45.0	0.7	1.6
2006	44.7	0.65	1.4

续上表

年　份	杂货船(百万载重吨)	过剩吨位(百万载重吨)	过剩率(%)
2007	43.7	0.7	1.6
2008	44.5	1.0	2.2
2009	42.5	0.8	2.0
2010	53.1	0.8	1.5
2011	52.9	0.8	1.6

资料来源:2012 年 UNCTAD 秘书处资料编辑。

表 3-9 显示了散货市场和杂货传统市场的供给和需求现状。从表中可以看出,2008 年至 2011 年,全球航运处于萧条期间,油轮、干散货船舶的过剩率与其他年份比较,并没有发生显著的变化。有的萧条年份船舶的过剩率甚至比航运繁荣年份还要低,表明航运市场的供给和需求对运价的影响是有限的,进一步表明航运市场的派生需求性,即需求的外生性理论。

小　结

本章通过分析航运市场周期产生的原因,即航运市场的供给与需求的共同作用,得出结论:国际航运市场与一般经济市场一样存在基本的经济周期。航运市场的经济周期过去一般为 8 年左右。在造船效率提高的情况下,航运市场的经济周期缩减到 4 年左右。在本章中建立了一个国际航运市场的供给和需求模型,其中采用了十个经济变量来阐述国际航运市场的供给和需求。这十个变量中,影响需求的五个变量分别是世界经济、海上贸易、运输成本、周转量和政治事件;影响供给的五个变量分别为世界商船总载重吨、造船量、报废与失踪载重吨、船队经营效率与经营环境。在需求变量中,世界经济是最重要的变量。只有世界经济的持续增长,才产生了国际航运最基本的运输需求。世界经济的任何变化、发展都将反映到国际航运市场中。在供给变量中,世界商船总载重吨是最关键的供给因素。除世界经济和世界商船总载重吨两个需求和供给因素外,运输距离、船队经营效率也是影响航运市场供给和需求的重要因素。

专业术语

1. The world economy:世界经济
2. Seaborne trade:海上贸易
3. Average haul:周转量
4. Transport costs:运输成本
5. Political events:政治事件
6. World fleet:世界商船
7. Shipbuilding output:造船量
8. Scrapping and losses:报废与失踪载重吨
9. Fleet performance:船队效率
10. Operating environment:经营环境

思　考　题

1. 世界经济是如何影响国际航运市场的？
2. 国际航运市场的供给与需求的影响因素？
3. 衡量国际航运需求的指标有哪些？
4. 决定一个国家航运地位的关键因素有哪些？
5. 影响船队经营效率的因素是什么？

第四章　航运现金流与成本分析

成本是生产要素的货币表现。航运企业的成本与一般企业的成本比较,存在较大的特殊性。因此相当长一段时间,存在着航运企业是一个普通企业还是一个公益性企业的争论。在本书中,采用航运企业是一个普通企业的观点。因此本章关于国际航运企业现金流与成本的分析,应用了微观经济学的单个企业的分析方法。

第一节　国际航运企业经营成败因素——现金流

一、国际航运企业的现金流

航运企业在船舶运输经营与管理的过程中,会产生现金流入与现金流出。如果把航运企业的经营与管理活动作为一个独立的系统,那么现金流入是指确定的利息周期内该系统的实际现金收益。现金流出则是指确定利息周期内该系统的实际现金支出。同一时期内该系统现金流入与现金流出的差值称为净现金流。航运企业的现金流入包括营运收益、船舶残值等;现金流出包括投资、营运成本、税金等。

现金流 = 现金流入 - 现金流出 = 营运收益 - 投资 - 营运成本 - 税金 + 残值

与常规的会计方法不同的是:现金流量只计算现金收支而不计算非现金收支(如折旧、应收及应付账款等),并要如实记录收支实际发生的时间。现金流量图是现金流入、流出的一种图示方法,它以横坐标表示时间,以纵坐标表示现金的流入、流出量,流入量示于横坐标之上,流出量示于横坐标之下,这样就可以直观地表示现金的支付与时间的关系。

如图 4-1 所示,横坐标上的 0 表示现在时刻,1,2,3,…,n,表示各计息周期届满时刻。一个利息周期通常为“年”,在特殊情况下也可以是“季”、“月”等。横坐标上的垂直线段代表航运企业在不同时刻的现金流量情况和流动方向,箭头向上表示现金流入,箭头向下表示现金流出,垂直线段的长度视现金流量的大小按比例画出。

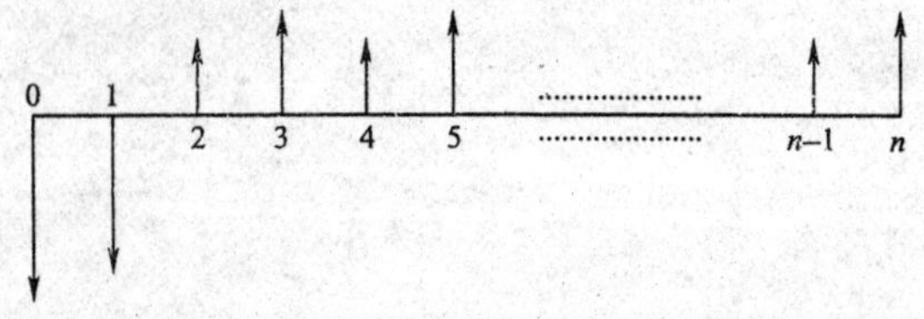

图 4-1　企业现金流量图

二、现金流量决定企业经营成败

在过去的一个世纪，船公司经历了航运市场许许多多的繁荣与萧条的周期更迭。当航运市场繁荣时，船东从市场上获得了足够多的利润，因此掩盖了其在内部管理上的问题。对船东的真正挑战是持续的萧条时期，市场试图剔除过剩的航运运力时，船东怎样控制他们的市场利益？可以说，在国际航运市场萧条时期，航运市场就类似一场马拉松赛，只有较少的航运企业能够生存下来。这场赛跑没有确定的长度，其终点是直到竞争对手被剔除出市场为止，能生存下来的选手获得金牌。

用专业术语来讲，航运市场的供给和需求不均衡，迫使运价不断下降，然后压缩航运企业的利润直到这些航运企业消耗完它们的储蓄资本，不得不靠出售船舶来维持日常的营运成本。当整个航运市场都出现资本匮乏时，最终拥有资本购买船舶的人是那些行业外资本拥有者，即船舶经纪人或投机家等，他们从那些由于资本缺乏而感到绝望的船东手中购买廉价船舶。当足够的船舶开始离开航运市场并被报废，需求开始复苏时，供给与需求开始趋向均衡，运价开始上涨，那些幸存的船东以及投机者通过经营航运或者出售船舶都将获得较高利润。这种过程一般不能预期而且持续时间较长，八个月或者十年都有可能。决定上述胜负的主要因素是航运企业是否拥有健全的金融结构，这意味着具有丰富现金的航运企业将获得生存。

1956 年，海陆公司的前身泛大西洋轮船公司开始在美国沿海地区采用改制的甲板驳船从事集装箱运输，并取得成功。1966 年，英国铁行开始在大西洋的另一岸建造集装箱码头，使得海陆能成功地从美国运输到欧洲的集装箱，完成了人类历史上第一次集装箱运输的国际远洋运输。此后，泛大西洋轮船公司蓬勃发展，并更名为美国海陆，从 20 世纪 60 年代到 80 年代，美国海陆一直充当世界集装箱班轮运输的龙头老大的位置，90 年代虽然龙头老大的位置被马士基取代，但海陆一直排名在前几位。正当海陆公司随着集装箱运输业蓬勃发展时，1999 年海陆以作价 8.3 亿美元被丹麦的马士基收购。至于这场收购的原因，我们可以肯定的是航运业的萧条是一个不争的事实。这场航运大萧条持续了十多年的时间，直到 1999 年上半年航运业才开始复苏，航运萧条使得海陆公司资金匮乏，被迫退出航运业。到 2007 年世界经济的繁荣达到顶峰，2008 年世界航运伴随世界经济进入新一轮萧条之中，有人预计新一轮的萧条，必然伴随国际航运市场新的洗牌，许多大的航运企业将在航运市场中消失。

三、会计利润与现金流的区别

会计利润是会计人员用来衡量企业从事商业经营的收益情况，其计算方法是通过在会计年度所获得的收益减去为了获得这些收益所发生的成本。

$$会计利润 = 收益 - 显性成本$$

而公司的现金流量则反映了在会计年度现金支付与现金流入的差异。本质上，现金流与利润的差异主要体现在收益可能不是在收益时立即以现金形式流入企业，成本也可能不是在成本发生时以现金的方式立即流出企业。如在购买船舶时，支付资本成本需要持续几年。因而在购买一笔固定资产时，如果没有一笔另外的现金流来替代该笔现金流，该笔现金流量一般需要持续较长时间。

但是为了客观体现每一年从商业中所获得利润，资本设备的原始购买价格的一个比例会逐渐转移到经营成本中，这个转移资金，就是会计科目上的折旧。由于折旧一般是一笔较大的资金，因此使得现金流量与利润存在较大的差异。

为了阐述上述差异，我们来举一个例子。假设一艘商船折旧年限为10年，若采用直线折旧法计提折旧费，意味着公司每年计提十分之一的原始成本到每年的公司经营成本中，连续计提10年。如果船舶的原始购买价格为1000万美元，那么折旧为每年100万美元。从表4-1可以看出，每年的利润为100万美元，但现金流量为每年200万美元。因为每一年折旧在现金流量中没有计提，折旧只简单地作为一个簿记项目，因而没有体现在现金流量的计算中。第一年由于购买船舶，因而出现负现金流量800万美元，第二年为正现金流量200万美元。

航运企业自有资金购买船舶的会计利润和现金流量　（单位：百万美元）　表4-1

	会计利润		现金流量	
	第一年	第二年	第一年	第二年
1. 运费收益	10	10	10	10
2. 减：经营成本	5	5	5	5
航次成本	3	3	3	3
资本成本（折旧）	1	1	0	0
3. 总经营利润/现金流量	1	1	2	2
4. 减：投资（船舶买卖）	无*	无*	10	0
5. 总利润/现金流量	1	1	-8	2

注：*资本支出包含在折旧项目中。

在上例中，船舶资本成本的支付是一个比较重要的现金流支付方法，它假定船舶资本的支付是在购买船舶时一次性支付完毕。但是如果购买船舶是分期付款，则现金流量将整个发生变化，因为分期付款的现金流量将包括本金的偿还及贷款利息。如果船舶资本成本是分期付款，假设是分五年偿还完毕（表4-2），虽然公司获得了一个正的200万美元的现金流量，但在支付利息和船舶资本成本后，得到一个负的现金流量。如果公司能够获得足够的资金，这种负现金流量不会导致严重的问题。如果公司既没有资金储备，又面临负的现金流量，那么公司将面临严重的资金问题。

航运企业贷款购买船舶的会计利润和现金流量　（单位：百万美元）　表4-2

	会计利润		现金流量	
	第一年	第二年	第一年	第二年
1. 运费收益	10	10	10	10
2. 减：经营成本	5	5	5	5
航次成本	3	3	3	3
资本成本（折旧）*	1	1	0	0
3. 总经营利润/现金流量	1	1	2	2
4. 减：10%利息	1	0.8	1	0.8
5. 偿还利息后的利润/现金流量	0	0.2	1	1.2
6. 减：投资（船舶买卖）	无	无	2	2
7. 总利润/现金流量	0	0.2	-1	-0.8

注：*资本成本包含折旧和利息。

四、现金流和投资决策

如果现金是航运企业生存的血液，那么我们下一个问题就是："是什么决定现金流?"根据现金流计算公司，决定现金流的关键因素一般包括船舶运营收益、船舶运营成本和船舶投资收益。

1. 收益策略型

收益策略一般重视船舶的租赁或船舶运营的收益，该策略一般采用先进的船舶，提高船舶运营效率，获取市场份额，从而得到较高的收益。船舶运营收益从某种程度上分析，其本质是重视"市场占有率"策略。通过不断提高企业的市场份额，获得长期的垄断或寡头垄断利润。该策略在欧美国家得到普遍的推崇，其主要手段是通过"公会"或"价格联盟"的形式瓜分市场份额，使企业得到长期持续的发展。丹麦的马士基、英国的铁行等企业基本采用"收益型"策略。这些企业经营航运一般趋向于投资现代、高尖端性能的船舶，通过该船舶的高灵活性和可以装运特种货物来获得高利润。这种资本密集型策略经常导致负债较高，因而经营该策略能否成功取决于在航运市场萧条期也具有足够的货物运输。

2. 成本控制策略型

成本控制策略一般重视租赁或船舶运营的成本。具体方法包括：控制资本成本。该策略一般低价购买一艘船舶使用年限较长而且主机陈旧的船舶。此时一般需要消耗较多的燃料和进行持续的维修，因而船舶的经营成本较高；控制经营成本。该策略是高价购置一艘新的使用的船员较少，主机消耗燃料的定额低，甚至可以不考虑维修成本的（主机和设备在制造商的保修期限内）较先进的船舶，该策略会导致资本成本高，但经营成本比较低。成本控制策略在亚洲国家普遍得到推广，该策略比较成功的企业以台湾的长荣为代表。

3. 投资回报率策略型

投资回报率策略型一般将船舶作为一种投资品，进行"贱买贵卖"。该策略是否成功很大程度取决于对市场趋势的把握，本质是将船舶作为一种"租售"产品，能卖一个高价则卖；否则就采取"租赁"方式。该策略使用比较成功的企业以希腊船东为代表。希腊船东主要经营二手船舶，由于二手船舶资本成本较低，因而低负债，高股权。低资本成本使得船东在航运市场萧条时可以把船舶闲置支付较少的现金流量，而在航运市场景气时则通过出售船舶获得较高的利润。

第二节　国际航运成本分类

一、国际航运成本分类

国际航运成本是指航运企业在一定时期内，为经营船舶运输服务所支出的一切成本的总和。经营一艘船舶的成本的大小主要涉及三种因素，第一种因素是维持船舶处于适航状态所需要的耗费，主要包括消耗多少燃料、配备多少船员以及船舶的维修的程度；第二种因素是市场因素，即燃油的价格、船员的工资以及维修成本的高低，这些价格决定于全球市场的价格趋势；第三种因素是船舶经营管理的效率，如管理成本等。国际航运成本有各种不同的分类方

法，这里介绍较常使用的两种方法。

第一种，将国际航运成本分为固定成本与可变成本两大类。固定成本是在一定时间与一定运力范围内，其发生总额不受运量增减变动的影响而相对固定的成本，即使运量为零，固定成本照样发生的方法；变动成本是指成本发生总额随着运量的变动而变动的成本，这种分类方法的总成本构成如图 4-2 所示。

第二种，将国际航运成本划分为资本成本、经营成本、航次成本三部分。这种分类方法是国际上比较流行的一种方法，总成本构成如图 4-3 所示。下面主要以该分类方法介绍影响国际航运成本的因素。

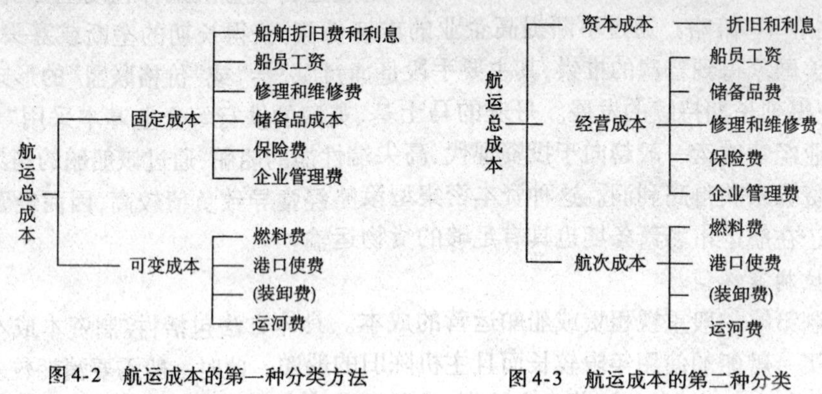

图 4-2 航运成本的第一种分类方法　　图 4-3 航运成本的第二种分类

二、影响航运成本的因素

1. 资本成本(Capital Cost)

船舶资本成本是指航运企业为建造或购置船舶所支出的成本，它包括船舶折旧与利息，即：

$$CC = Dc + In$$

式中：Dc——船舶折旧费；

In——利息成本。

(1)折旧。船舶在使用过程中，因逐渐磨损老化，造成其效率降低，价值逐年减少，企业为了补偿船舶的损耗，在船舶使用年限内，按折旧率每年提取的一项成本称为折旧费。企业提取的年度折旧费的大小主要取决于船舶的造价或购置成本、船舶的使用年限及残值、所采用的折旧计算方法等。我们将在以后章节中详细介绍船舶折旧费的计算方法。

(2)利息。利息是指航运企业向银行或其他金融机构支付的造船贷款的利息。如果企业用自有资金购置船舶，由于这笔资金失去了用于其他用途的机会，所以就有机会成本发生，这种机会成本也应视为利息，一般按照市场的利息率计算。企业支付的年度利息取决于贷款的方式、数量、期限、利率等因素。对于不同的融资方法，企业支付的年度利息成本是不同的，因此就影响了资本成本。20 世纪 80 年代，金融自由化大大降低了船公司的利息费用和为了获得资本成本的手续费用。

2. 经营成本(Operation Cost)

船舶经营成本是船舶为保持适航状态所发生的经常性维持成本。其主要构成可概括

如下：

$$OC = M + ST + MN + I + AD$$

式中：M——船员工资；

ST——储备品费；

MN——修理和维修费；

I——保险费；

AD——管理费。

(1)船员工资。船员工资占船舶总经营成本的50%以上，它包括直接或间接与船员有关的费用。如基本工资及福利、社会保险、伙食以及船员回家的费用等。船员工资高低由两个因素决定，船员的数量和与雇佣船员直接或者间接有关的费用。

近年来商船雇佣船员的数量不断在下降，主要原因是航运市场运价疲软、高通货膨胀率和造船技术不断进步所导致。虽然在有些船舶上，人们仍然可以看到每艘船舶船员的数量在30到50之间，但从20世纪50～80年代，每艘船舶的平均船员的数量从50人下降到28人左右。90年代伴随着信息技术的发展，船舶的自动化程度不断提高，尤其是驾轮合一，平均每艘船的船员的数量更是下降到接近20人左右。如马士基的一艘6000标箱的集装箱船仅仅使用15名船员。每艘船舶需求船员的数量主要决定于船旗国的海运法律、船舶的自动化程度，特别是机舱、船舶管理水平以及船员的技术。船员数量的下降、自动化程度的提高给船舶提出了安全以及处理各种海上风险的问题。船舶自动化的步伐开始于20世纪60年代。1964年“安道尔”号船舶首次实行主机无人看护制，为了执行这一制度，船舶特别设置了一套事故报警系统。当时设置这一套报警系统的主要目的是改善船员的工作环境，把船员从看护主机这种恶劣的环境中解脱出来。现在，主机无人看护已经在所有的船舶上普遍执行，而且已经设计出许多系统诸如遥控放空、单人加油和食品供给等系统。现代技术允许一艘公海船舶只需要17人就可以正常操作，甚至一些有经验的船员只需要10人就可以正常操作船舶。船员数量的多少主要决定于船员的技术种类的多样性以及每个国家对海运的管理规则和船员工会的要求。

关于船员的工资，国际运输工人联盟(ITF)对于每一类船员都规定了最低月工资，但这些条例没有被普遍接受。实质上不同国家对工资的支付都有较大差异，船员的工资常常被一个国家的法律决定下来，一些船东常常不能雇佣其他国家的船员。例如悬挂欧盟国家旗帜的船东所雇佣船员的工资常常比悬挂国际性开放登记的国家如利比里亚、巴拿马和新加坡旗帜的船东所雇佣船员工资高出50%以上。20世纪80年代，一个德国船员的工资(包括直接或间接成本)大约为35600美元/年，而一艘悬挂方便旗的船员仅仅只需要27900美元/年。除直接工资的差异外，不同国家和不同公司在对船员的服务、轮班、离岗以及其他边缘性福利方面也有较大差异。间接工资包括养老金、社会保险、休假、培训以及船员旅游等。总之，通过提高船舶的自动化程度以及采用方便旗船的登记方式可以降低经营成本，此外汇率也是一个重要的影响经营成本因素，一般采用本国货币支付工资要比采用它国货币支付工资较能节约成本。

(2)储备品费。储备品包括船舶所消耗的各种材料与备用配件的成本，以及主机和辅机所消耗的润滑油的成本，这些成本大约占船舶总经营成本的25%左右，其中最重要的项目是润滑油。由于现代船舶大多数采用柴油机，一般每天要消耗几百升润滑油，此外随着船龄的增加，船舶零配件的需求也随着增加。

(3)船舶修理和维修费。修理和维修费指为使船舶达到公司政策或者船级社所要求的标准,而对船舶进行定期修理的成本和日常的维修成本。简而言之,修理和维修费可以划分为三大类:

第一大类,日常维护。包括维护主机和辅机设备,如油漆设备表面和干甲板以保持船壳免遭海生动植物的腐蚀,否则这些海生动植物将影响船舶经营效率,维修成本一般随着船龄的增长而增加。

第二大类,船检维护。为了维护船舶的级别以进行船舶保险,所有的商船都必须进行日常的检修。每两年船舶必须上一次船坞,每四年船舶必须由船级社进行一次特别的检测以确保船舶适航。在船检中,船舶是在干船坞中,所有的机械设备都必须进行检测,而且船壳的厚度也要进行测量。所有船舶的缺陷在签发适航证书之前都必须进行修理。在订购船舶时,这些检测常常必须支付大量的成本。

第三大类,故障修理。船舶驾驶中的不适当操作会导致额外的维修,此时船舶必须进入船厂进行修理既浪费营运时间又增加修理成本。

总之,修理和维修成本一般随着船龄的增长而增加,在船龄较大的船舶中,维修成本一般占年度经营成本的绝大部分。

(4)保险费。航运业是一个风险很大的行业。船舶在海上航行,可能会遇到无法预防或不可抗力的灾难。保险制度正是帮助单个船东将这种损失分摊转嫁到整个航运业的运输成本中去。保险费是航运企业向保险公司投保的船舶险、运费险、船员险等支出的保险成本。影响每年保险费支出的主要因素有:船舶保险的范围、船东的经验与信誉、船龄及船级、船舶类型、吨位、船籍、船员的技术和航行区域等。

船体和机械设备保险一般由海上保险公司或者由劳氏保险公司所任命的保险经纪人承保,决定船体和机械设备保险水平的两个重要因素是船东的申保和船舶本身的价值。保赔协会还有其他项目的险种,诸如船员伤亡险、旅客和第三方责任险、偷窃或者货物损害险、碰撞、污染和其他在保险市场没有公开的险种。保险费率取决于船东的申保、航线、装运货物、船舶和船员的国籍。保险费一般占经营成本的10%左右。

(5)企业管理费。航运企业进行运输生产,除了要有船舶以外,还要设立各种管理部门和代理机构,开展人事、商务、财务、调度业务、船舶机务、安全监督、法律事务、物资采购与供应、市场开发等管理工作。为从事这些活动所支出的成本和为从事这些活动的人所花的开支的总和就是管理费。管理费在运输总成本中约占15%,但对于经营类型有所不同的航运企业,该比例会有较大的差异。对于一些较小的船公司,尤其是经营不定期船的船公司,一般只经营两到三艘船舶,管理成本一般较小。对于一些较大的班轮公司,可能有一笔巨大的管理成本。

总之,经营成本决定于船舶的大小、船员的国籍、维修策略、船龄、船舶本身价值以及企业的经营管理效率等。

3. 航次成本(Voyage Cost)

航次成本随着不同航次的发生,可以进行不同的定义。其中主要包括如下项目:燃料费、港口使费以及运河费。

$$VC = FC + PD + CHC + CD$$

式中:VC——航次成本;

FC——主机和辅机的燃料成本；

CHC——货物装卸成本；

PD——港口使费；

CD——运河费。

(1)燃料费。燃料费是指船舶动力装置和辅机消耗的燃油和柴油成本，是航次成本中一个非常重要的项目。在20世纪70年代早期，由于燃料价格较低，人们很少关心航次中燃料成本。许多大型船舶都安装了涡轮机，因为涡轮机能发出大功率，而且维修成本也较低，这些成本远低于高燃料成本。但是70年代后期，燃料价格大大上涨，原油价格由70年代早期的8美元/桶上涨到70年代后期的36美元/桶，甚至到2007年几乎逼近150美元/桶大关。如果不考虑船舶使用燃油效率的提高，70年代燃料在总成本中的比例为13%，80年代上涨到34%，90年代由于大量节油型的柴油机的开发，使燃料利用的效率大大提高以及原油每桶价格有所回落，维持在25美元/桶左右，因而燃料在总成本中的比例有所下降，大约在25%左右。到21世纪初，燃油售价超过50美元/桶，燃油在总成本中的比例急剧升高，船东对燃料的消耗更加重视。到2008年，燃油价格达到创纪录的147美元/桶，燃油成本增加85%～100%，许多航运企业陷入苦苦挣扎之中。到2009年，伴随着世界经济危机，原油从147美元/桶下降到2009年初的32美元/桶。虽然燃油成本大幅下降，但此时世界航运市场进入大萧条之中，BDI指数从最高11000多点，下降到1000点以下，下降幅度竟然达到10倍。尽管船东不能控制原油的价格，但船东可以控制消耗燃料的水平。类似许多其他复杂的机械，船舶燃料的消耗量取决于船舶的设计以及船舶经营的合理性。例如，70年代建造的巴拿马散货船，其航行速度为16节，每天消耗55吨燃料油和4吨柴油。上述燃料释放的能量中有27%的能量消耗在冷却主机，30%的能量白白散发掉，另外还有10%消耗在船壳与水的摩擦之中，以及10%的能量消耗在推进器上，只有23%的能量用于推进船舶的前进。因而，如果要提高燃料的消耗，人们必须提高主机、推进器和船壳的技术。为了提高燃料的利用效率，人们把重点放在提高主机的利用效率上。从1973年，燃料价格的上涨开始，特别是1979年海运柴油机的热效率有了较大提高。1979～1983年，低速柴油机的应用使每冲程马力小时的耗油量从150克下降到127克左右，此外为了降低燃油消耗，主机的运行速度也下降到每分钟转速为100转左右，因而人们可以使用高效率的大直径、低速推进器而不需要安装传动装置，大大提高了燃油的利用率。此外通过安装辅助设备，如安装废热系统，用主机排除的热量推进辅机，同样可以节约柴油。

当船舶已经设计完毕，并且使船壳设计达到最佳因而获得一个设计速度，例如散货船舶为15节、集装箱船舶为18节。在船舶经营中，燃料的实际消耗量取决于船壳状况以及航行速度。船舶在低速航行时由于可以减少水的冲撞，一般会消耗较少的燃油量。船舶每天燃油消耗量F与航速的关系如下：

$$F = 24 \times 10^{-6} \mathrm{g} \times N \tag{4-1}$$

利用海军常数公式

$$Ce = \Delta^{2/3} V^3 / N \tag{4-2}$$

代入式(4-1)得

$$F = 24 \times 10^{-6} \times \mathrm{g} \times \Delta^{2/3} / Ce \times V^3 \tag{4-3}$$

式中：F——每天燃油消耗量（吨/天）；

g——柴油机单位消耗率（克/千瓦·小时）；

N——柴油机设计功率（千瓦）；

V——营运航速（节）。

每天燃油成本

$$OC = F \times Pc = 24 \times 10^{-6} \times g \times \Delta^{2/3} / Ce \times Pc \times V^3 \quad (4\text{-}4)$$

令

$$k = 24 \times 10^{-6} \times g \times \Delta^{2/3} / Ce \times Pc$$

式中：Pc——燃油价格（元/吨）；

k——机能系数。

则

$$OC = kV^3 \quad (4\text{-}5)$$

从上式中可以看出，当船舶减速航行时，每天燃油费大致按航速的三次方的比例减少。也就是说，航速降低10%，航行一天的燃油费可减少约30%左右，但这样减速之后，每航次海上航行天数要增加10%，对一个航次而言，燃油费可减少约20%（航速高低与燃料的消耗关系见表4-3）。但减速航行后，将降低船舶的周转速度，影响船舶的运输能力。假定航次航行时间占航次总时间的50%，一个航次的时间就要延长5%，于是船舶的运输能力将下降5%，这将影响船舶的营运收益，从而不能达到预期的经济效益。对于任何给定的船舶及其航速，燃油消耗量取决于船壳的设计以及船壳的平滑程度。在没有上船坞时船壳上的海生植物会提高水的冲撞，最大时，可降低船舶航速两到三节。即使在上完船坞后，由于船舶使用年限较长，船壳表面将报废或者油漆许多次数，船壳会变得粗糙。如果使用一种自制油漆（SPCs），它能释放出一种毒物质杀死海生植物以降低船壳被污染的可能性。按照英国船舶研究协会的一份报告认为，如果减少船壳海生植物300～500微米，就可以节约13%的燃料费。

航速怎样影响燃料消耗：巴拿马散货轮 表4-3

速度（节）	主机燃料消耗量（吨/天）
16	55
15	45
14	37
13	29
12	23
11	18

资料来源：上海海运学院的《海运情报资料》编辑而成，2012。

（2）港口费。在航次成本中，与港口相关的成本占一个较大比重。这些成本主要是因为船舶或者船舶上装载的货物使用港口的设备或者由于港口向船舶提供了服务而征收的成本。港口成本的多少一般与港口或地区有关，每一个港口或地区港口成本存在差距。但概括起来，包含两大类成本：一类是港口使费，另一类是劳务费。港口使费是针对船舶使用港口的设施而征收的费用，包括船舶吨税、船舶港务费、灯塔费、停泊费、系解缆费、交通费等，征收的标准有两种不同的类型：船舶的净登记吨或者船舶的总登记吨；劳务费包括不同的种类，以船舶在港

口实际使用的设施为衡量标准，包括引航和拖轮费。港口费的高低与港务局的价格政策、船舶的大小，以及使用港口的时间和装卸货物的类型有关。

(3)货物装卸费。货物装卸成本是总成本中一个重要组成部分。在不定期船运输中，货物装卸费的分摊主要由租约的条款决定；在班轮运输中，装卸费则由船东承担，因此船东特别重视装卸成本。货物装卸成本构成如下：

$$CHC = L + DIS + CL$$

式中：CHC——货物装卸成本；

L——货物装载成本；

DIS——货物卸载成本；

CL——货物理赔成本。

(4)运河费。世界上最主要的运河包括苏伊士运河和巴拿马运河。苏伊士运河的费收结构比较复杂，因为该费收结构由两套不常见的衡量方法构成：苏伊士运河净吨(SCNT)和特别提款权(SDRs)，即费收单位为SDRs/SCNT。SCNT的计算是按照19世纪的规则计算出来的，主要与甲板下装运货物的空间有关。其空间的大小既不是由船级社也不是由官方的贸易组织的标准测量。其测量方法是总吨加净吨除2，再加10%。然后在费率本上规定每SCNT的SDR数量。之所以选择特别提款权作为货币单位，是为了避免费率的波动所带来的损失。而巴拿马运河的费率单位则采用巴拿马运河净吨(PCNT)。1986年，对于空载船舶为1.46美元/PCNT，而重载船舶为1.83美元/PCNT。

三、各营运方式的成本分摊

国际航运中，班轮运输与不定期船运输的成本内涵稍有不同。班轮的变动成本仅有装卸费一项，其余部分全部定义为固定成本；而不定期船的变动成本是航次成本的所有内容，其固定成本是指资本成本与经营成本之和。

不同的营运方式，成本的分摊情况如下：

(1)航次租船、包运合同或长期运输合同：除装卸费按合同规定外，全部成本由船东承担。

(2)期租船和航次期租船：船东承担船舶资本成本和经营成本，租船人承担船舶航次成本。

(3)光租船：船东承担船舶资本成本，租船人承担船舶经营成本和航次成本。

(4)班轮运输：全部成本均由船东承担。

第三节　现金流估算

由于在航运市场萧条时现金流对航运企业的生存具有决定性作用，而航运成本和收益是决定现金流的关键性因素。一般认为航运成本是可以控制的，但航运收益则受市场的影响，是外部因素，因而难以控制。下面分别介绍航次现金流估算和年度现金流估算。

一、航次现金流估算分析(VCF)

航次现金流估算分析是一种“逐日”航次租赁决策分析方法。通过对特定船舶航次或者组合航次的现金估算,为运营决策提供财务基础。尤其是当航运市场萧条时,决定船舶是否应该闲置、装货或者有多个航次可供选择时,选择不同航次的机会成本大小估算。这本质上就类似如“我现在就装货,还是等几天等运费率上涨后再装货?”或者“是否应该将船舶闲置还是持续从事运输?”对于上述问题,通过对特定航次的航次估算,就能做出是否运营的决策。表 4-4 提供了做航次估算时的步骤。这是一艘巴拿马散货船的组合航次运输,整个航次有四个航程:第一航程是从美国(湾区)运输谷物到日本;第二航程是从日本放空到澳大利亚;第三航程是从澳大利亚运输煤到欧洲;第四航程是从欧洲放空到美东。航次估算的目的是对该航次现金流实际发生情况进行评估。一般分为如下几个步骤:

(1)船舶信息。详述船舶规模、航速、燃料消耗等。在表 4-4 中,假设重载航速和空载航速相同;船舶重载燃料消耗为每天 33 吨、空载燃料消耗为 31 吨;主机燃料油每吨 650 美元、辅机柴油每吨 980 美元。

(2)航次信息。详细阐述重载货物种类、航线距离、港口时间和运费率高低。表 4-4 中,货物为 54500 吨谷物和 62375 吨煤。船舶载有 3500 吨燃料油和储藏品。留下 62500 吨货载吨位。因而在第一航程中,没有完全满载;空载航程比重载航程短。

(3)航次时间。完成一个完整的航次必须计算平均航速、包括重载和空载在内的航次距离和港口时间。由于气候等海上原因会使实际航行速度低于船舶设计速度。这又是一个运营决策。在实际中,船东一般在空载时将航行速度提高以节约海上航行时间。现金流可能会随着航行速度的变化而得到提高。在港时间一般包括等待靠泊时间、港口资料准备时间、货物装卸和燃料加注时间,此外还包括通过巴拿马运河的时间,因而很难精确预测港口时间。

(4)航次时间。运费收益需要减去经纪人的佣金、航次成本和经营成本,为航次的净现金流。

(5)经营成本。经营成本的计算必须以年度为基准,年度时间一般以 350 天为标杆。将整年发生的成本分摊到 350 天后,得到每天的经营成本。

在表 4-4 中,由于运费率发生在航运萧条时期,假设是 2012 年 8 月,船舶的运费收益在补偿航次成本、经营成本后,剩余 59897 美元或平均每天 475 美元补偿资本成本。而该类型现代散货船舶每天的资本成本大概需要 10000 ~ 12000 美元,因而该航次的利润是亏损的。那么船东该作何选择?如果他的船舶是全额现金支付购买所得,他可接受该费率水准,运营该航次,本质上不会损失任何现金。但如果该船东采用的是按揭,即每月向银行支付利息和本金。上述航次,船东则无力支付银行的利息和本金。除非得到银行延期支付银行利息和本金的许可,否则船东就不能接受上述航次。对于一艘老旧船舶,会有较高的航次成本产生,船东在市场萧条的情况下,更难做出决策。假设由于船舶老旧,航速只有 13 节,重载燃料油消耗为每天 35 吨、空载每天为 33 吨,估计该航次将增加损失 126620 美元,如果船东接受该航次,运费收益不能补偿航次成本;相反,如果不接受该航次,船东可能损失更大。无论是否运营,每天发生的 5623 美元的经营成本必须支付。另一种选择就是将船舶闲置,但闲置船舶对未来的运营会产生很大的负面影响。从上述分析可知,在航运市场萧条时,最关键问题是如何拥有足够的现金来支付每天可能发生的账单。因为无论他如何节约经营成本,一旦市场萧条出现在航运市场,船东和银行实际上会没有任何选择。因此,如果船东不能从航运市场以外的行业或市场获得现金流,他唯一的选择就是将船舶出售。这种出售的方式取决于船舶是新船还是旧船,如果是旧船,其归属必然是拆船厂;而新船则必须低价寻找新的船东。

航次现金流估算　　表 4-4

1. 船舶信息

船舶类型	载重吨	航速(节)		燃料消耗(吨/天)	
				主机	辅机
散货船	66000	设计	15		
		重载	14	33	1
		空载	14	31	1
		在港	0	3	2
燃料价格 650980 美元/吨					
15 Aug. 2012 Singapore Platts					

2. 航次信息

航线	距离(海里)	海上时间(天)	在港时间(天)	货物种类	运费率(美元/吨)
航程 1:美湾 - 日本	9123	28.6	19	54500	42
航程 2:日本 - 澳大利亚	4740	14.8	0	放空	0
航程 3:澳大利亚 - 欧洲	12726	39.9	10	62375	21
航程 4:欧洲 - 北美东海岸	4500	14.1	0	放空	0
合计	31089	97.4	29	116875	3598875

3. 航次时间估算

3.1 航速	14.0	平均航速
3.2 减航速损耗	5%	气候等原因
3.3 实际航速	13.3	
3.4 航线距离	31089	从航次信息获得
3.5 海上时间	97.4	从航次信息获得
3.6 在港口时间	29	从航次信息获得
3.7 合计	126	Line3.5 + Line3.6

4. 航次现金流

4.1 运费收益(美元)	3598875	从航次信息获得
4.2 减经纪人佣金	71978	按照 2% 比例支付
4.3 减航次成本		
主机燃料成本	2108210	按照船舶信息计算
辅机柴油成本	152292	按照船舶信息计算
港口成本	4 × 104500 = 418000	挂靠四个港口
运河成本	80000	一次过巴拿马运河
合计		

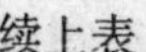
续上表

4. 航次现金流		
4.4 净收益	768395	
注:折算成天收益	6098	每天经营成本 5623 美元,按 97 + 29 = 126 天计算,5623 × 126 = 708498
4.5 减经营成本	708498	
4.6 净航次现金流	59897	
4.7 对资本成本的贡献(美元/天)	475	
5. 经营成本		
5.1 工资(美元)	1068000	每名船员年均 35600 美元,共计 30 名船员
5.2 储藏品	195000	
5.3 维修	270000	
5.4 保险	220000	
5.5 管理	215000	
5.6 年度总计	1968000	
5.7 折算成天	5623	按照 350 天计算

资料来源:根据 Maritin Stopford. Maritime Economics[M]. London:EC4P4EE 数据编辑而成。

二、年度现金流估算(ACF)

年度现金流估算是通过以一艘船舶或一支船队为单位,进行逐年的现金流估算。该估算可以作为航运企业正式的现金流预测。通过对完整财务年度航运企业的现金流预测,可以分析航运企业通过数个会计年度的运营后,每一个会计年度能否产生足够的现金流来补偿诸如税收、船舶资本和会计年度发生的维修等成本。年度现金流估算有许多方法,但最简单的方法是采用收支估算法。表 4-5 是采用收支年度估算法,表中上部分是现金收益,下部分是现金支出,而最后部分是现金均衡。

根据表 4-5 所示,航运企业上期年末现金结余为 850 万美元。在上期末购买了一艘二手油轮,市场价格为 2200 万美元,从银行按照 7 成比例贷款,获得银行贷款 1540 万美元,分 5 年偿还,每年分别偿还本金 308 万美元,年利息按照剩余贷款的 10% 支付。第一年,运费收益每天 31824 美元,按照 340 天计算,合计总运费收益为 1080 万美元;支付经营成本、银行按揭后现金盈余 445 万美元;第二年盈余为 81.5 万美元;第三年则为负的 79.8 万美元。在负现金流的情况下,航运企业被迫面对特检,成本大概为 500 万美元。为了逃避支付 500 万美元的特检成本,航运企业可以选择出售船舶。28 万吨的二手油轮市场价格大概为 800 万美元,但由于没有进行特检,因而 800 万美元的价格也没有人愿意购买;如果出售给拆船公司,大概可以获得 630 万美元。如表 4-5 所示,第四年的现金流为负的 148.8 万美元。这种方案银行很欢迎,因为银行的贷款全部收回。但从上期年末的现金流为 850 万美元,而到第五年初的现金流却为负的 148.8 万美元,航运企业损失惨重,航运企业是否存在其他选择?

28 万吨 VLCC 油轮的年度现金流分析　（单位：千美元）　表 4-5

	上期	第一年	第二年	第三年	第四年	第五年
1. 上年末结余	8500	1900	4450	815	(798)	(1488)
2. 现金流入						
2.1 营运收益	0	10820	4327	6041	3436	
2.2 贷款流入	15400					
2.3 船舶出售收益					6300	
3. 合计现金流入	15400	10820	4327	6041	9736	
4. 现金流出						
4.1 经营成本		3650	3650	3650	3650	
4.2 干船坞（大修）						
4.3 航次成本						
4.4 购买船舶支出	22000					
4.5 偿还本金		3080	3080	3080	6160	
4.6 支付利息		1540	1232	924	616	
4.7 支付税收						
5. 合计现金流出	22000	8270	7962	7654	10426	
6. 年末结余（括号为负）	1900	4450	815	(798)	(1488)	(1488)
注：						
每天租金收益（$/天）	22883	31824	12727	17768	10107	15789
每年运营时间		340	340	340	340	340
船舶剩余价值	22000	20000	9500	11000	8000	10000
每天经营成本（$/天）	10000	10000	10000	10000	10000	10000
贷款本金结余	15400	12320	9240	6160		
资本担保	14286	16234	10281	17857		

资料来源：根据 Maritin Stopford. Maritime Economics[M]. London：EC4P4EE 数据编辑而成。

航运企业的第二种选择就是接受特检，支付 500 万美元的上船坞的大修成本，然后继续让船舶运营。此时的现金流如表 4-6 所示。航运企业首先必须在第三到第四年追加 1050 万美元的现金，以弥补第三年和第四年的负现金流。在这种情况下，银行一般不愿意在没有资本抵押和负现金流的情况下，向企业追加贷款。银行一般是“晴天送伞，雨天收伞”。此时只能通过成本控制，如消减每天的经营成本等措施来面对航运萧条的问题。

但如果航运市场在第五年开始转好，银行此时愿意支持航运企业，就可能迅速改变航运企业现金流的困境。如表 4-6 所示，每天的运费收益增加到 15789 美元，一年就可以增加 200 万美元的现金流入，二手船舶的价格也由 630 万美元上涨到 1100 万美元，经营成本第五年也下降了 54.7 万美元，因而第五年的现金流入增加了 720 万美元，至此航运企业的现金流开始由负转正，现金流入为 17.1 万美元。此时航运企业的关键问题——生存得到解决。由该案例可以看出，如果生存问题在航运企业萧条时考虑，就为时已晚。必须在购买船舶时就必须将成

本、效率和资本运营等问题进行严谨地考虑。而年度现金流分析是航运企业预测航运市场萧条时,进行财务运营策略的重要工具。

28 万吨 VLCC 油轮的年度现金流分析 (单位:千美元) 表 4-6

	上期	第一年	第二年	第三年	第四年	第五年
1. 上年末结余	8500	1900	4450	815	(798)	(9707)
2. 现金流入						
2.1 营运收益	0	10820	4327	6041	3436	5368
2.2 贷款流入	15400					
2.3 船舶出售收益						11000
3. 合计现金流入	15400	10820	4327	6041	3436	16368
4. 现金流出						
4.1 经营成本		3650	3650	3650	3650	3103
4.2 干船坞(大修)					5000	
4.3 航次成本						
4.4 购买船舶支出	22000					
4.5 偿还本金		3080	3080	3080	3080	3080
4.6 支付利息		1540	1232	924	616	308
4.7 支付税收						
5. 合计现金流出	22000	8270	7962	7654	12346	6491
6. 年末结余(括号为负)	1900	4450	815	(798)	(9707)	171
注:						
每天租金收益(美元/天)	22883	31824	12727	17768	10107	15789
每年运营时间		340	340	340	340	
船舶剩余价值	22000	20000	9500	11000	8000	10000
每天经营成本(美元/天)	10000	10000	10000	10000	10000	8500
贷款本金结余	15400	12320	9240	6160	3080	0
资本担保	14286	16234	10281	17857	25974	

资料来源:根据 Maritin Stopford. Maritime Economics[M]. London: EC4P4EE 数据编辑而成。

第四节 航运规模经济分析

一、船舶规模经济

规模经济是经济学中的一个重要概念,它是指所有生产要素都可以调整的情况下,生产的规模与单位平均成本(或平均收益)之间的关系。通过它还可以研究当所有投入生产要素的使用量都按同比例增加时,这种增加会对总产量有什么影响。规模经济效益可分为三种类型:

第一种,生产成本增加的倍数小于生产规模增加的倍数。比如,生产规模增加 2 倍,生产

成本只增加 1 倍，这种类型叫作规模效益递增。

第二种，生产成本增加的倍数等于生产规模增加的倍数。比如，生产规模增加 1 倍，生产成本也增加 1 倍，这种类型叫作规模效益不变。

第三种，生产成本增加的倍数大于生产规模增加的倍数。比如，生产规模增加 1 倍，生产成本增加 2 倍，这种类型叫作规模效益递减。

船舶运输生产在相当大的生产规模范围内，存在着递增的规模效益。我们注意到，当船东进行初始投资时，就可能已经考虑怎样控制单位成本。在 20 世纪，从影响单位成本的许多因素中，人们挑选出一些非常重要的因素，其中规模经济或者说船舶的大小是一个重要的降低成本的因素。这是因为在很多情况下，航次成本、经营成本和资本成本一般不随着载重吨位的增加而成比例地增加。主要原因如下：

(1)随着船舶吨位增大，每载重吨的建造成本降低。

(2)管理人员和船员不随着船舶吨位的增加而成比例的增加。

(3)储藏品、供给品、零件、维护和维修成本随着船舶吨位的增加而增加，但增加的比例小于船舶吨级增加的比例。

(4)单位管理成本和保险成本随着载重吨的增加而下降。

在讨论规模经济效益时，由于国际航运市场是一个国际化市场，不同船舶的国籍、经营手段、管理、船舶技术水平都将影响航运成本。要比较不同船舶的规模经济，直接采用成本进行比较，很难得出一个可比较的数据。因此在表 4-7 中，采用指数进行规模经济的比较，船舶类型采用全集装箱船舶，并设定一个载重吨为 14600、体积吨为 19430 的全集装箱船舶作为基准船舶，载重吨成本和体积吨成本分别假设为 100，其他不同类型的船舶的载重吨海里成本和体积吨海里成本分别与该基准船舶比较，得出的成本指数分别如表 4-7 所示。从表中可以看出：船舶吨位越大，载重吨指数和体积吨指数都分别上升，虽然上升幅度与船舶大小降低幅度不一致，但表 4-7 基本体现了规模经济的作用。

规模经济实例　　表 4-7

船舶类型	载重吨	体积吨	航速	载重吨指数（吨海里美元）	体积吨指数（体积吨美元）
集装箱船	23000	30860	16	95	95
集装箱船	14600	19430	14	100	100
集装箱船	12000	16860	18	119	113
集装箱船	10020	15300	16	219	198

资料来源：Kenneth Button. Maritime transport. Northampton：Edward Elgarublishing. inc. 2002. PP15.

除总成本存在规模经济外，航次成本，尤其是单位燃料成本也存在规模经济。但航次成本存在规模经济是存在一定约束条件的。如果由于船舶吨位的增加导致船舶在港口装卸时间增加，那么航次成本则不存在规模经济递增。因此航次成本存在规模经济递增的首要条件是装卸设备的装卸能力和效率随船舶吨位的增加而增加，也就是说一艘 80000 万载重吨的散货船舶的装卸时间与一艘 15000 载重吨的干散货船舶装卸的时间应当相等。但是在不定期船市场中，这种假设成立的可能性较小。但在集装箱班轮运输中，这种假设存在的可能性是有的。

表4-8中,假设各种不同载重吨位的船舶在港口每年停留的时间为65天(包括装卸时间),270天航行在海上,30天为维修时间,采用柴油推进器,最佳营运速度为14节,而且市场上重燃料油的价格为5英镑/吨,每艘船舶吨位利用率为90%。

航次成本中的规模经济

表4-8

船舶吨位（总载重吨）	每天燃料消耗（吨）	每年装卸量（吨）	每吨货燃料成本（英镑/吨）
15000	23	120000	55
30000	41	242000	48
50000	55	412000	38
80000	75	663000	31

资料来源:Kenneth Button. Maritime transport. Northampton:Edward Elgarpublishing. inc. 2002. PP15.

上述数据清楚地表明,航次成本中也存在递增的规模经济效益。但必须满足一定的条件,那就是船舶吨位的增加,不会导致船舶在港口停留的时间增加。这就是近年来,集装箱班轮运输市场中随着船舶大型化,船舶挂靠港口的数量越来越少,而且挂靠港口的装卸效率必须较高的主要原因。

二、航运企业规模经济

一般来讲,船东拥有两艘以上的船舶要比仅仅只拥有一艘船舶要经济得多。这是因为船东支付给经纪人的佣金、保险费以及各种管理成本可能要比只有一艘船舶要绝对或相对的低。航运企业规模的差异可能部分的归因于管理者在市场中的地位和管理才能以及管理经验所导致,也可能部分地由下面的因素所决定:

(1)需求水平。如果航运市场的需求较小,则不能使航运企业扩张以达到航运企业最佳规模。例如,航运企业可以通过融资购买4~5条船舶,而且具有管理4~5条船舶的能力,但该航运企业却只经营2~3条船舶,在这种情况下,航运企业不能获得最小平均成本。但是如果一旦航运市场需求许可,就应购买船舶使成本维持在较低的水平。

(2)企业规模调整滞后。船东在进行长期计划中,他有较大的选择范围。但是船东在调整企业规模时,有许多具体的困难。许多困难来自于多项成本的"刚性",而且企业很难融资使本企业处于最佳规模状态。因为航运企业的投资需要比其他行业承担更大更多的风险。在许多情况下,航运企业如果要获得成功,只能逐渐积累资金,然后扩大规模来获得最佳效益。

(3)企业规模调整的错误。船东很难成为航运专家,有许多因素是船东必须面临的。船东必须考虑新船的速度和船舶的大小,新技术的运用,熟练船员的获得等。而且当企业增长到某种程度时,船东被迫思考他自己是否是一个合格的管理人员。

航运业是一个高度竞争的行业,尤其是经营不定期船运输企业,一般不会过度扩张企业规模,去获得垄断地位,只有在班轮运输业才能不断扩大企业规模来获得垄断效益。虽然我们不能获得一些综合性的数据来阐述航运企业规模经济效益,但是可以肯定的是:一般认为拥有或者经营20~30艘船舶的企业属于中等航运企业,而大型航运企业则经营50艘以上的船舶。

在缺乏相关数据的情况下，人们不能确定航运企业的最佳经营规模来获得最低的经营成本。但是人们似乎普遍认为，经营超过50艘船舶的航运企业逐渐不被人们所接受。它会导致较高的管理成本和经营成本，而且人员问题也变得相当复杂。因而一般来讲，中等规模的企业一般可以获得较低的成本，从而获得航运企业的规模经济。

小　　结

本章阐述了国际航运企业在激烈的市场竞争中，决定企业生存的决定因素——现金流的基本内容。现金流与利润主要区别是折旧。决定现金流大小的主要因素是船舶的资本成本。资本成本是由船舶的折旧和利率决定的。当企业购买船舶的资本是采用股权形式建造时，股权的机会成本属于资本成本。企业成本除资本之外还包括经营成本和航次成本。经营成本中船员的工资和福利占经营成本的最大比例。航次成本中的燃料费占航次成本的最大比例，尤其是燃油价格的不断上涨，导致船公司不断采用新的节约原油的柴油机，因而不断有新的节油轮船下水。在船舶订购中，船东获得资本成本的方式包括船厂信贷、商业银行贷款和船舶租赁融资。其中船厂信贷本质是买方信贷或卖方信贷。商业银行贷款是按照LIBOR加利差加手续费构成的。船舶融资的最大利益在避税。

主要专业术语

1. Operating costs：经营成本
2. Voyage costs：航次成本
3. Cargo handling costs：装卸成本
4. Capital costs：资本成本
5. Crew number：船员数量
6. Stores：储存品
7. Lubricants：润滑油
8. Repairs：修理费
9. Maintenance：维修费
10. Fuel consumption：燃料消耗
11. Main engine：主机
12. Auxiliary engine：辅机
13. Port charge 港口装卸费（引水费、拖曳费、装卸费）
14. Canal dues：运河费
15. Backhauls：回头货载
16. Off hire time：停租时间
17. Cargo handling gear：装卸调度
18. H&M（hull & machinery）：船壳与机械险
19. P&I（ protects & indemnity）：保赔协会
20. Port dues 港口使费（使用港口的基础设施包括船坞、码头）

思 考 题

1. 阐述利润与现金流的差异。
2. 阐述航次成本产生规模经济的条件。
3. 阐述航运成本的主要内容。
4. 如何进行成本估算？成本估算的方法有哪些？

第五章 船舶融资

船舶融资是指航运企业凭借其资信能力在金融市场融通船舶投资资金的行为。航运业是世界上资本最密集的行业之一，一艘大型集装箱船或油轮的造价动辄就是上亿美元，而一艘大型液化气船舶的造价更是高昂。航运企业要扩大船队规模，提高企业的国际竞争力，就必须广拓船舶融资渠道以筹集大量的船舶发展资金。船舶投资占据了航运企业现金流量的50%以上，因此，船舶融资决策成为航运企业管理者最重要的决策之一，其在航运经济研究中也占据了重要的地位。同时，由于航运企业的经营风险较大，与其他行业相比，国际上各种金融机构对航运业的融资活动显得极为谨慎。金融机构通常要求借款人应具有可预期的收入，清晰的融资结构，高度的信息披露以及明确的所有权状况。但是，航运企业收益具有多变性，其财产是流动性的，融资结构经常不够透明，甚至船舶的价格在短期内都有可能出现大幅的波动。这些原因导致金融机构对船舶融资提出了较为苛刻的条件，造成船舶融资存在较大的困难。

第一节 船舶融资概述

一、船舶融资的特点

航运企业的经营特点决定了船舶融资与其他企业有着显著的差别。

1. 融资数量巨大、筹集困难，投资回收期长

随着科学技术的发展、船舶大型化和现代化使任何一个航运企业都无法也不愿完全靠自有资金购买船舶，同时航运企业在营运过程中也需要大量资金。另外，船舶的投资回收期一般较长，通常在10年以上，购买10年船龄的船舶，投资回收期也在5年以上，若在航运市场不景气的情况下则需要更长的时间，因此筹集资金困难较大。

2. 风险较大

航运业是高风险的行业，而船舶融资作为航运企业经营管理中必不可少的一部分，不但受国际政治局势、经济形势的影响，还要受到金融市场、航运市场变化的影响，风险比较大，如采用单一币种受汇率变动产生的汇率变动损失风险，过度负债融资造成的财务风险等。这些风险常常让航运企业的资信能力受到怀疑，更增加了融资难度。

3. 融资方式多种多样，决策难度大

巨大的资金需求导致多种融资方式的并用，航运企业常常通过政府补贴贷款、商业银行贷款、发行股票、发行债券、融资租赁等方式中的一种或多种相结合的形式融资。在进行融资决策时必须考虑到成本、风险、效益的最佳组合，而融资的影响因素复杂而且不确定性大，这对于

船舶融资决策的科学性提出了较高的要求。

二、船舶融资决策及其原则

船舶融资决策是指在多种可行的融资方案中选取最优的融资组合方案，较好地平衡最低融资成本与最小融资风险的关系，以满足航运企业扩充船舶运力所需的最低资金数量。由于购买船舶所需资金量大，风险性高，采取不同的融资方式会直接影响资金的成本水平，进而影响到船舶投资的经济效益。正确的决策，可以使航运企业以较小的融资成本筹资到风险性低、金额大的资金；决策错误，轻则造成企业蒙受经济损失，重则给企业今后的发展带来沉重的债务包袱。因此，航运企业在进行船舶融资时，须遵循以下几条基本原则。

1. 稳定性原则

航运企业的融资活动应保持适当的稳定性。首先，借入的资金能保持一定的稳定性，即借款期限要相对长一些，以便在安排资金的使用时有一定的余地，借款如果不能按时偿还，将破坏企业的信誉。其次，融资方式也要保持相对的稳定。一般来说，过于频繁地更换融资方式，将使投资者很难了解企业的信誉。第三，要与有业务往来关系的金融机构保持相对稳定。受业务范围、自身信誉和金融市场信息掌握程度等因素制约，航运企业融资时，选择与其业务往来频繁的金融机构能达到省时、快捷、优先的目的。

2. 合理资金需要量原则

这是航运企业进行融资决策所要考虑的重要问题。在确定企业资金需要量时，应着重考虑企业规模经济的需要。在一定技术水平条件下，企业存在一个能够取得最佳经济效益的生成规模。按照规模经济规律，生产规模的过大或过小都会引起成本的上升，效益相对下降。因此，企业在进行船舶融资过程中，应根据规模经济的需要，确定最佳船队发展规模，筹措足够的资金，以实现企业的最佳经济效益。

3. 融资成本最低原则

市场经济条件下，船舶融资渠道、融资方式多样化，企业应通过对筹资方式的选择，尽可能降低筹资的综合资本成本，达到筹集结构的最优组合，实现企业利润最大化。

4. 最佳融资组合原则

最佳融资组合包括融资规模的确定、融资成本的取舍、融资风险的衡量，以及财务杠杆的运用等。要求在融资整体规划上采取内外融资结合的策略，在偿还方式上选择成本最低方案，在偿还期限上采取分散化策略等。

5. 融资方式可转化性原则

航运企业在筹集资金时，应充分考虑融资方式的调整弹性，即各种融资方式之间相互转化的能力，采取多元化、分散化的融资方式，以避免或减轻融资风险。

第二节　船舶融资的主要方式

一、债务融资

债务融资是指企业通过贷款的方式进行融资。债务融资所获得的资金，企业首先要承担

资金的利息，另外在借款到期后要向债权人偿还资金的本金。在过去的30年间，债务融资已成为船舶融资的有利方式。这种方式较为灵活，吸引了船舶投资者，并可保持其经营业务的完整性。债务融资主要有三种模式：贷款、债券融资和融资租赁。

1. 贷款

贷款是一种传统的船舶融资方式，金融机构通过聚集各种闲置资金贷放给航运企业，使得航运企业可以方便地筹措到发展船队所需的巨额资金。20世纪90年代，船舶融资最普遍的做法就是银行贷款或由一些实力雄厚的大公司直接对航运企业提供造船贷款。从贷款的供应者来看，船舶贷款主要分为：政府贷款和商业银行贷款，它们都是航运企业常用的融资方式。

(1)政府贷款。船舶融资的政府贷款包含了两个方面的含义。第一种含义，政府贷款是本国政府利用利率补贴的方式，通过国家控制的银行给予借贷方低于市场利率的优惠利率贷款。这种来自于本国政府的贷款，实际上是海运国家政府对本国船东造、买船的一种资助，在20世纪70年代中后期对世界航运市场的发展起了很大的支持作用。由于航运业的耗资巨大，且关系到国家安全的特殊性，目前本国政府向船东提供优惠贷款的方式仍然在许多国家的船舶融资中被应用，其中最流行的一种方式是固定利率的长期贷款。贷款通常由国家控制的银行进行安排，以补贴的利率贷出，与市场利率的差额部分，由政府补给银行。第二种含义，政府贷款是由贷款国用国家预算资金直接与借款国发生的信贷关系，属于国际间的政府贷款。此种政府贷款多数是政府间的双边援助贷款，少数是多边援助贷款，它是国家资本输出的一种形式。政府贷款通常由政府有关部门出面洽谈，也有的是政府首脑出国访问时，经双方共同商定，签订贷款协议。海运业融资也可以在不同国家政府之间发生，发展中国家的航运业有时可以从发达国家政府取得条件优惠的资金融通。发达国家政府提供资金的目的在于：通过给发展中国家发展航运业提供资助，扶持本国的造船业。通常的做法是发达国家政府给予发展中国家低息贷款，但要求在发达国家的船厂建造船舶。

政府贷款又有买方信贷和卖方信贷两种形式。

买方信贷是银行将贷款以优惠条件直接贷给船东，即船东通过担保，得到银行贷款，并由船东向船厂支付购买船舶的贷款。通过买方信贷，船厂可以从船东那里分期得到现金付款，用于支付船厂造船的各项支出，因此买方信贷的流程一般见图5-1。

卖方信贷又称为船厂信贷，它是银行将贷款以优惠条件贷给船厂，船厂再把这一受益转给船东。该收益体现为：优惠的船舶价格或优惠的融资条件。即船厂向银行申请贷款造船，货款由买方取得银行担保，分期将本息付与卖方银行，这是国际上常用的造船的融资方式。该流程见图5-2。

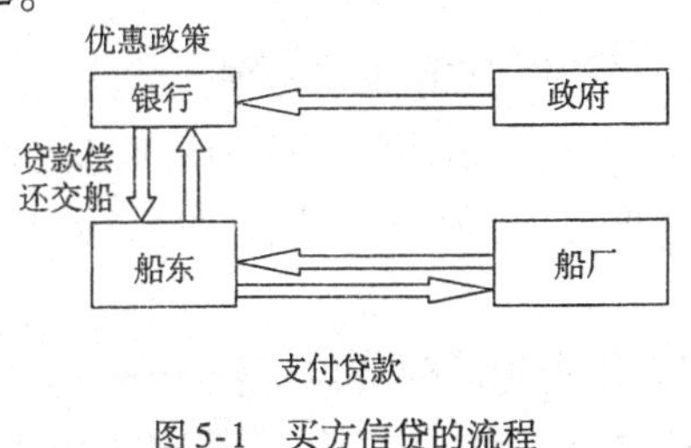

图5-1 买方信贷的流程

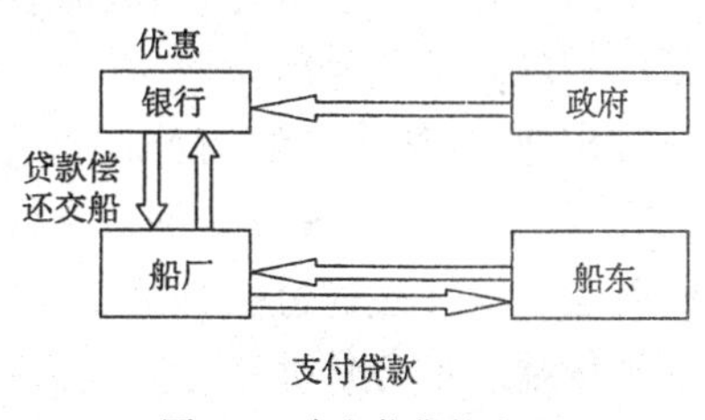

图5-2 卖方信贷的流程

相对于船东而言，造船厂是一个重要的船舶融资的提供者。船东在签订购船合同时，需按船价的一定百分比支付现金，以保证贷款提取和先期支付额的比率适当，减少贷款风险。剩余部分一般采用分期付款的方式，还款截止日期一般有三种，即在船舶安装龙骨、船体结合、船舶下水三个日期。船厂信贷出现在一次世界大战到二次世界大战的航运市场较长的萧条时期。1928 年，法国政府采用船厂信贷给船东，每年不超过 20 亿美元的上限，信贷期限一般为 5 年，如果在法国政府允许的情况下也可以超过 20 年期限。1930 年日本政府也引进船厂信贷，日本的工业银行被授权提供造船信贷，总额可以达到造船价格的 2/3，且期限可达到 15 年。1930 年，丹麦第一家抵押银行成立，丹麦政府担保船厂信贷给船公司，信贷总额大约为船舶价格的 50%。在 20 ~ 30 年代，当造船市场萧条时，许多政府先后采用上述造船信贷。船厂信贷第二个高速发展的时期是 20 世纪 60 年代，此时造船市场再一次不景气。1962 年，日本政府担保提供 80% 以上新造船舶价格的信贷款项，期限为 8 年，年利率为 5.5%。船舶作为第一抵押品，银行担保第一到第三年的支付款额。为了规范造船信贷，经济合作与发展组织（OECD）于 1969 年把船厂信贷进行标准化（表 5-1），随着时间的推移，这种标准被不断进行修改。在这些标准中，利率一般低于商业银行的利率，主要原因是政府提供了造船津贴。由于低首付以及利率是固定而不随市场的波动而变化，因此船厂信贷吸引较多船东。

OECD 出口信贷标准

表 5-1

修改日期	首　付	净利率	偿还期限
1969 年 5 月	20%	6%	8 年
1970 年 12 月	20%	7.5%	8 年
1974 年 7 月	30%	8%	7 年
1989 年 1 月	20%	8%	8.5 年
1999 年 1 月	20%	8%	8.5 年

资料来源：上海海运情报网，2002(8)。

船厂信贷的一个不利条件是船厂信贷一般采用造船厂所在国的货币，比如日本的出口造船信贷一般采用日元作为支付货币，因而船东的造船信贷一般必须承担汇率波动的风险。另外一个不利的条件是偿还年限只有 8.5 年，远低于船舶的生命年限。在 8.5 年时间里，船东必须承担较高船舶资本。OECD 信贷条款仅仅适用于非 OECD 国家，大多数国家采用相同的信贷条款应用于本国船东，甚至比外国船东更优惠。

(2)商业银行贷款。商业银行贷款和政府补贴性贷款不同，其贷款利率是以贷放银行公布的贷款利率或既定的市场利率为基础，其利率高于政府补贴性贷款利率。商业银行贷款通常有如下形式：信用贷款、抵押贷款和担保贷款。

①信用贷款。信用贷款指以贷款人的信誉发放的贷款，其特征就是债务人无须提供抵押品或第三方担保，仅凭自己的信誉就能取得贷款，并以借款人信用程度作为还款保证的。由于这种贷款方式风险较大，银行对信用贷款的发放相当严格，一般只有信誉卓著，而且与银行关系密切的航运企业才能通过这种形式获得贷款。

②抵押贷款。抵押贷款指贷款人以一定的抵押品作为物品保证取得银行贷款的方式。贷款到期，借款者必须如数归还，否则银行有权扣留、处理、变卖抵押品，以保证其贷款的回收。

③担保贷款。担保贷款指贷款人向银行提供可靠的贷款担保人以获得贷款的方式。一

旦贷款人无法偿还贷款，则由其贷款担保人对放贷银行承担一切责任。这种融资方式对银行来说风险较小，因而融资速度快且收费较低，但银行对贷款担保人要求条件较高。

航运企业以商业银行贷款方式进行船舶融资，有5个关键问题：贷款期限、贷款利率（一般是在银行的资金成本，如LIBOR上确定一个固定利率差）、贷款有关费用（安排和处理贷款事务的有关费用）、抵押物（如果借款人违约，银行可以合法取得的财产或资金）、担保协议（规定船东必须满足的担保情况以及船东违约时银行的权利）。

首先，贷款必须先经过银行信贷系统的审批。对于银行很了解的客户，信贷审批仅需几天时间，但对于难度较大的贷款或风险贷款，这个审批过程则很长。银行信贷职员的工作是判断借款人在各种可预见的情况下是否有能力偿还本息，并能确保在借款人违约时有充分的担保来向银行清偿债务。如果船东已经取得定期租约，银行认为租船人信誉良好，那么，这方面的分析在很大程度上将得以简化。贷款获得审批后，银行就要安排签署贷款文件并贷出资金。以后航运企业按照贷款协议还贷，一般按每6个月分期支付。

在过去二三十年间，船舶抵押贷款已成为船舶融资的标准模式，占据了银行在船舶融资方面的核心地位。贷款人可以通过在合适的法律管辖下创立一家独立公司，确保在法律上可以取得船舶营运收入，而且对于借款人的其他船舶引起的索赔，该船舶可免以被扣押。这也意味着，除了船舶和该船营运收入之外，贷款人别无其他财产。因此，在筹划贷款时，担保就成了至关重要的事项。首先，银行应决定可以为船舶当前市价的多大比例提供贷款，而这将取决于船舶的船龄和市场行情。一些银行认为，除非有其他担保，否则贷款金额不能超过船舶市价的50%。若有期租合同，提供其他船舶抵押，船东本人的保证，或银行与船东之间已有连续业务往来，贷款金额可以增加到60%～80%。在某些例外情况下，银行也可贷出100%的资金。但并没有明确的规则可循，因为银行业如同航运业，也存在竞争。

信贷风险评估体现在贷款利率上。根据借款人和银行市场情况，利差在LIBOR之上每年浮动0.5%～2%。利差须考虑如下各项因素：银行一般性费用、管理费用、银行投资者回报、不能收回的贷款损失。贷款协议可能要求，借款人必须把担保物价值保持在贷款金额的一定比例上，比如150%（即“最低担保价值条款”）。如果船舶价值降到不足这个比例，借款人将被要求提供额外担保。贷款协议也可能要求把担保物的保险赔偿金转让给银行，并可能对借款人的资金流动和分红做出限制。

具有明确结构的公司经常更愿意以公司名义来借款，而以公司的资产负债表作为担保。一些著名的班轮公司和散货运输公司能够得到这种融资。例如，在1996年，Bergesen（一家拥有45艘油轮的挪威公司）得到了5亿美元7年期贷款，前5年利息按照20基点计算。该项贷款由公司的资产负债表担保并被安排为循环贷款，允许公司根据业务需要在最高限额内取得银行贷款。巨额贷款往往由几家辛迪加银行提供，贷款协议通常要求借款公司须保持稳健的资产负债情况，并规定了杠杆比率、收益利息比、担保财产范围。

（3）国际辛迪加银团贷款。国际辛迪加银团贷款，是商业银行贷款概念在国际融资实践中的合理延伸，它是由一国或几国的若干家银行组成的银团，按共同的条件向另一国借款人提供的长期巨额贷款。对于大型跨国航运企业集团来说，近几年的融资模式已由单纯的商业银行贷款向国际辛迪加贷款转变，因为大的航运公司要开辟一条班轮航线或开展固定的散货运输业务，投资额动辄数亿美元，这种融资项目只有大型跨国银行和金融机构联合组织起来才能

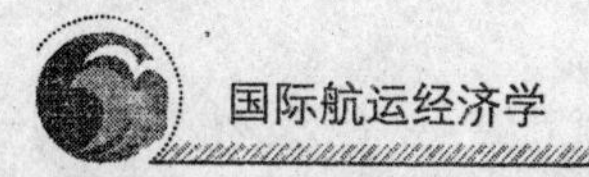

承担得起融资的任务。

使用辛迪加银团贷款主要有如下几点好处:①能筹措到数额巨大的资金;②贷款货币的选择余地大,这为借款人提供了很大的方便;③参加辛迪加银团贷款的银行通常是国际上具有一定声望和经验的银行;④提款方式灵活,还款方式也比较灵活。

2. 债券融资

债券市场是资本市场的重要组成部分,在资本市场上以发行债券的方式筹措长期资金,是现代企业常用的融资方法。债券是一种有价证券,是社会各类经济主体为筹措资金而向债券投资者出具的,并且承诺按一定利率定期支付利息和到期偿还本金的债权债务凭证。债券的种类很多,按债券发行的主体可分为公司债券和政府债券两大类。从航运企业融资的角度来看,采用的是公司债券的方式。公司债券是指公司依照法定程序发行的,约定在一定期限还本付息的有价证券。

公司债券是公司债的表现形式,基于公司债券的发行,在债券的持有人和发行人之间形成了以还本付息为内容的债权债务法律关系。公司债券的发行要"依照法定程序"进行:第一,需经公司决策层,如董事会、股东大会等批准;第二,需经政府监管部门同意。政府监管部门在同意发行公司债券的审查过程中,还通过有关法律法规在信用评级、财务审计、法律认证、信息披露等方面进行严格要求。

融资者若具有可接受的信用等级,可在资本市场申请发行公司债券进行融资,其获得的信用等级将最终决定能否发行债券以及债券的利率水平。发行债券虽然没有明确的指南,但要求的条件是:合格的信用等级、良好的管理团队和经营记录、清晰的公司结构、令人信服的公司战略,通常由投资银行准备债券发行文件并经办债券发行业务。使用这种融资方式的航运公司,融资金额通常介于1亿~3亿美元之间,而且都是"高回报"发行(而不仅是"投资性"回报),发行程序相当烦琐,从制作发行说明书到最终在市场发行需用时数个月。

2004年年底,中海集团成功发行了20亿元人民币的企业债券,用于购置和建造26艘船舶。这次债券的发行不仅进一步拓宽了中海集团的融资渠道,而且巩固和提高了其在国内外航运市场的份额,确保了企业的规模实力和竞争能力。

3. 融资租赁

融资租赁是指出租人根据承租人的说明及其确认的条件,与船厂订立造船协议,从船厂购买船舶后,与承租人订立租赁协议,将建造的船舶租赁给承租人使用,出租人支付建造船舶的货款,并在租期内向承租人收取租金的一种经济行为。出租人一般是一个法人,该法人的组成包括银行、大企业集团、保险公司和私人组成的股份制组织。采用这一租赁方式,是由出租人支付船舶的全部货款,并取得船舶的所有权,承租人则得到船舶的控制和使用权。

因此,融资租赁方式是出租人向承租人提供了100%的长期信贷,见图5-3。

租赁融资重要形式是德国的KG租赁公司,该公司通过购买或建造船舶租赁给承租人,船舶的资金构成一般是35%~50%采用股份;50%~65%采用银行借贷,借贷资金的抵押品为建造或购买的船舶。该融资租赁的优点为:

(1)出租人可避免大量的税收。例如:1985年英国政府针对投资的第一年利润取消征税。一家英国金融公司假设第一年获得1000万元的利润,按照上缴45%的所得税,则必须纳税450万元。如果建造船舶,那么第一年获得的450万元所得税就可以免除。

(2)承租人(航运企业)可以获得15年100%的融资。在这15年的时间里,航运企业可以获得一个预期的现金流。在公司的平衡表上,资本成本没有作为债务出现,因此有人称融资租赁是“没有债务的融资”。融资租赁的船舶更适合将建造的船舶租赁给大型的航运企业。对于一个长期协议而言,金融公司把船舶租赁给航运企业,需要该航运企业具有长期稳定的业务,以确保出租人的信贷没有风险。

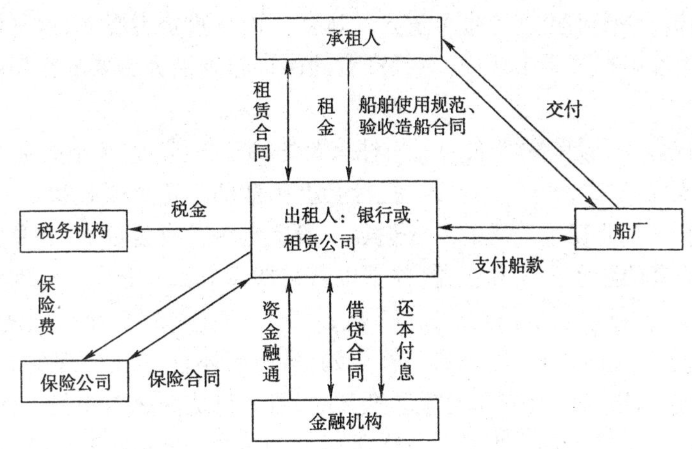

图5-3　船舶融资租赁所涉及各方关系

20世纪50年代中期一直到70年代早期,被称为“融资租赁时代”。这是由于60年代日本经济开始起步,航运贸易迅速发展,触发了航运界投融资方式的变革。此时,规模经济发展要求船舶趋向中型和大型化,船东自有的现金流难以满足船舶大型化的投资需求。于是,银行业不失时机开展了与航运业的合作。这一时期投融资的方法主要通过低成本的“方便旗”来进行银行融资,船厂造船,租赁给船公司,银行接受船舶抵押。

二、股权融资

所谓股权融资是指企业的股东愿意让出部分企业所有权,通过企业增资的方式引进新的股东的融资方式。股权融资所获得的资金,企业无须还本付息,但新股东将与老股东同样分享企业的盈利与增长。股权融资的特点决定了其用途的广泛性,既可以充实企业的营运资金,也可以用于企业的投资活动。

目前船舶股权融资有4种主要类型,分别为个人业主制、合伙制、股票融资和船舶基金。

1. 个人业主制

个人业主制企业指由个人出资经营的企业。船舶投资的资金主要来自船东的个人资产、其所拥有的其他船舶的收益,或者可能来自亲朋好友或家庭成员的直接投资。多数航运公司的融资是来自内部股权投资,虽然各公司之间的投资比例相差很大。

2. 合伙制

合伙制企业是指由两人以上的个人共同出资、共同经营、共享利润的企业。20世纪80年代后期,大量的合伙公司资本由挪威K/S有限责任合伙公司提供。经估计,该时期,挪威航运业约有半数由K/S公司经营;1987~1989年,K/S合伙公司的投资者拥有30亿美元的股权。

K/S 合伙企业在挪威是一种标准形式的公司，投资者可得到税收优惠。这种公司通常是单船公司，并把管理业务转包出去。发起人指定一个"普通合伙人"并邀请具有股份的其他合伙人认购股权资本。在20世纪90年代初，这些税收优惠被大幅度降低，而K/S公司在经历了一系列的损失后虽已取得各种信誉，但已不再受投资者欢迎。可是，这类公司仍然是具有吸引力的船舶融资方式。在20世纪80年代船价攀升阶段，K/S体系的快速性、灵活性和相对低成本很适合于财产融资，许多小投资者也可进入航运业。而在投资者看来，这种体系的缺点是欠缺严格规则，而这些规则在股票市场中，对投资者的保护起到极为重要的作用。

3. 股票融资

20世纪80年代以来，股票融资成为了一种重要的筹资方式，它是指企业发行股票解决自有资金不足的一种融资方式，通过发行股票把社会上闲散的小资金吸收和集中起来，形成建立企业的大资本，是解决企业资金缺乏的良好途径。股票是一种有价证券，它是股份公司公开发行的，用于证明投资者的股东身份和权益，并据以获得股息和红利的凭证。股票一经发行（一级市场），持有者即为发行股票公司的股东，有权参与公司的决策，分享公司的收益，同时也要分担公司的责任和经营风险。另外，股票一经认购，持有者不能以任何理由要求退还股本，只能通过二级市场转让出售。作为交易对象和抵押品，股票已成为金融市场上的主要的、长期的信用工具。但实质上，股票只是代表股份资本所有权的证书，它本身没有任何价值，不是真实的资本，而是独立于实际资本之外的虚拟资本。

航运公司也可以在全球的证券交易所公开发行股票来进行股权融资。在纽约、奥斯陆、香港、新加坡、斯德哥尔摩和中国上海、深圳的证券交易所，都可以公开发行航运股票。发行公司股票的招股说明书应在证券交易所发布，一旦发行股票并开始交易，股票价格则由市场的供需关系决定。例如，1993年，Bona Shipholding Ltd公司从12月17日起在奥斯陆证券交易所发布了招股说明书，发行1100万股，每股9美元。到1996年，Bona Shipholding Ltd公司的每股交易价已经是11.79美元，投资者获得每股2.79美元的账面收益。股票上市很重要，因为它赋予股票流动性，以便投资者买入或卖出。为了做到这点，发行量必须足够大以便达到合理的交易量。

股票的公开发行由投资银行经办，由这些投资银行准备招股说明书并提交给证券交易主管机关，获得发行批准后向投资者配售。整个发行过程约需10～15周时间，发行费用约为募集资金量的5%。如果有足够多的投资者愿意以发行价购买股票，那么股票发行是成功的，否则可能会撤销发行。成功上市取决于让投资者相信公司运作健全，而这又取决于他们对航运业的认识程度，部分也取决于公司是否经营稳健，积极的因素包括：公司结构清晰、战略明确、经营记录可靠以及披露的信息充分。

无论是商业银行贷款还是政府优惠贷款，贷款额的上限通常是船舶造价的80%，船公司必须自筹其余的20%左右的资金，船公司的资金来源于利润留存或权益资本，而发行股票是企业获得资本金的最佳途径，这不仅可以改善企业的资本结构，减少企业的借贷风险，还可以分散企业的经营风险，降低融资成本。如马士基、中远航运、中海发展、天津海运等著名航运企业都已经在股票交易所上市，但至今只有这些少数资金雄厚的船公司在股票交易所榜上有名，原因之一在于众多潜在的投资者认为航运业的投资风险太大，造成一般船公司在股票市场中筹资困难。

4. 船舶基金

股权融资的第四种方式是通过建立“船舶基金”。船舶基金是一种专门的投资工具,能够让股权投资者投资于商船。当代第一个船舶基金是在1984~1985年油轮贬值时期建立的“散货船基金”,该基金以略高于拆船价购入4艘超大型油轮(ULCC)。这项投资极为成功,在以后的4年间这些油轮船价攀升至购入价的5倍之多。1987~1989年,美国商业银行和投资银行相继建立了一些船舶基金,融资金额多数在3000万~5000万美元之间。

船舶基金的建立程序大概如下:在税收优惠地区(如巴哈马、开曼群岛等)注册成立一家公司,任命一个总经理来经办公司船舶的买卖和经营,为此他可得到一笔管理费。比如,经营有4艘船舶的船舶基金,他可得10万美元再加上经营收益的1.25%。由于船舶基金是投资工具而不是航运公司,因此,如果股份不能交易,在多数情况下股东有权选择在5~7年后关闭该公司以确保变现能力。为了提高股权投资者的收益,许多船舶基金进行债务融资,额度相当于购船价的50%~75%。显然,资产负债率越高,股权投资者的风险回报率也就越高。

作为“纯粹性”的投资工具,船舶基金面临两大问题。首先,在买船之前就须进行股权融资,这是因为发起人在短时间内很难找到高质量的船只。其次,船舶基金的经营和管理结构并不清晰。船舶基金不是航运公司,因为其存续期间很有限,但又被指责在相当长时期内经营船舶。这两个问题均产生于把船舶视为商品的认识,把船舶“包装”成商品的做法带来了广泛的风险,对此船舶基金的发起人和投资人均不愿看到。目前,仅有两三家船舶基金能为投资者带来经营回报。

第三节 船舶融资风险评估

一、船舶融资风险的类型及规避

船舶融资的风险包括市场风险、信用风险和政治风险。市场风险是指由于市场条件如利率、汇率等发生不利变化而可能给银行带来的损失;信用风险是指由于借款人违约或其信用质量发生变化而可能给银行带来的损失;政治风险包括因企业破产或拖欠债务而不予支付货物和服务、合同履行遇阻、外汇转移或货币不可兑换、取消进口或出口许可、财产被没收或征用或收为国有、战争。

1. 市场风险产生的原因与规避

航运市场风险产生的主要原因有:

(1)由于国际航运企业是一个国际性企业,市场的供需状况、汇率的变动都将影响企业的收入,导致航运企业的收入具有很大的非预期性。

(2)航运市场的波动性。国际航运市场的波动是所有市场中,波动最剧烈的市场。主要原因是航运市场的需求是派生需求,而供给具有“刚性”特征。

(3)航运市场的周期性。主要表现为航运市场与其他商品市场一样的“周期性”,即所谓的“繁荣与萧条”的周期更替。

(4)贸易方式的变化。知识成为国际贸易发展的动机,国际贸易交易对象的技术含量提高,即货物朝体积小、重量轻的方向发展。

(5)船舶残值的非确定性。钢材需求、造船技术的发展等因素影响。

由于市场风险企业无法控制,船舶融资时债权人只能通过控制客户来实现风险规避,规避方法是要求客户有良好的声誉。包括良好的企业经营管理、获得长期的租船合同、良好的经营决策、良好的船舶安全与维修、无海损及海事记录、无银行缺陷记录、良好的客户背景等。此外,还要考虑以下因素:政府补贴、造船厂的生产成本、抵押品的价值、市场环境状况、船舶租赁市场的相关趋势;对二手船、新造船舶需求情况;新造船舶等级。不同类型的船舶的技术水平、使用寿命、盈利情况都存在很大差异。如从事班轮运输的船公司盈利一般比较稳定;而从事不定期船运输的船公司,则风险较大。

2. 信用风险产生的原因与规避

信用风险产生的充分必要条件是债务人违约,而债务人违约的一般原因有:没有能力偿还债务或不愿意偿还债务。

在企业的资金总额中,借入资金比例越大,杠杆融资利益越大,但财务风险也越大。在航运市场,每年新船的订购数量取决于船东拥有购买新船的资金数量。这些资金主要是航运企业所获得的利润以及从其他行业吸引的资金数量。如果航运主要依靠本行业产生的利润,那么航运业的增长率主要取决于航运业的利润水平而不是银行贷款或者股份数量。如购买一艘价值1000万美元的散货船,船东首先必须支付1000万美元。如果船东仅仅只支付20%的资本金,那么船东的1000万美元可以购买到五艘同样大小的船舶。这种采用债务和股权方式购买船舶的方式称为杠杆融资。[1] 买五艘船舶需融资5000万美元,其中1000万美元是船东自有资金,而4000万美元必须从其他行业借贷。在一般情况下,获得4000万美元的融资主要取决于预期的利润情况。一个具有强势增长的行业,银行一般都愿意贷款给该行业,因为强势利润给贷款的归还提供了较好的保障而且资本很容易被吸引到具有利润的行业。在一个没有利润可图的行业,亏损会消耗任何该行业的内部资金节余。在一个没有利润可图的行业,既不能吸引该行业之外的银行也不能吸引投资者投资。因此,船舶的供给能否达到航运市场的需求,取决于资本流入或流出该行业的可能,其次是该行业的利润水平。当行业有利润可图时,该行业就扩张;无利润可图时供给就会收缩。在航运市场,一个很重要的问题是资本市场的管理机制没有有效地运行,航运需求的波动特性以及社会问题常常不会导致船厂的倒闭,主要原因是政府为了维护就业水平常常干预造船市场。一个很重要的干预方法就是采用补贴利率进行优惠贷款,在这种情况下造船资本一般较容易获得,而且一般不需要承担商业风险。其结果是供给常常不能随需求的变化而变化,导致市场运价严重下跌,航运企业由于严重亏损或破产而没有能力偿还债务。

信用风险的规避主要采用融资担保,融资担保的方式包括抵押品的选择和评估。具体担保方式如:船东以其购买的船舶作为抵押品,该购买船舶成为第一赔偿标的物;船东以其他船舶或者财产作为抵押品,金融机构必须确保该船舶或者财产在强制出售时能足够补偿贷款;来自财产所有者、实力强大的集团公司的担保。

3. 政治风险规避

对于在政治环境不稳定的国家开展船舶融资,具有很高的政治风险。而仅仅凭投资者本

---

[1] 杠杆融资是金融术语,指一家实体的资本构成中股权与债务的比例。如巴塞尔公约就对银行的杠杆比例规定不得超过20%。即股权必须达到20%,债务才可以达到80%。

身也很难解决项目的政治风险问题,一般需要第三方提供担保。这种角色通常由项目所在国政府和中央银行担任,有时还需要世界银行、地区开发银行以及一些工业国家的出口信贷和海外投资机构等提供担保。

二、航运市场波动性对于投资组合管理的意义

对于银行而言,航运市场波动性具有相当重要的意义。近年来,大银行习惯上设有航运投资部门,从事航运资产的大型投资——在20世纪80年代300~500万美元融资额绝非罕见。虽然这种行业投资需要专业技能,但是很显然,投资经理人在处理高风险性的股份时,采用的是相反的投资策略,利用投资组合来分散高风险股份,消除各种股份存在的“特有风险”。

航运投资资产的单一组合策略,会给“航运投资部门”的管理留下问题,即主要投资的证券和船舶都容易价值波动而且两者高度关联。那么,投资组合管理有时将显得非常困难。如果银行大量投资的附属担保价值突然减半,那么,其主管人将很快在银行中处于非常不利地位,除非银行事先确定了对策,以应对投资回报大幅度长久的波动。

一种办法是把航运投资资产进行更广泛的配置。资产配置优点是,银行资产负债表上航运资产的集中度得以大量稀释,避免成为注意焦点。投资组合理论在股票市场上被用来应对高风险股票,同样也可用于航运投资。

三、船舶融资和航运市场动态

把航运市场投资机制比作“转换开关盒”,引导资金在航运市场以及与航运市场相关的造船市场、拆船市场和二手船市场之间流动。在周期性上升期间,资金流入市场,流动性的增加鼓励船东订购新船。而当这些新订造的船舶交付时,船舶供给量可能超过了需求量,导致运价下降,为了从市场中抽回资金,船东被迫以废船价出售船舶以便获得资金。

当船舶融资行业与航运的周期性一并考虑时,就显得意义重大。船厂必须取得全部造船资金,用于支付原材料、工资和利息,这就是船舶融资重要性之所在。如果资金来自投资者购买的船舶股权,资金可迅速进入船厂;而如果采用贷款来买船,船厂获得资金的时间将跨过贷款的还款期,这会引起两个后果:其一,新船建造合同处于市场的最上游,允许投资者可以以后支付造船资金。其二,对于一项特定的投资,债务融资可使得船舶订购能力成倍增长。例如,如果散货运输业拥有价值100亿美元的流动性资产,同时不存在杠杆作用,那么,只能订购单船价值为1亿美元的VLCC 100艘。如果能获得80%的贷款,就能订购500艘相同的VLCC。但这并不意味着将订购500艘VLCC或者银行将同意提供如此多的贷款,但存在这样的机会。由于这两种原因,航运高峰期的新船建造数量及其融资方式,对于之后的航运衰退有着重要的影响。

二手船贷款在动态市场中所起作用不同。二手船买卖只是把资金从一个航运公司账户转到另一个而已,并未改变航运业的资金平衡。或者在无银行贷款时,至少会是这样。而如果买船人借款,航运业的短期流动性就会增加。例如,如果船东借了600万美元来购买一艘价值1000万美元的油轮,整个行业的资金流量就会增加600万美元。对于整个行业的资产负债而言,这种买卖交易的结果是增加了600万美元的流动资产,而由600万美元的负债加以相抵。

可以理解,债务融资是如何增进资金的市场周转效果。在市场运价的上升期,按上升的市

价来买卖船舶会使得资金流入行业的资产负债表。航运业的流动性愈来愈强，船东能以更高价格来买船，而最终部分溢流入新船建造市场。同时，高杠杆性融资的船东负债增加，其资金流量（包括债务清偿资金）也增加。而当市场进入衰退时期，整个过程则相反。二手船由于市价跌落交易清淡，而且，如同运费收入缩水一样，来自银行的资金流量也急剧减少。那些在航运高峰期举债的船东就会发现，资金收入不足于支付每日债务，因而被迫在二手市场上出售船舶，而这正是那些资产负债良好的船东或外部投资者开始进行资产投资的时候。船东在航运衰退时期廉价买船，可以弥补低运价造成的亏损。当银行强制拍卖抵押船舶时，应该争取取得一些好的交易机会。船舶融资是一项很有价值的业务，可把大量的船舶投资资金在一段时期内分期使用。

小　结

本章主要论述了航运业融资的方式。船舶融资可采纳融资模式主要是债务融资和股权融资。近年来，航运业已经尝试过向船舶基金、K/S 合伙公司以及公开发行股票来融资。但是，相对于航运业的总体需求而言，所获得的融资金额显得很少。债券具有吸引力，但只有获得信用评级的航运公司才能发行。商业银行贷款至今仍是最受欢迎的融资方式，有 100 多家银行提供买船贷款。对于巨额融资，将会安排辛迪加贷款。由于新造船舶融资会产生交船前担保的问题，因此广泛采用了船厂融资方式，而且经常能得到补贴。而融资租赁则可减低融资成本，把船舶使用权转让给航运公司，投资公司利用船舶折旧来取得税收减免。总之，与其他航运业务一样，船舶融资业与时俱进，每个阶段均有其自身特点，而贯穿于各时期的主题仍是航运周期。

思 考 题

1. 船舶融资的特点是什么？
2. 阐述船舶债务融资的种类。
3. 阐述船舶股权融资种类。
4. 阐述船舶融资中出口信贷种类。
5. 什么是融资租赁？船舶融资租赁有何优势？

第六章　不定期船运输经济学

不定期船市场是航运市场一个非常重要的组成部分，不定期船市场以从事散货运输以及与散货运输有关的业务为主，使用的船型主要有干散货船、油轮和兼用船。随着国际经济的发展和经济结构的调整，不定期船市场的规模不断扩大，竞争也更趋激烈。同时，不定期船市场又是一个具有特殊风险的市场，世界政治事件、经济波动、自然因素等都会影响国际散货航运市场的行情，增加航运企业的经营风险。

第一节　散货运输概述

一、散货的定义与分类

在联合国的航运运输研究中，将"散货"定义为在运输和装卸过程中，具有相似的物理特性的货物，如原油、谷物、铁矿石和煤炭等；而航运经济学对"散货"定义的基本原则是"一艘船舶，一种货物"，即可以采用大批量运输，从而实现降低运输成本的目的。在这一定义下，如冷冻肉、冷藏水果、小汽车、鲜活动物、木材等都可归类为散货，因为上述货物都能采用整艘船舶或整个货舱来载运。上述两种定义散货的方法，第一种强调了货物本身的物理特性，第二种强调经济特征。由于本书研究的是国际航运经济，强调货物运输的经济性，因而将散货定义为"凡是能通过整船装运，实现大批量运输，从而降低单位运输成本的货物。"这一定义有助于我们明确货物采用散装运输的目的就是为了降低货物的单位运输成本。散货一般可分为以下五类：

(1)液体散货：包括原油、成品油、液化气体和液体化学品等。

(2)干散货：这类货物呈块状、颗粒状、粉末状，一般分为大宗干散货和小宗干散货。大宗干散货托运主要包括五种，即铁矿石、煤炭、谷物、铝土矿和磷矿石；小宗干散货则包括许多工业和农业原材料，如钢锭、化肥、水泥和非金属矿石等。

(3)泡货：这类货物一般需要经过加工处理后，才能进行运输。最常见的是木材制品(如树干，卷纸等)。此外还包括将不规则的货物通过包装来提高装卸效率的货物，例如矿石、化肥可以被装在大袋中，或将货物置于托盘上进行装卸及运输。

(4)滚装货：这类货物需要采用设有跳板、坡道和多层甲板结构的滚装船来运输，典型的例子是小汽车。

(5)冷冻货：这类货物在常温条件下容易发生腐败变质，因此需要采用设有冷冻、冷藏设备的船舶或集装箱来进行运输，包括肉、鱼、乳制品以及各种水果等货物。

二、散货运输的经济原理

由于各种散货都具有各自的特点，要实现散货运输的高效运营，就必须对各种散货设计一套专业化的运输工艺或系统。一种运输系统不可能满足所有的散货运输，但是可以探索一些设计散货运输的基本原则，达到散货运输的高效和经济性。在散货运输市场，一个简单而又典型的运输系统，基本包括一个海上运输和两个陆路运输或管道运输，其中陆路运输可能包括公路运输、铁路运输等。陆路运输与海上运输之间的衔接段又包括港口、仓储和装卸等操作程序。对于上述典型的散货运输系统，为了使其具有经济性，必须具备如下四大运输原理：

1. 规模经济

在其他章节中，曾经阐述了船舶在海上运输具有规模经济，即随着船舶载重吨位的增加，每艘船舶单位载重吨的平均成本是逐渐下降的。载重吨位较大船舶的单位资本成本、经营成本和航次成本都比载重吨位较小的船舶单位资本成本、经营成本和航次成本要小。而且这种规模经济还体现在港口的装卸和仓储上，吨位较大的船舶，其单位装卸和仓储成本比吨位较小的船舶都要低。此外，规模经济还体现在运输方式的选择上，一般而言，单票托运货物的运量在3000吨以上，采用散货运输才具有规模经济；低于3000吨，一般采用杂货船或集装箱班轮运输可能更具有优势。

2. 高效装卸

散货运输中，货物装卸是制约散货运输效率的关键性因素。散货每装或卸一次，都将产生大量费用。一艘15000DWT的小灵便型散货船，装载谷物在非洲的某个小港口卸载完毕，一般需要数周的时间。而如果采用现代装卸设备，卸载可达到2000吨/小时；装载可达到5000吨/小时。可见采用现代化设备，是提高装卸效率的重要手段。其次，当前很多物流企业在没有现代装卸设备的情况下，为解决低效率装卸问题，采用“越库”。所谓“越库”（Cross Docking）是指货物从收货过程直接“流动”到出货过程，穿过仓库，其间用最少的搬运和存储作业，减少了收货到发货的时间，降低了仓库存储空间的占用，同时也降低了货物的保管成本。最后，也是最极端的方法，是将制造车间如钢铁企业建在沿海地区，减少内陆运输，从而达到降低运输成本的目的。

3. 一体化运输

所谓一体化运输，就是从制造商到客户之间的运输作为一个整体进行设计。在散货运输中，一体化运输最关键的是将船舶和装卸设备进行一体化设计，其中码头设施、仓储设备和陆路运输的无缝连接，是一体化运输成功与否的关键。这种设计一般由一家公司进行设计时，货物流将更加可控和预测。此外，还可采用标准化货物达到一体化的目标。如将货物采用相同的包装，在铁路、公路和船舶之间进行转运，可大大降低装卸效率。

4. 最优化仓储

运输系统还必须考虑仓储的最优化。仓储费用的高低，将直接影响到物流效率。运输成本和仓储成本之间存在一种“跷跷板”效应。为了实现规模经济，降低运输成本而大量运输，必然会导致大量的仓储费用；而为了降低仓储费用却可能导致高的运输成本。在物流时代，“准时制”被制造业普遍采用，为了最小化仓储成本，货物必须准时在加工或销售点送达。因

此，如何在规模经济和最优化仓储成本之间，选择一个最低的物流成本，是散货运输系统设计时必须考虑的重点。

三、散货运输船舶分类

1. 主要干散货船型

(1)灵便型船(Handysize)、大灵便型船(Handymax)和超级灵便型船(Supramax)：灵便型船指载重量居于10000~34999DWT之间的船舶；大灵便型船指35000~49999DWT的船舶；超级灵便型船通常指50000~59999DWT的船舶。这三种干散货船型尽管大小不同，但均有吊杆，能自装/自卸，可在条件相对较差的港口间从事小批量货载的运输。

(2)巴拿马型船(Panamax)：指载重量在60000~84999DWT之间，型宽小于32.30米的干散货船。

(3)好望角型船(Capesize)：指载重量在85000到200000DWT之间的干散货船，也称海峡型船。该船型主要承运煤、矿石等大宗货载，营运航线相对单一。

(4)大型矿砂船(VLOC，Very Large Ore Carrier)：指专门用来运输铁矿石的船舶，该船型的载重量在200000DWT以上，舱容比常规散货船小。

2. 油轮的主要船型

(1)巴拿马型船(Panamax)：指载重量在60000~79999DWT之间，型宽小于32.30米的油轮。

(2)阿芙拉型船(Aframax)：指载重量在80000~124999DWT之间的油轮，该型船设计吃水一般控制在12.20米。此船舶可以停靠大部分北美港口，并可获得最佳经济性。该型船最大载重量通过调整结构吃水获得，一般又被称为"运费型船"或"美国油轮船"。

(3)苏伊士型船(Suezmax)：指满载状况下可以通过苏伊士运河的最大油轮，该船型载重量一般在125000~199999DWT之间，满载吃水17.60米左右。

(4)大型油轮/超大型油轮VLCC/ULCC(Very Large Crude Oil Carrier/Ultra Large Crude Oil Carrier)：VLCC最早出现在1967年，载重量一般为200000~319999DWT；ULCC的载重量多在320000DWT以上，1969年出现。这两种船型是由于中东战争导致波斯湾向欧洲和北美运输原油距离大幅上升所致。目前VLCC更多用于中东—远东航线，而ULCC大多改作海上储油轮使用。

第二节　散货的主要经济特征

一、干散货经济特征

1. 五大干散货的经济特征

铁矿石：铁矿石是五大主要干散货贸易量最大的货种，是钢铁工业最基本的原材料。和原油一样，对铁矿石船舶运力的需求由铁矿石的贸易量与运输距离决定。在工业革命时期，许多工厂的地理位置都靠近原材料的产地，尤其是铁矿石、煤炭、石灰石的产地。但随着航运技术的发展和运费率的下降，运输距离不再是重要的决定因素。20世纪初，干散货运输技术的发展标志着建在靠近原材料供应地的钢铁厂不再拥有成本优势，尤其是当陆路运输的出现。由于在20世纪，对钢材需求的不断增加，钢铁工业开始把厂址移至消费地——沿海地区，利用沿海运输节省成本。20世纪60年代，随着钢铁工业的进口需求，铁矿石的进口量迅猛增长，干散货航运便繁荣起来。到21世纪初，随着中国、俄罗斯、印度和巴西等发展中国家的迅速崛起，对铁矿石的需求迅猛发展，这种势头一直延伸到2007年世界性经济危机的产生之前。截至2008年，最大的铁矿石出口地仍然是巴西和澳大利亚。巴西是世界第一的铁矿石生产大国，1986年第一批铁矿石从卡拉加斯出口，最主要的铁矿石出口地在巴西北部的帕拉地区，那里的港口配备了能够装卸30万DWT船舶的设备。1995年，澳大利亚出口了大约1.33亿吨的铁矿石，主要是通过澳洲的三个港口——黑德兰港、丹皮尔港和兰伯特角港。其他铁矿石出口国包括了瑞典、南非、印度和委内瑞拉。20世纪50年代，尽管能够通过使用大型散货船来达到规模经济，从小吨位船舶发展到大吨位船舶经过了一个较长的过程。大型船舶的发展过程是渐进的，在20世纪60年代初期，铁矿石运输船舶的载重吨位稳步增长，从3万DWT一直上升到1965年的6万DWT，1969年达到10万DWT，70年代初期达到了15万DWT，到90年代则上升至30万DWT。2012年7月，巴西淡水河谷公司的大型矿砂船(VLOC)"VALECHINA"号在中国江苏熔盛造船基地出坞，该船载重吨位为40万DWT，紧接其后还有11艘同吨级的船舶将陆续下水。假如从巴西运输铁矿石到中国，这种大船要比常规的20万DWT的好望角型船舶每吨铁矿石节约35%的燃油，节约运输成本25%～30%。

煤炭：煤炭是世界第二大干散货，煤炭包括炼焦煤和动力煤。炼焦煤主要用于炼钢，是钢铁等行业的主要生产原料；动力煤主要作为能源发电和工业锅炉的燃料。煤炭海上运输的经济性遵循一个与铁矿石相类似的运输模式。在20世纪50年代，油价的暴跌削弱了海上运输煤炭的商业价值。60年代初期，煤炭运输被迫停止，到70年代，由于原油价格的上涨，煤炭运输又开始繁荣起来。最早开采煤炭的国家，主要包括中国、加拿大、澳洲、南非、印度尼西亚和哥伦比亚等国家。

谷物：谷物包括小麦、玉米、大豆、大麦、高粱、黑麦和小米等。在五大干散货运输中，谷物是一种季节性的农产品，目前世界最大的谷物出口国是美国和加拿大。美国的海湾港口和东部沿岸港口为美国南部提供谷物出口。

铝土矿和磷矿石：铝土矿和磷矿石这两种货物占五大干散货运量的7%左右。20世纪50年代初期，北美地区的一些国家从加勒比海进口这两种矿石。60年代，欧洲和日本进入该领域的贸易。为了满足这一需求，在60年代，西欧和日本的铝公司在国内建立了自己的溶解铝矿业，自己从加勒比海进口铝土矿。因此，铝土矿的海运贸易从那时便快速发展起来。在欧洲和日本的铝溶解矿厂中验证了溶解铝矿的高额成本，这是非常不经济的，尤其是在1973年经历了原油危机之后。所以尽管对铝的需求不断在增长，铝土矿和矾土的海上贸易仍然停留在同一层次——在1974～1984年期间保持在每年42百万～44百万吨。在经过结构调整后，1995年贸易量达到49百万吨。

2. 小宗散货航运市场的经济特征

小宗散货托运主要包括钢铁制品、木材制品、糖、非金属矿石、化肥等其他工业原料。小宗散货的主要运输特点是订货频繁，托运量相对较少。因此，小宗散货一般采用班轮运输或部分采用租船运输。

3. 冷藏货航运市场的经济特征

冷藏货物一般包括如下两类货物：一是冷冻货物，这类货物例如肉、鱼必须要完全冷冻，并且在温度为 -26℃的保存状态下运输；二是冷却货物，如奶制品和其他极易腐烂的产品必须在较低的温度下运输。大量的冷藏货物现在都采用冷藏集装箱进行运输，这些集装箱与外界完全隔离。冷藏集装箱的优势在于它能够使温度更加接近并准确保持恒温以保证箱内的货物不会发生变质。此外，它们可以把货物运送到没有冷藏存贮能力的港口去。

二、液体散货的经济特征

原油运输开始采用的是桶装的方式，接着采用杂货船进行运输。世界上第一艘真正的油轮"Gluckauf"号于 1886 年问世，该油轮的载重吨为 2307DWT，从此开始了散装原油的航运时代。油轮从 1886 年的 12 艘增加到 1891 年的 90 艘，这些油轮基本上投放到大西洋航线的运输。1950 年，从中东运送一桶原油到西欧的成本大概是 2 美元，占当时原油到西欧港口 CIF 价格的 50% 左右。因此，对于油轮公司来说，降低海上运输成本就成为原油运输利润的主要来源。为此，油轮公司开始制定各种原油运输的经济性原则。

1. 规模经济

在 20 世纪 50 年代到 60 年代，每一代油轮的载重吨位都大大超过上一代油轮的载重吨位。如 1950 年油轮的载重吨位一般在 17000DWT 左右，到 60 年代出现了大型油轮 VLCC、超大型油轮 ULCC，这其中蕴含了简单明确的经济学原理。如 1968 年，一艘载重吨为 80000DWT 的油轮，从中东的科威特运输原油到西欧的鹿特丹，与一艘 20000DWT 的油轮相比，同一航次可节省 33% 的单位运输成本。

2. 航线规划

航线规划的核心内容是设计一个物流网络，使每艘大型油轮实现最大运输效率。在该物流网络中，大型油轮都能实现满载航行，等候装卸的时间几乎可以忽略不计；另外，大型油轮必须定期检修以保证运输安全；即使出现海事海损事故，也能够通过公司内部间的合作得到顺利解决。

3. 市场细分

为了节省企业管理费用，转移风险，大多数油轮公司将每艘油轮建成为单船公司服务不同的细分市场。例如，希腊和挪威的船东服务于大西洋油运市场；香港的船东则服务于日本市场。20 世纪 50 年代，油轮租赁时间一般为 5 ~ 7 年；大型油轮（20 万 DWT 以上的油轮）投入营运时，尤其是 20 世纪 60 年代，租赁时间持续到 15 年甚至 20 年以上。20 世纪 60 年代末，油轮船队仅 36% 由船东自己经营，54% 采用外包租赁给租船人经营。

第三节　不定期船航运费率指数

不定期船运输市场是一个非常国际化的市场，同时又是一个接近于完全竞争市场结构的市场，运费率在一周之内变化幅度可高达 20% 以上。在这样的一个市场中，由于受经济、政治、天气、心理等等多方面因素的影响，干散货的运费费率是无时无刻不在变化的。进入 21 世纪以来，由于中国经济的快速发展带动了全球经济的复苏，全球对于原材料的需求大大增加，导致了海运的空前繁荣。2003 年,BDI 指数还不到 3000 点,而到了 2004 年,该指数就翻了一番,达到了 6000 点以上。在 2007 年,BDI 指数疯狂飙升,2007 年 1 月 2 日,BDI 指数是 4421 点,2007 年 10 月 29 日达到了年内的最高点 11033 点。此后,BDI 指数便一路下滑,进入到 2008 年更是上演了"俯冲"动作,在 2008 年 1 月跌破了 6000 点的整数关口,接着又逐渐攀升到2008 年的 5 月 20 日的历史最高位 11793 点,之后便一路狂跌到 2008 年 12 月份的年内最低位 663 点(图 6-1)。本节将分析上述 BDI 波动的经济规律。

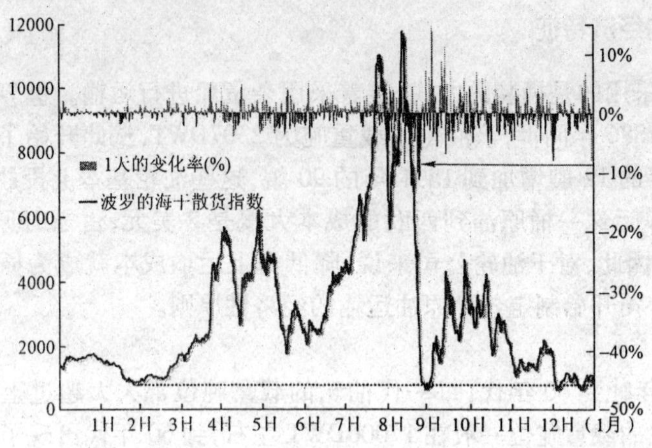

图 6-1 波罗的海干散货指数趋势图

一、指数概述

指数是研究社会经济现象差异或变动的重要统计方法。它起源于 18 世纪欧洲关于物价波动的研究。至今,指数已被广泛应用于社会经济生活各方面,一些重要的指数已成为社会经济发展的晴雨表。

1. 指数的一般概念

指数的概念有广义和狭义两种理解。广义的指数泛指所研究的社会经济现象数量变动的相对数,是用来表明现象在不同时间、不同空间、不同总体等相对变动情况的统计指标。例如,动态相对数、比较相对数、计划完成程度相对数。狭义指数仅指反映不能直接相加的某一社会经济现象在数量上综合变动情况的相对数。例如,零售物价指数,消费价格指数、股价指数。经济分析中的大都采用狭义指数的概念,旨在研究社会经济现象综合变动情况。简而言之,指数是一种表明社会经济现象动态的相对数,是某一社会经济现象报告期与基期数值之比。

2. 指数的作用

指数的作用主要体现在四个方面。第一,通过研究不能直接相加和直接对比的社会经济现象的总体变动情况,综合反映社会经济现象的总体变动方向和幅度;第二,研究社会经济现象中各因素变动对现象总变动的影响程度;第三,反映社会经济现象变化的长期发展趋势;第四,对社会经济现象进行综合测定和评价。

3. 指数的分类

(1)按研究对象范围的不同,可分为个体指数和总指数。个体指数是研究社会经济现象

某一方面变动的统计指数,如商品销售量指数、价格指数。总指数是研究社会经济现象总体综合变动的统计指数,如商品销售额指数等。

(2)按研究对象的数量特征,可分为数量指标指数和质量指标指数。数量指标指数是研究社会经济现象总规模和数量变动的指数,如商品产量指数、销售量指数;质量指标指数是研究社会经济现象总体内涵变动的指数,如产品单位成本指数、价格指数等。

(3)按计算方法的不同,可分为综合指数和平均指数。综合指数是用综合方法对两个总量指标直接对比形成的指数;平均指数是用加权平均方法编制的指数。

4. 综合指数的编制方法

综合指数是总指数的基本形式,它是通过引入一个同度量因素将不能相加的变量转化为可相加的总量指标,而后对比所得到的相对数。综合指数编制的特点是:综合指数是两个总量指标对比形成的指数。在总量指标中包含两个或两个以上的因素,将其中被研究因素以外的一个或一个以上的因素固定下来,仅观察被研究因素的变动,这种指数称为综合指数。以下介绍拉氏指数法和帕氏指数法。

(1)拉氏指数法:以基期数量或质量作为同度量因素,又称常数加权或固定加权综合法。这种方法创始于1864年,由德国学者拉斯佩雷斯(Laspeyes)首先提出,简称拉氏指数法。

$$\text{拉氏价格指数}\quad P_l = \frac{\sum p_1 q_0}{\sum p_0 q_0} \times 100$$

$$\text{拉氏数量指数}\quad Q_l = \frac{\sum p_0 q_1}{\sum p_0 q_0} \times 100$$

(2)帕氏指数法:以报告期数量或质量作为同度量因素,又称变数加权综合法。这种方法于1874年由德国学者帕舍(Paasche)提出,简称帕氏指数法。

$$\text{帕氏价格指数}:P_p = \frac{\sum p_1 q_1}{\sum p_0 q_1} \times 100$$

$$\text{帕氏数量指数}:Q_p = \frac{\sum p_1 q_1}{\sum p_1 q_0} \times 100$$

式中:p_0——基期商品价格价格;

p_1——报告期商品价格;

q_0——基期商品流转量;

q_1——报告期商品流转量。

二、波罗的海干散货船费率指数

1. 波罗的海干散货船费率指数概述

运费率指数就是运费率变动的相对数。国际航运市场广泛采用费率指数来反映费率的水平和动态变化。波罗的海干散货船费率指数是国际航运界最有影响的费率指数,它能够反映出全球干散货航运市场的费率水平,成为干散货航运市场发展和变化的晴雨表。波罗的海航运交易所于1985年开始发布干散货船费率指数BFI(Baltic Freight Index),该指数是由若干条传统的干散货船航线的费率,按照各自在航运市场上的重要程度和所占比重构成的综合性指数。指数设立的1985年1月4日为1000点,由13条航线的程租费率构成,没有期租航线。

在之后的几年，BFI 的构成航线经过数次调整，增设了单独的航次期租航线，各船型航次期租航线的平均值基本可以代表各船型的现货市场水平。根据市场发展的需要，波罗的海交易所于 1998 年 12 月 21 日开始发布了波罗的海巴拿马型船费率指数 BPI(BalticPanamax Index)，1999 年 4 月 27 日又同时发布了波罗的海好望角型船费率指数 BCI(Baltic Capesize Index)和灵便型船费率指数 BHI(Baltic HandyIndex)。1999 年 11 月 1 日，在 BCI、BPI、BHI 基础上产生的波罗的海干散货船期租费率指数 BDI(Baltic Dry Index)取代了 BFI。

2001 年初，波罗的海交易所将大灵便型船的费率指数 BHI 调整为 BHMI(Baltic Handymax Index)。自 2005 年 7 月 1 日起，波罗的海航交所又公布了超灵便型船费率指数 BSI(Baltic Supramax Index)，该指数反映了超级大灵便型船(52454DWT)的市场租金变化情况，以取代反映大灵便型船(45496DWT)的 BHMI 指数。BSI 指数与 BHMI 指数并行半年，直至 2006 年 1 月 1 日 BSI 指数正式取代了 BHMI 指数。此外，为了适应市场需求，波罗的海航运交易所于 2006 年 5 月 23 日发行了小灵便型船指数 BHSI(Baltic HandysizeIndex)，采用 2.8 万 DWT 的小灵便型船为标准船型，覆盖远东及大西洋的 6 条主要航线。

2. *波罗的海干散货船费率指数发布的有关规定*

波罗的海航运交易所对费率指数的计算有着非常严格的规定，为其在国际上的公正性和权威性奠定了基础。

(1)航线选择要求地理分布平衡，航线既反映大西洋又反映太平洋贸易，还有各大洋间的贸易(保持往返航线的平衡)情况。

(2)指数构成的航线上要有一定的成交额或者是重要的相关航线，季节性航线不予考虑(如大湖，几内亚)。

(3)有合理数量的精确成交报告，可能或确实受一个或少数租家控制的航线不予考虑。

(4)由一个国际知名、信誉良好、有代表性的 20 家经纪人公司组成的 3 个小组，负责计算当天各船型的费率指数，其中 H Clarksons &Co Ltd\Fearnleys\Howe Robinson & Co Ltd\SSY\等 4 家经纪人公司兼任三个小组的成员。根据这 20 家会员公司与波罗的海交易所签订的合同，各公司相互之间都对提交给小组的费率或日租金水平严格保密。

(5)操作方法是这 20 家公司根据在全球范围内收集的最新市场成交情况，分析得出当天各船型指数所包括的各条航线费率或日租金水平，单独提出交给小组，如果某一航线缺少最新的费率或日租金，则参照其他航线的情况来确定该航线在当天可行的费率或日租金水平。为了公平和准确，小组要从这些公司提交的各航线费率和日租金数据中，去掉最高最低价，再分别计算出各航线的平均费率和平均日租金水平，各航线的平均费率或平均日租金乘以换算常数(由权重与基数的积求得)，得出各航线的换算指数，将各航线的换算指数相加后的结果，即得出各船型当天的费率指数，在每个工作日的伦敦时间 13:00 由波罗的海交易所正式对外公布。

3. *波罗的海干散货船费率指数的构成航线及计算方法*

(1)波罗的海好望角型船费率指数 BCI。波罗的海好望角型船费率指数 BCI 于 1999 年 4 月 27 日开始发布时，是由遍布世界的 11 条好望角型船的煤、矿航线构成的，其中包括 7 条程租航线和 4 条期租航线。现行的 BCI 指数由 9 条航线构成，包括 5 条程租航线和 4 条期租航线，如表 6-1 所示(费率及日租金以 2012 年 11 月 16 日为例)。

某报告日指数

$$P_t=\frac{\sum p_1q_0}{\sum p_0q_0}\times1000=\left(\frac{p_{11}q_{01}}{\sum p_0q_0}+\frac{p_{12}q_{02}}{\sum p_0q_0}+\cdots\right)\times1000=c_1p_{11}+c_2p_{12}+\cdots+c_{11}p_{111}$$

换算常数

$$c_i=\frac{1000q_{0i}}{\sum p_0q_0}=\frac{1000q_{0i}p_{0i}}{(\sum p_0q_0)p_{0i}}=\frac{1000w_i}{p_{0i}}$$

各航线权重

$$w_i=\frac{p_{0i}q_{0i}}{\sum p_0q_0}$$

BCI 指数构成航线及费率或平均日租金　　表 6-1

序号	航　　线	货种/载重吨	方　　式	权 重（%）	费率或日租金（美元）
C2	图巴朗—鹿特丹	矿/16 万	程租	10	11145
C3	图巴朗—青岛	矿/16 万	程租	15	22123
C4	里查德湾—鹿特丹	煤/15 万	程租	5	10595
C5	澳西—青岛	矿/16 万	程租	15	9405
C7	玻利瓦尔港—鹿特丹	煤/15 万	程租	5	12100
C8	大西洋往返航次	17.2 万	航次期租	10	17886
C9	欧洲大陆—远东	17.2 万	航次期租	5	28746
C10	太平洋往返航次	17.2 万	航次期租	20	16758
C11	远东—欧洲大陆	17.2 万	航次期租	15	2254
4 条 Capesize 航次期租航线日租金平均值 = 16411 美元					

注：好望角型船程租船龄 15 年或 18 年以内，航次货运量允许 10% 误差；航次期租船龄 10 年以内。

（2）波罗的海巴拿马型船费率指数 BPI。波罗的海巴拿马型船费率指数 BPI 于 1998 年 12 月 21 日开始发布时，是由 4 条粮谷航线和 4 条期租航线构成的。现行的 BPI 指数由 4 条期租航线构成，具体见表 6-2（航线日租金以 2012 年 11 月 16 日为例）。

BPI 指数构成航线及平均日租金　　表 6-2

序号	航　　线	载　重　吨	方　　式	权重（%）	日租金（美元）
P1a	大西洋往返航次	7.4 万	航次期租	25	6883
P2a	大西洋—远东	7.4 万	航次期租	25	14051
P3a	太平洋往返航次	7.4 万	航次期租	25	7847
P4	远东—西欧	7.4 万	航次期租	25	472
4 条 Panamax 航次期租航线日租金平均值 = 7077 美元					

注：巴拿马型船船龄 12 年以内。

（3）波罗的海灵便型船的费率指数 BHI、BHMI、BSI、BHSI。波罗的海航运交易所最早发布的灵便型船费率指数是 BHI，BHI 是根据 43000DWT 船在四条期租航线上的期租费率通过加权计算得出的，具体见表 6-3。

BHI 指数构成航线　　表 6-3

序　号	航　线	方　式	权重(%)
1	欧洲—远东	航次期租	25
2	日本、韩国—美西、澳大利亚往返	航次期租	30
3	新加坡经澳大利亚至欧洲大陆还船	航次期租	15
4	欧洲大陆—南北美洲,大西洋往返	航次期租	30

2001 年年初,波罗的海交易所将 BHI 调整为大灵便型船费率指数 BHMI,BHMI 是以日租金美元/天为单位,BHMI 共有 6 条航线,计算方法是各航次期租航线的权重 × 各航线费率的汇总值,表 6-4 为 BHMI 的计算依据及计算方法的说明(日租金以 2002 年 2 月 5 日为例)。

BHMI 指数构成航线及计算依据　　表 6-4

序号	航　线	方　式	权重(%)	日租金(美元/天)	权重 × 各航线费率
1a	西北欧—远东	航次期租	12.5	7810	976.25
1b	地中海—远东	航次期租	12.5	8547	1068.38
2	太平洋往返	航次期租	25.0	5988	1497.00
3	远东—西欧	航次期租	25.0	5353	1338.25
4a	西北欧—美湾	航次期租	12.5	5929	741.13
4b	美湾—西北欧	航次期租	12.5	8066	1008.25
BHMI(美元/天)					6629.00

注:大灵便型船载重吨 45496 DWT,船龄 15 年以内,4 ×30 吨吊杆。

2005 年 7 月 1 日,波罗的海交易所又公布了超灵便型船费率指数 BSI,并于 2006 年 1 月 1 日正式取代 BHMI。波罗的海交易所将 BHMI 调整为 BSI 的同时,还将 BHMI 指数的美元/天的单位再度调整为指数值,与好望角型船和巴拿马型船费率指数统一起来,这使原来困扰用户的指数换算问题一并得到解决。目前,BSI 指数由 11 条航线构成,其中 5 条航线暂未纳入 BSI 指数成份,如表 6-5 所示(日租金以 2012 年 11 月 16 日为例)。

BSI 指数构成航线及平均日租金　　表 6-5

序号	航　线	方　式	权重(%)	日租金(美元)	权重 × 航线日租金(美元)
S1A	西北欧—远东	航次期租	12.5	9556	1194.5
S1B	黑海—远东	航次期租	12.5	9186	1148.3
S2	太平洋往返	航次期租	25.0	7202	1800.5
S3	远东—西欧	航次期租	25.0	4568	1142.0
S4A	美湾—欧洲	航次期租	12.5	11085	1385.6
S4B	欧洲—美湾	航次期租	12.5	3005	375.6
S5	西非—南美—远东	航次期租	0	8856	0
S9	西非—南美—欧洲	航次期租	0	2000	0
S7	印东—中国	航次期租	0	4610	0
S8	印尼—印东	航次期租	0	8165	0
S10	印尼—南中国	航次期租	0	4902	0
6 条 Supramax 航次期租航线日租金加权平均值 = 7047 美元					

注:超灵便型船载重吨 52454 DWT,船龄 15 年以内,4 ×30 吨吊杆。

2006 年 5 月 23 日，波罗的海交易所发行了小灵便型船指数 BHSI，BHSI 由覆盖远东及大西洋的 6 条主要航线构成，如表 6-6 所示（日租金以 2012 年 11 月 16 日为例）。

BHSI 指数构成航线及平均日租金　　表 6-6

序号	航　线	方　式	权 重（%）	日租金（美元）	权重×各航线费率（美元）
HS1	欧洲—南美东	航次期租	12.5	4694	586.8
HS2	欧洲—北美东	航次期租	12.5	4436	554.5
HS3	南美东—欧洲	航次期租	12.5	6741	842.6
HS4	美湾—北美—欧洲	航次期租	12.5	5213	651.6
HS5	东南亚—澳大利亚—新加坡、日本、中国	航次期租	25.0	6531	1632.8
HS6	韩国、日本—北太平洋—新加坡、日本	航次期租	25.0	6894	1723.5
6 条 Handysize 航次期租航线日租金加权平均值 = 5992 美元					

注：小灵便型船载重吨 28000DWT，船龄 15 年以内。

（4）波罗的海干散货船期租费率（综合费率）指数 BDI 的计算方法。波罗的海干散货船期租费率指数 BDI 自 1999 年 11 月 1 日开始发布以来，其计算方法经过了多次调整。2009 年 7 月 1 日开始，为了促进运费衍生产品的交易，波罗的海航运交易所对 BDI 指数采用期租数据进行计算，即把波罗的海好望角型船、巴拿马型船、超级灵便型船和灵便型船的期租市场指数计算在内，每种船型各占 BDI 的 25%，然后乘以一个固定的换算系数 0.113473601 得出的。其具体计算公式为：

$$BDI = [(CapesizeTCavg + PanamaxTCavg + SupramaxTCavg + HandysizeTCavg)/4] \times 0.113473601$$

表 6-7 为现行的 BDI 指数的计算方法（以 2012 年 11 月 16 日为例）。

BDI 的计算方法　　表 6-7

船　型	日租金（加权）平均值（美元）
Capesize	16411
Panamax	7077
Supramax	7047
Handysize	5992
BDI = [(16411 + 7077 + 7047 + 5992)/4] × 0.113473601 = 1036 美元	

由于 BDI 是在各种船型期租费率的基础上进行计算的，因此又称 BDI 为波罗的海干散货船综合费率指数。

第四节　航运期货交易

单个船东或单个托运人由于没有能力控制和影响市场费率，他们只能被动地接受市场费率，这就为散货船经营者带来了极大的风险和不确定性。而且散货商品自身价值并不高，这就更加突出了运费的重要性。通过利用航运期货交易进行套期保值，则可以有效地规避市场风险。

一、期货的概念

期货交易是一种标准化远期合约的集中交易。即交易双方在期货交易所通过买卖期货合约，并根据合约规定的条款约定在未来某一特定时间和地点，以某一特定价格买卖某一特定数量和质量的商品的交易行为。在商品交易所中，卖出期货的一方叫“空头”，买进期货的一方叫“多头”。期货交易的主要功能是规避风险。

二、航运期货套期保值的原理

套期保值(Hedging)是指以回避现货价格风险为目的的期货交易行为。这种套期交易可以避免因价格波动而带来的风险，使经营者专心从事经营活动，风险由愿意承担价格风险的投机者承担。套期保值的基本形式有两种，即买入保值和卖出保值。

1. 买入保值

买入保值是指交易者先在期货市场买入期货，以便将来在现货市场买进现货时，不致因价格上涨而给自己造成经济损失的一种套期保值方式。这种用期货市场的盈利对冲现货市场亏损的做法，可以将远期价格固定在预计的水平上，从而实现规避风险。

2. 卖出保值

卖出保值是指交易者先在期货市场上卖出期货，当现货价格下跌时以期货市场的盈利来弥补现货市场的损失，从而达到保值目的的一种套期保值方式。卖出保值主要适用于拥有商品的生产商或贸易商，他们担心商品价格下跌使自己遭受损失。

套期保值之所以能够避免价格风险，其基本原理在于：期货交易过程中期货价格与现货价格尽管变动幅度不会完全一致，但变动的趋势基本一致。即当特定商品的现货价格趋于上涨时，其期货价格也趋于上涨，反之亦然。这是因为期货市场与现货市场虽然是两个各自分开的不同市场，但对于特定的商品来说，其期货价格与现货价格主要的影响因素是相同的。这样，引起现货市场价格的涨跌，就同样会影响到期货市场价格同向的涨跌。套期保值者就可以通过在期货市场上做与现货市场相反的交易来达到保值的功能。

三、波罗的海干散货费率指数期货

1985 年 4 月，波罗的海航运交易所开设了波罗的海国际费率期货交易(The Baltic International Freight Futures Exchange，简称 BIFFEX)，BIFFEX 为租船市场上的船舶所有人和托运人提供了一种规避风险的工具，这是一种非常专业化的期货合约交易。利用期货合约进行规避风险，具有灵活性和可靠性，满足了干散货运输市场的船东与托运人规避费率风险的需求。BIFFEX 期货合约在伦敦国际金融期货交易所(LIFFE - London International Financial Futures Exchange)公开发行，合约的条款见表 6-8。

BIFFEX 最初采用传统的公开叫价形式，随着现代通讯技术的发展，通过电话、传真、电传、Email、电子商务等，经纪人完全可以在各自办公室完成交易的报盘、换盘、成交全过程。

BIFFEX 是历史上第一个推出"无形"服务的期货产品，曾得到市场的追捧。但是随着时间的推移，该期货的不足越来越明显，交易量逐渐萎缩，2002 年 4 月波罗的海航运交易所停止了运费指数期货交易。主要原因是：合约选择的标的物导致套期保值比率低。尽管波罗的海运费指数成份不断的变化，但还是一篮子航线运费的组合，而运费指数期货与实际情形的关联性又不是很强，于是交叉套期保值的问题导致了其套期保值的效率比较低；此外，流动性不足。交易量的萎缩和合约的流动性不足，难以吸引更多的参与者；最后市场参与者不熟悉衍生品，尤其是 BIFFEX 的专业性非常强，很难推广。

BIFFEX 合约条款　　　表 6-8

交易所	伦敦国际金融期货交易所
合约单位	BDI × 10 美元（开始为 BFI）
报价单位	BDI 指数点
最低波幅	一个指数点（开始为半个指数点）
最高波幅	无
交易时间	10:15am ~ 12:30pm，14:30 ~ 16:40pm（伦敦）
合约交割月份	当月、随后的两个月以及未来 18 个月内的 1 月份、4 月份、7 月份、10 月份
结算日	合约最后交易日之后的第一个工作日
最后结算价	合约最后交易日及其之前的四个交易日的算术平均
结算方法	现金
首笔履约保证金（美元）	700 ~ 800 美元每张合约
持仓限制	无
交易费用	每张合约 30 ~ 40 美元

数据来源：根据 www. LIFFE. com 网站资料整理。

四、远期运费协议

为解决 BIFFEX 的存在的问题，远期运费协议应运而生。远期运费协议简称 FFA（Forward Freight Agreements），是交易双方约定在未来某一时点，就事先确定航线、确定吨位船舶的运费率与波罗的海官方发布的 BDI 指数的航线运费率（或者普氏油轮运费指数）的差额进行现金结算。FFA 最早由 H. Clarkson & Co. Limited 在 1991 年首次提出，先应用于干散货航线，以后又逐步扩大到油轮航线。与任何一种衍生品一样，FFA 有保值和投机两种功能。投机者可以通过买卖 FFA 纸货获取利润，承担费率波动风险；船东和托运人可以利用 FFA 进行对冲，把运费变动的风险转移给愿意承担风险的投机者。

传统的航运市场是实货交易，而 FFA 交易的是纸货，即交易对象是纸面上的运费，它仍然是一种 BDI 指数产品的衍生物。在 FFA 交易中，买卖双方达成的一种远期运费协议。协议类似 BIFFEX，详细规定了具体的航线、运费率、数量、价格日期、交割价格计算方法等。在交割日期时，双方收取或支付价格（依据波罗的海相应航线运费指数进行计算）与合同约定价格的运费差额。若合同价格大于交割价格，买方支付运费差额现金给卖方，反之亦然。干散货 FFA 交易的航线为波罗的海干散货船 20 条航线，包括 10 条 Capesize 航线，4 条 Panamax 航线和 6 条 Supramax 航线（如表 6-1 ~ 表 6-7 所示）。

FFA 与 BIFFEX 比较(表 6-9),二者具有相似的特点:FFA 的原理是现货价格和期货价格都是由供求决定的,两者的变化方向总是相同的,具有高度的相关性和趋同性,越接近期货交割时间,现货价格和期货价格就越相近。因此,FFA 进行对冲的实际操作就是买入(卖出)与现货市场数量相当、但交易方向相反的期货合约,以期在未来某一时间通过卖出(买入)期货合约来补偿现货市场价格变动所带来的实际价格风险;而 FFA 克服了 BIFFEX 的缺点,简单易行。FFA 主要交易方式为委托人到委托人之间的直接交易,或叫场外交易。全球有挪威奥斯陆国际海运交易所、伦敦结算所和新加坡交易所开展 FFA 结算业务。

FFA 与 BIFFEX 的比较 表 6-9

	FFA	BIFFEX
交易场所	场外	场内
交易专业性	简单、大众化	专业性强
条款可否协商	可协商	不能协商
与现货市场相关性	很强	一般
套期保值效果	较好	差

1. 船东的套期保值

对船东来讲费率的波动影响其运费收入,因此船东套期保值的目标是锁定其运费收入。

例 6-1:船东拥有一条 Capesize 船,预期 2007 年 2 月该船将从事 Richards bay – Rotterdam 航线(C4 航线,表 6-1 所示)的运输。2006 年 12 月,船东以 18 美元/吨的运费率卖去 C4 航线 2007 年 2 月份的 FFA 合约,合约吨位数量是 150000 吨。交割价格为 2007 年 2 月最后 7 个指数发布日的平均费率。

假如到 2007 年 2 月份的交割日期,现货市场的运费率下降到 16 美元/吨,则船东在现货市场亏损 2 美元/吨;但在 FFA 市场,由于是做的卖去 FFA 合约,则可获利 2 美元/吨;这样期货市场与现货市场盈亏相抵,实现了套期保值,规避风险的功能。

假如到 2007 年 2 月份的交割日期,现货市场的运费率上涨到 20 美元/吨,船东在现货市场盈利 2 美元/吨;但在 FFA 市场,由于是做的卖去 FFA 合约,则亏损 2 美元/吨;这样期货市场与现货市场盈亏相抵,也实现了套期保值,规避风险的功能。

2. 托运人的套期保值

对托运人而言,托运人的套期保值也可实现规避运费率波动的风险。

例 6-2:2003 年 5 月,某托运人签订了一份 8 月的贸易合同,将采用 Panamax 船从事大西洋至远东航线(P2a 航线,表 6-2 所示)的运输,为规避未来运费率上涨风险,托运人购买了该条航线 8 月日租金为 18000 美元/天的 FFA 合约。交割价格为 8 月最后 7 个指数发布日的平均费率。

假如到 8 月的交割日期,日租金上涨到 20000 美元/天,由于该托运人购买了 FFA 合约。

在 FFA 市场,托运人的获利为

$$(20000 - 18000) \times 60 = 120000 \text{ 美元}$$

在现货市场,托运人亏损

$$(20000 - 18000) \times 60 = 120000 \text{ 美元}$$

FFA 市场和现货市场盈亏相抵,托运人成功规避了运费率上涨的风险。

随着近两年国际航运市场运费率的波幅剧烈,FFA 对航运市场的作用日益增强,FFA 在国内也开始引起越来越多的关注。

第五节　世界油轮费率指数

油轮市场费率经历了几个不同阶段,采用过几种不同的计算标准。自从 1969 年以来,油轮市场开始采用全球统一的油轮费率指数,该指数实际上是一种油轮费率表——《世界油轮费率表》(Worldwide Tanker Nominal Freight Scale,简称 Worldscale 或 WS),WS 作为运费计算单位,大大简化了油轮费率的定价方法。1989 年 1 月 1 日,针对 WS 费率存在的问题,重新修订的新油轮费率表开始生效,并在世界范围内实施。自 1990 年 1 月 1 日开始,新油轮费率表(New Worldscale,NW)一词不再使用,仍沿用原有的 WS 表示,但费率表制定的依据已由修订后的计算条件取代了原有的计算条件。

一、《世界油轮费率表》的形成

《世界油轮费率表》的制定是由 Worldscale Association(London)Ltd. 和 Worldscale Association(NYC)Inc. 联合发起的。纽约负责的区域是北美、中美和南美构成的西部地区,其中包括加勒比海岛屿、格陵兰和夏威夷。伦敦负责的是东部地区,遍及世界除纽约负责区域之外的其他地区。自 1972 年 1 月 1 日起,所有的世界油轮费率都已用美元标价。

在油轮市场上,世界油轮费率指数已被用于成交谈判,其主要原因有两点:第一,它是一种参考标准,意味着只要给定一个世界油轮费率指数的费率标准 WS100,那么其他所有的费率均以该数字的百分比表示,而无论油轮是哪个航次,油轮船东每天所获得的毛利应基本相同。特别是船东可以计算其船队中的每一艘油轮应弥补其所有费用的保本费率,以及该油轮将处于闲置点的费率。这类费率取决于油轮的规模、船旗、船龄和主机型号。例如,假定某个特定航次的 WS 费率在《世界油轮费率表》中为 15.90 美元/吨。那么,一艘 20 万 DWT 的新油轮的船东就会发现,每吨 12.20 美元的费率足以弥补该油轮在该航次中所花费的总成本。因此船东知道,对于所有的航次来说,要达到盈亏平衡的 WS 约为(12.20/15.90)×100 = WS77。总之,油轮越大,要达到盈亏平衡的 WS 费率就越低,反之亦然。还有一个值得注意的问题是,在萧条的运费市场中,按低价购进的二手油轮要达到盈亏平衡的 WS 费率也要低于其新交付使用的同类油轮的 WS 费率。第二,在涉及到若干选择港的成交谈判中,应用 WS 可以节省大量的精力。

在第二次世界大战前,油轮载运的原油和不定期船装运的其他货物一样,“每吨费率”都用美元或英镑表示。后来由于原油装卸数量增加,要想比较不同航线的费率显得很不方便。在第二次世界大战期间,英国政府对被其征用的英国船舶,采用了一种费率制度,该项制度确保任何油轮公司所经营航线的每一艘油轮每日净收益(Daily Net Return)近于相等的水准。这就是英国运输部所谓的“MOT 费率制度”,该项制度为每一对装卸港设定一个费率。战后,油轮市场重回自由,但仍沿袭 MOT 的费率制度。自从那时以后,世界上便流行在“基本费率”(Base Rate)的基础上,加减某个百分比来表示实际费率。在美国,战时也有一个类似的费率制度,那就是美国海运局(USMC)的费率制度,它适用于 MOT 费率制度以外的航线。然而,随着时间的推移,这些费率制度渐渐不适于大部分航线的实际需要,故以后改用标准费率制度

(1952 年)、英国油轮标准费率制度(1956 年)、国际油轮标准费率制度(1962 年)以及其他的标准费率制度。最后,由伦敦及纽约的经纪人协会修正国际油轮标准费率制度而成为现在的《世界油轮费率表》,于 1969 年 9 月 15 日开始生效。

二、《世界油轮费率表》的影响因素

现行《世界油轮费率表》中,列出了经过计算的世界各油轮航线的标准费率即 WS,以每美元/吨的单位计算。例如,卑尔根—黎巴嫩成交费率为 WS50(即 WS50% 之意),则可以从该费率表中查得该航线 WS 为 7.9 美元/吨,由此得出实际费率为 7.9 × 50% = 3.95 美元/吨。世界油轮费率表每年修订两回,6 月公布一次,同年 7 月 1 日生效;12 月公布 1 次,翌年 1 月 1 日生效。所载标准运费是以一艘标准油轮在该航线上完成一个标准往返航次(满载到港、空载返回)所发生的营运费用的总和。制定《世界油轮费率表》所应考虑的各种因素,除计算中所使用的标准船舶外,还有如下内容:

(1)港口费用:尽可能按各装货港和卸货港的最新费率计算。

(2)燃油价格:按费率表生效前一年的 10 月 1 日前 12 个月的平均合同价格。1976 年开始每年发表两次,1 月 1 日生效的费率表中的燃油价格仍是按上述原则,7 月 1 日生效的费率中的燃油价格,则是按制定 1 月 1 日费率表时的价格。由于油价上涨,从 1980 年开始,7 月 1 日生效的费率表,包括了当年 3 月 31 日前半年的平均合同价格;当年 1 月 1 日生效的费率表包括了上一年 9 月 30 日前半年的合同价格。

(3)运河通航:经过苏伊士运河每次另加 30 小时,过巴拿马运河每次另加 48 小时。

(4)每增加一装货港或一卸货港另增加 12 小时。

三、标准油轮的技术特征

新的《世界油轮费率表》在制定时,对标准船舶的技术特征的选定进行了修改,油轮的规模从 19500DWT 增加到 75000DWT。同时,在航速、燃料消耗和日租金等方面也进行了调整。调整后的主要数据如表 6-10 所示。

标准油轮的主要数据　　表 6-10

1. 标准船舶	75000DWT
平均航速	14.5 节
燃料消耗	航行:55 吨/天; 其他:100 吨/往返航次; 在港:有关各港均为 5 吨
燃料级别	380 cst
2. 在港时间	4 天(1 港装/1 港卸) +0.5 天(有关的每一额外港口)
3. 租金	12000 美元/天(理论上为经营成本加资本成本)
4. 燃料价格	138.5 美元/吨(2003 年)
5. 港口费用	由世界油轮费率指数协会根据上一年 9 月末和当年 3 月末以前所获得的资料确定
6. 过运河时间	每次过苏伊士运河为 30 小时,每次过巴拿马运河为 24 小时(不考虑平均里程)

尽管调整后的费率计算，比起原费率本与实际情况的误差有所减小，但因租金水平、港口费用及燃料价格的不断变化，因此于每年的1月1日和7月1日发表对WS的修订。当然，在使用这一费率表时，必须明确它只是一个用于估算的费率表，船东和租船人完全有可能用美元或其他货币来洽谈费率。不过，《世界油轮费率表》为洽谈费率和租船合同提供了有用的依据。下面，以一个例子说明WS的计算方法，见表6-11。

某航线WS的计算方法　　表6-11

船舶说明	数　　据
标准船舶	75000DWT
航速	14.5节
海上燃料消耗	55吨/天
港口燃料消耗	5吨/天
其他燃料消耗	100吨/航次
航次距离	
从港口A到港口B	7500海里
从港口B到港口A	7500海里
总航行距离	15000海里
航行时间	
海上航行时间(距离/航速)	43.10天(15000/348)
在港时间(2天装,2天卸)	4.00天
航次时间	47.10天
燃料消耗	
从港口A到港口B	1185吨
从港口B到港口A	1185吨
航次储存	310吨
港口消耗	20吨
其他消耗	100吨
总消耗	2800吨
船舶总载重吨	75000吨
其中:	
储存品	100吨
水	400吨
燃料	2800吨
货物	71700吨
运费率计算	
航次租金(47.1×12000)	565200美元
燃油费用(2800×138.5)	387800美元
港口费用	90000美元

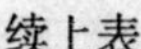

续上表

船舶说明	数　据
其中:A 港口	15000 美元
B 港口	75000 美元
航次总成本	1043000 美元
运费率 = 航次总成本/货运量 = 1043000/71700 = 14.55 美元/吨	
Worldscale rate = 14.55 美元,如果承租人接受该费率,则为“WS100”	

资料来源:根据 Maritin Stopford. Maritime Economics[M]. London:EC4P4EE 数据编辑而成。

四、《世界油轮费率表》的结构

1. 基准费率(Based Rates)

基准费率是费率表的主体,它分单港费率(1 港装/1 港卸)和多港费率(1 个以上港口装/1 个以上港口卸)两种。费率表中所列的费率是按照卸货港的英文字母的顺序排列的,每一个卸货港为一组,下面包括许多不同的装货港,每一个装货港的后面所列的费率就是从这个装货港到卸货港的基准费率。

在基准费率的右面,可能注有:“S”、“CS”、“P”、“CP”等字母。它们的意思是:

“S”表示该航次重载与空载都经苏伊士运河的费率;

“CS”表示该航次重载绕好望角,空载经苏伊士运河的费率;

“P”表示该航次重载与空载都经巴拿马运河的费率;

“CP”表示该航次重载绕好望角,空载经过巴拿马运河的费率。

2. 附加差额(Differentials)

为了补偿船舶所有人因通过运河或其他原因而增加的费用支出,费率表中另外就这些开支的补偿规定了附加差额。这种附加差额包括:①通过苏伊士运河;②通过巴拿马运河;③冬季去芬兰港口(船舶所有人须支付冰税);④去阿巴丹、法奥、巴士拉等港口(船舶所有人须支付疏浚费);⑤过恒比尔河;⑥过曼彻斯特河;⑦过墨尔西河;⑧过圣劳伦斯河和丰兰运河。

附加差额按装运货物的数量计收,在租船中不受商定的调整百分比的影响。例如,在租船中商定的费率为 WS150,那么

每吨货物费率 = 基准费率 × 150/100 + 附加差额

或　　每吨货费率 = (基准费率 + 地区附加费) × 150/100 + 附加差额

3. 滞期费(Demurrage)

滞期费按天计算,费率表中按照船舶载重吨(夏季载重吨)的大小,从 15000DWT 到 500000DWT,共分 21 个组,分别规定了不同的滞期费率。这个费率主要是根据一定时期各种吨位船舶的每天船期损失(包括油轮滞期期间的实际费用和利润)计算的。其计算办法是,取每一组船舶中处于中间吨位的船舶在假定的一条标准航线上营运,计算出该航次满载的运费收入,减去航次中燃料和港口费用以及通过运河的费用,再被航次天数除,然后再加上停航时每天消耗的燃料和支付的港口费用,即得出每天的滞期费率。

4. 其他条款(Other Terms and Conditions)

国际上租船的惯例是,向船舶征收的税金或其他费用都由船舶所有人负担,而向货物征收

的税金或其他费用，则由承租人负担。油轮租船也是这样，但按各个港口和码头的习惯，也有例外的情况，费率表中就把这些例外情况列为条款，以明确分担关系。在油轮租船合同中常见到"其他条款按照《世界油轮费率表》的规定"就是指这些例外情况。其他条款实质上是油轮在港口的一部分费用的分摊问题。

五、《世界油轮费率表》的使用

《世界油轮费率表》主要用作租船中商谈费率的基准费率和计算标准。它改变了过去一些费率表（如 MOT，USMC 费率表）中以"up"或"less"来表示约定的费率和费率表中所规定的基准费率的差别的办法，而改用以指数表示这种差异的方法。在商谈费率时，可以费率表中所规定的费率为 100，如果市场行情与本费率表所规定的费率相当，即费率表中所规定的费率与最后商定的费率一致时，以 WS100 表示；如果高出 10%，则以 WS110 表示，如果低 10%，则以 WS90 表示。

《世界油轮费率表》中包括了世界上上千个港口的费率，但仍有一些港口的费率未包括在内。如果在费率表中查不到自己所需要港口的费率，则可通过电传向费率表的发行人询问，均可及时得到答复。《世界油轮费率表》虽然改进了其他一些费率表所存在的不合理和计算不够精确的缺点，但是从它的计算依据看，也并没有包括产生费用的各种合理因素。另外，新费率本是以 75000DWT 的油轮，日耗油量为 55 吨为基准而制定的。一些经纪人对此也有不同看法，他们认为油轮的耗油量有很大差别，大至 55 吨/天，小至 35 吨/天；加之燃油费、港口使费经常变动，所以它仅是一个计算用的费率表，只作为租船中商谈基本费率和计算用的费率表的基准。在洽谈油轮费率时，要根据市场行情、货量、港口条件以及一些未包括的因素，用适当的百分比进行调整。

小 结

不定期船市场的主要船舶类型为干散货船和油轮，不定期船市场的运输量约占整个世界航运市场的份额的三分之二以上，因此本章是国际航运经济学的重要组成章节。本章重点阐述了散货的定义和分类、干散货船和油轮的类型、散货运输市场的经济原理，散货运输市场中最重要的经济原理即规模经济。接着重点阐述了波罗的海干散货船费率指数、阐述了远期运费协议 FFA 的功能，以及有关各方利用 FFA 进行套期保值的原理。最后《世界油轮费率表》及其使用方法等。

本章专业术语

1. Tramp：不定期船
2. MOT（Ministry of Transport）：交通运输部
3. Dry bulk cargo：干散货
4. Dry bulk carrier：干散货船
5. Handymax：大灵便型干散货船
6. Handysize：灵便型干散货船

7. Supramax：超级灵便型干散货船
8. Capesize：好望角型干散货船
9. Panamax：巴拿马型干散货船
10. VLOC(Very Large Ore Carrier)：大型矿砂船
11. Tanker：油轮
12. ULCC(Ultra large crude carrier)：超大型油轮
13. VLCC(Very large crude carrier)：大型油轮
14. Suezmax：苏伊士型油轮
15. Aframax：阿芙拉型油轮
16. BCI(Baltic Capesize Index)：波罗的海好望角型干散货船费率指数
17. BPI(Baltic Panamax Index)：波罗的海巴拿马型干散货船费率指数
18. BSI(Baltic Supramax Index)：波罗的海超灵便型干散货船费率指数
19. BHSI(Baltic Handysize Index)：波罗的海灵便型干散货船费率指数
20. BDI(Baltic Dry Index)：干散货船期租费率指数
21. Worldscale：世界油轮费率表

思考题

1. 如何定义散货和杂货？
2. 波罗的海干散货船费率指数的类型和作用是什么？
3. FFA 套期保值的原理是什么？

第七章　班轮运输经济分析

班轮运输又称为定期船运输，指船舶按公布的船期表在确定航线上，以公布的挂靠港顺序、有规则地从事航线上各港间的货物运输。班轮运输的船舶类型主要包括传统杂货船、集装箱船、滚装船、载驳船、冷藏船等。班轮运输的货物主要是件杂货，主要包括工业制成品、半制成品、食品、工艺品等。这些货物批量较小，收货人多且分散，不易组织整船运输。此外这些货物的价值相对较高，对运输的要求高。本章主要分析集装箱班轮运输市场概况、班轮运输的经济特征、班轮运输的成本和规模经济，最后阐述班轮公会。

第一节　班轮运输市场概况

一、全球班轮运输三大干线

1. 跨太平洋航线

跨太平洋航线主要是从亚洲东部、东南部（上海、高雄、横滨、香港、新加坡）—太平洋—北美西海岸（旧金山、洛杉矶、温哥华、西雅图等），是亚洲同北美各国间的主要国际贸易航线。如果继续利用巴拿马运河，就可沟通北美洲东海岸—巴拿马运河（巴拿马城）—北美洲西海岸各港口。跨太平洋航线最早开始于1968年12月，由海陆公司开始经营美国西雅图到日本横滨之间的航线，接着日本航运公司引进6艘700~800标箱的集装箱船舶开始经营加利福尼亚到日本之间的跨太平洋航线。该航线如果挂靠4个东南亚港口和2个美西港口，则航线全长16500海里；若采用21节的航速，海上航行32天，外加10天在港时间，完整的往返航次时间大概需要42天，即6周的时间。如果提供周班服务，则需要6艘相同的船舶；有些船公司采用减少挂靠港口数量的方式，也需要5艘相同类型的船舶；另外，有些船公司采用"全水路"从美西到美东，则大概需要9艘相同类型的船舶，这是由于该航线货流量较大，一般采用4000标箱以上的超巴拿马型船舶。

2. 跨大西洋航线

指欧洲（西欧的鹿特丹、汉堡、伦敦、哥本哈根、圣彼得堡等；北欧的斯德哥尔摩、奥斯陆等）—北大西洋—北美洲东岸（纽约、魁北克等）、南岸（新奥尔良等，途经佛罗里达海峡）航线，20世纪60年代中期开始进行集装箱班轮运输。该航线距离大约8000海里，如果按照19节的航速，大概需要18天的航行，加10天在港时间，往返航次时间为28天。采用周班服务，则需要4艘相同类型的船舶。

3. 亚欧航线

亚欧航线也叫苏伊士运河航线，为东亚（横滨、上海、香港等港口，途经台湾、巴士海峡等）、东南亚（新加坡、马尼拉等）—马六甲海峡—印度洋（南亚科伦坡、孟买、加尔各答、卡拉奇等）—曼德海峡（亚丁）—红海—苏伊士运河（亚历山大）—地中海（突尼斯、热那亚）—直布罗陀海峡—英吉利（多佛尔）海峡—西欧各国的运输航线。该航线距离大约26000海里，往返航次时间为63天，采用周班也需要9艘相同类型的船舶。亚欧航线是联系亚洲和欧洲最大的国际贸易运输路线，在世界三大集装箱运输干线中，其运量是最大的。

表7-1是2009~2011年全球三大干线集装箱的运量统计。

2009~2011年全球三大干线集装箱运量（单位：百万标箱） 表7-1

年份	跨太平洋		欧亚		跨大西洋	
	亚洲-北美	北美-亚洲	亚洲-欧洲	欧洲-亚洲	欧洲-北美	北美-欧洲
2009	10.6	6.1	11.5	5.5	2.8	2.5
往返合计	16.7		17		5.3	
2010	12.8	6.0	13.5	5.5	3.1	2.8
往返合计	18.8		19		5.9	
2011	12.7	6.0	14.1	6.2	3.4	2.8
往返合计	18.7		20.3		6.2	

资料来源：UCTAD based on Container Trade Statistics, March 2012, Containerisation Internation, 1 september 2012; and the Global Inisght Database as published in Bulletin FAL, issue number 288, number 8/2010 (International maritime transport in Latin America and the Caribbean in 2009 and projection for 2010), ECLAC.

从表7-1中可以看出：2011年，亚欧航线的集装箱运量最大，达到0.203亿标箱；跨太平洋航线为0.187亿标箱；跨大西洋航线则只有0.062亿标箱。

二、集装箱班轮运输使用的主要船舶类型

表7-2，按照集装箱船舶发展历程，分别阐述八大类型集装箱船舶的载箱量，以及各类型船舶的吃水和船长，目前集装箱已经发展到第八代集装箱船。第八代集装箱的载重箱量已经达到了18000标箱、16.5万载重吨，吃水达到14.5米，全球只有较少的港口才能挂靠。

集装箱船代数变化 表7-2

代数	载箱量(TEU)	载重量(T)	船长(m)	吃水(m)
一	700~1000	10000	150	8.0~9.0
二	1000~2000	15000~20000	200	9.0~11.0
三	2000~3000	30000	260	11.0~12.0
四	3000~4000	40000~50000	285	12.5~13.5
五	4000~6600	50000~75000	300	13.5~14.0
六	>6600	>75000	>300	>13.5
七	13000	140000	366	14.5
八	18000	165000	400	14.5

资料来源：UNCTAD秘书处资料编辑，2012。

三、集装箱班轮船队箱量与主要企业

截至2012年，全球集装箱船舶的载箱能力已经达到0.154亿标箱，共计有5012艘集装箱船舶，平均船舶规模达到3073标箱。其中载箱能力在9000标箱以上的集装箱船，全球达到54艘。这54艘集装箱船舶分属法国的CMA CGM、中国的COSCON和CSCL、丹麦的Maersk、瑞士的MSC等。

表7-3将1987～2012年国际集装箱船队规模发展数据进行了系统统计。

集装箱船队规模增长趋势　　表7-3

年　份	船舶艘数(艘)	运能(TEU)	平均船舶规模(TEU)
1987	1052	1215215	1155
1997	1954	3089682	1581
2007	3904	9436377	2417
2008	4276	10760173	2516
2009	4638	12142444	2618
2010	4677	12824648	2742
2011	4868	14081957	2893
2012	5012	15406610	3073

资料来源：Compiled by the UNCTAD secretariat, on the basis of data supplied by IHS fairplay. Fully cellular container ships of 100GT and above. Be ginning - of - year figures, except those from 1987, which are mid - year figures.

表7-4是全球10大的集装箱班轮公司的舱位量和所属的国家或地区。处于全球第1位的是丹麦的马士基，其舱位量为2104825标箱，占全球的11.8%。中国的中远和中海分别处于第5位和第8位。

2012年全球十大集装箱班轮公司　　表7-4

排　名	公　司	国　籍	TEU	占全球份额(%)
1	马士基(Maersk)	丹麦	2104825	11.8
2	地中海航运(MSC)	瑞士	2025179	11.3
3	达飞集团(CMA DGM Group)	法国	1181141	6.5
4	美国总统(APL)	新加坡	600168	3.4
5	中远(COSCO)	中国	624055	3.5
6	长荣(Evergreen Line)	中国台湾	570843	3.2
7	赫伯罗德集团(Hapag - Lioyd)	德国	648976	3.6
8	中海(CSCL)	中国	557168	3.1
9	韩进(Hanjin)	韩国	448724	2.8
10	商船三井(MOL)	日本	448724	2.5

资料来源：UNCTAD secretariat, based on data provided by *Lioyd's List intelligence*: www.lloydslistintelligence.com.

Includes all container carrying ships. Not fully comparable to table 2.2, which covers only the specialized fully cellular container ships.

集装箱运输作为现代运输的标志，从20世纪60年代开始试运行，到今天已经进入成熟状态，集装箱班轮运输市场的结构已经基本形成。从全球集装箱班轮运输市场来看，集装箱班轮运输市场继承了传统班轮运输市场的结构，基本属于寡头垄断的市场结构。形成寡头垄断市场的原因，仍然与班轮运输市场的特性有关。班轮运输市场的高固定成本和低边际成本，决定了班轮公司不能承受剧烈的价格竞争，采用边际成本定价，必然导致班轮公司的亏损。

第二节　班轮运输市场定价与费率

一、班轮运输的经济意义

一个国家国际贸易的竞争力的决定因素很大程度反映在该国家的运输成本上，也体现在该国家至主要国际市场的距离或者是否处于国际运输的交通要道，该距离和国际交通要道的本质体现出该国家运输的便捷性。便捷性是该国家获得定期的和高频率运输服务的可能性。除了散货运输，大多数国际贸易制成品是通过班轮来运输的。因此，班轮运输的便捷性就成了一个国家国际贸易竞争力的重要指标。便捷性指数是采用一个国家集装箱船舶数量、集装箱舱位数、人均可使用集装箱船舶数、人均可使用集装箱舱位数、每家班轮公司船舶数量、航线数量、平均船舶规模、最大船舶吨位等指标的加权指标系数。其中，集装箱船舶数量是指可用于进行国际和国内班轮运输的集装箱船舶数量。拥有大量的集装箱船舶，表明该国家托运人有较多的机会利用集装箱运输进行货物出口，有利于他们最便捷地联系国际市场。此外，托运人可订舱的便捷性与集装箱舱位数密切相关。从事国际航线运输的船舶，由于规模经济的原因，大多数采用大型集装箱船舶。相同数量的集装箱船舶，如果舱位数不同，托运人可获得订舱机会的概率差异很大。与大国比较，小国获得船舶挂靠其国家港口的绝对数量比大国要少。但是国际上有许多小的国家采取各种措施吸引小船挂靠该国家，提供支线运输，如马耳他、巴哈马和新加坡等国通过支线运输，大大提高了该国服务的便捷性，换句话说，这些国家的托运人通过这些支线服务获得了利益。更重要的是，小国家通过提供中转运输等方式，吸引大跨国公司的集装箱船舶挂靠，进一步提高了本地区托运人进行国际贸易的便捷性。小国家的托运人数量与大国家比较要少得多，货物被抛舱的概率较低，因而人均托运人数量可用来衡量托运人的便捷性。

一个国家班轮公司的数量，反映了一个国家班轮运输的市场结构或市场的竞争程度。一般而言，一个国家的班轮公司数量越多，竞争越激烈，运费率上涨的空间不会很大。此外，班轮公司为了吸引托运人的货物，必定大大提高服务质量。较高的服务质量和较低的运费率可大大提高服务的便捷性，而航线数量是衡量一个国家运输便捷性的重要指标。一般而言，一个国家航线数量一般是班轮公司数量的4倍，每家班轮公司平均提供6条不同的班轮航线服务。航线的多少对托运人而言是最直接的、重要的便捷性。航线越多，托运人所托运货物到达目的地的时间和成本可大大节省。因此，世界各国家为了增加本国出口国际货物的竞争力，纷纷吸引其他国家的班轮运输公司到本国开辟国际航线运输。其中航线数位居世界前几位的分别是中国、中国香港、新加坡和美国；平均船舶规模、最大船舶规模和每家班轮公司船舶数量，是反

映船舶规模经济的主要指标。规模越大,单位运输成本越低,可以为托运人提供物美价廉的航运服务。世界平均船舶规模最大的是中国香港、阿曼、中国和中国台湾;单船规模最大的分别是中国、中国香港、美国和比利时;每家班轮公司船舶数量最大的是美国、中国台湾、中国和中国香港。通过上述指标加权指数,得出世界各国的便捷指数前三位分别为中国香港、中国、美国。

二、班轮运输市场的经济特征

1. 班轮运输市场是寡头垄断市场结构

班轮运输市场是微观经济学中最经典的寡头垄断结构。公司数量少,生产产品的质量"位移",基本没有差异。经营班轮运输的船公司,全球也只有 20 多家。它们主要分布在全球的三大干线航线上从事运输。寡头垄断市场结构,决定了企业市场份额的多少是决定班轮运输公司成败的关键因素。为了获得市场份额,当某一航线上同时有几家班轮运输公司从事经营活动时,这种竞争尤为激烈,各班轮运输公司常常以降低运费率的价格手段来争揽货载,因此班轮运输业经常采取包括"零运费"甚至"负运费"在内的价格手段争取尽可能多的稳定的货源(即市场份额)。

2. 班轮运输市场企业之间的竞争本质是国际航运政策的竞争

国际航运市场班轮运输公司竞争与普通市场的竞争存在着差异。普通市场的竞争一般是在相同的宏观经济政策下的竞争,即竞争企业的银行贷款利息率、国家税收、国家人事和劳动保险政策等处于相同情况,企业领导只需要有效地配置本企业的有限资源。但在国际航运市场上,由于班轮运输公司分属于不同的国家,不同国家的宏观经济政策,包括利息率、汇率、税率都存在较大的差异,这些经济政策对班轮运输公司的经营效率会产生很大的差异。从某种意义上讲,国际航运市场的竞争,本质是全球各国国家航运政策的竞争。因此处于国际航运市场上的某些班轮运输公司,即使微观层面具有很大的优势,但由于宏观层面的差异,仍然会导致该班轮运输公司在国际航运市场的激烈竞争中处于劣势。

3. 班轮运输企业的产品质量差异小

集装箱运输将运输产品的质量指标"货损货差"、"准时送达"等的差异缩小到几乎为零。因此运输价格就成为了托运人识别企业的主要指标,只要存在竞争,立即反映到价格上,而不是体现在服务质量上。

三、班轮运输定价原理

由于班轮运输寡头垄断的市场结构的原因,在短期内追求市场份额,以确保寡头的生存,但企业的本质决定了班轮运输公司必须获得利润,因此班轮运输公司在运费率确定,即定价时,一般以追求利润最大化为目的,其定价原理一般包括如下类型:

1. 成本定价原理

所谓成本定价原理,指班轮运输公司为保证船舶运输服务连续、有规则地进行,以补偿运输服务所消耗的所有成本以及获得一定的合理利润为基准而制定的运费率。根据这一原理制定的运费率可以确保运输运费收入不少于实际发生的运输服务成本。该原理被广泛应用于国际航运运费率的制定,该定价原理有两种形式(如图 7-1 所示)。

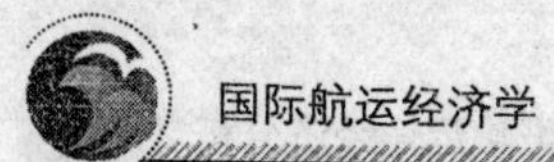

(1)平均成本定价。平均成本定价是将运输生产所必须支付的运输总成本平均分摊到承运的货物后,考虑到单位运量的必要利润水平而确定的运费率。

即:

单位运费率=单位运量的平均总成本+单位运量利润

采用平均成本定价,既考虑了运输过程中的固定成本,又考虑了运输过程中产生的变动成本,所以容易被各方接受。这种方法能保证企业补偿全部的成本,并取得合理的利润,所以为多数班轮运输公司所采用。但是,平均成本定价仅仅依靠企业内部核算条件为依据,存在着一些不可克服的缺点:①平均成本定价不能反映航运市场环境的供求关系的变化与运费率的相互影响;②平均成本的定价过程是在实际成本完全发生之后才能进行;所采集和运用的数据,只能是依靠过去或当前的统计数据。这些数据不可能完全反映航运企业成本的变化情况,如图7-1所示,AC为平均成本曲线,MC为边际成本曲线。班轮运输企业的平均运输成本,是一条开口向上的抛物线,采用平均成本定价时,运费率很难准确表达成本的实际变化状况。

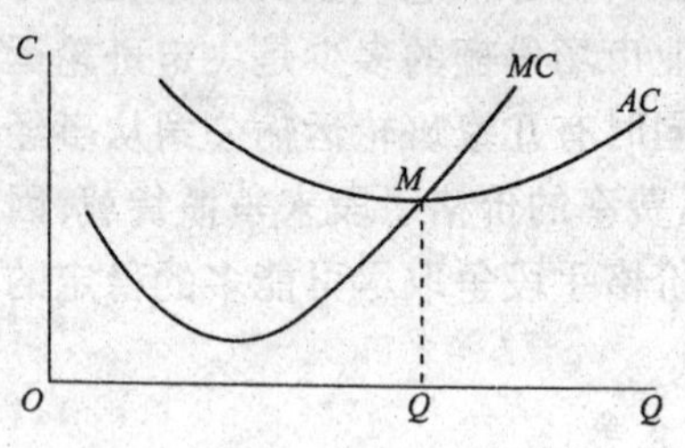

图7-1　边际成本和平均成本的关系图

(2)边际成本定价。所谓边际成本是指生产过程中每增加一个单位产量引起的总成本的变化量。海上运输边际成本(以下简称海运边际成本)是运输总成本对运输产量的导数。

即:

$$MC=\frac{\mathrm{d}TC}{\mathrm{d}Q}$$

式中:MC——海运边际成本(元/吨海里);

$\mathrm{d}TC$——海运总成本的增量(元);

$\mathrm{d}Q$——海运总货运周转量或货运量的增量(吨海里)。

图7-1所示,采用边际成本定价,本质是按照供需大小定价原理。通过运费率调整航运市场的供求关系。当供给小于需求,班轮运输公司必须投入新的运输能力,边际成本就会迅速增加,并大大超过单位平均总成本,这时按边际成本定价会导致运费率很高,起到抑制航运需求的作用;当供给大于需求时,固定成本不受运量变化的影响,边际成本只与单位可变成本相当,即边际成本低于单位平均总成本,这时若以边际成本定价,就可低于原来按运输总成本为基础所定的价格,从而起到促进航运需求的作用。在航运需求长期小于供给的情况下,由于其边际成本长期低于单位平均总成本(图7-1所示),以边际成本定价会导致班轮运输公司长期大面积亏损。而且,由于需求的外生性,运费率不能调剂国际贸易,即使一再压低运费率也不一定能使航运需求有较大回升,此时继续采用边际成本定价,会导致班轮运输公司陷入严重亏损,这是边际成本定价的缺陷。

2. *价值定价原理*

价值定价原理又称需求导向定价原理,本质是消费者剩余定价。消费者为取得一种商品

所愿意支付的价格与他实际支付之间的差额,称为消费者剩余。当消费者所愿意支付价格等于其实际支付时,消费者剩余为零。班轮运输的服务价值体现在货物在发生“位移”时创造的价值。班轮运输的价值定价原理(The Value of Service)是从托运人的角度分析,依据运输服务所创造的价值,托运人愿意支付的多少进行定价。价值定价原理反映了托运人对运费率的承受能力。如果运费率超过了其服务价值,托运人就不会将货物交付托运,因为较高的运费将使其商品在市场上失去竞争力。因此,如果说按照成本原理制定的运费率是班轮运费率的下限的话,那么,价值原理制定的运费率则是其上限。

3. 交叉定价原理

交叉定价原理本质是歧视性定价。这是一个很古老,也是在过去较为普遍采用的定价原理。考虑到航运市场供给对需求影响,通过对高价商品征收高运费率;而对低价商品征收低运费率。按照这一定价原理,承运人运输低价货物时,因为采用低运费率可能会导致公司成本亏损;为了弥补这一成本亏损,公司对高价货物征收较高运费率。因此从某种意义上说,交叉定价对高价商品是歧视性定价,但交叉定价使低价商品不致因运费率过高放弃运输,实现了稳定货源的目的。

四、班轮公司运费率形式

1. 基本费率的形式

班轮运费率的基本形式一般是基本费率加附加费率。基本费率是对运输的货物或者集装箱收取的服务费用。有时称门到门费率,但大多时候是将港口到港口之间的运输和港口到客户之间配送费用分开征收。港口到港口费率的制定方法是将货物划分为不同的等级,对不同等级的货物规定一个基本费率,该基本费率的原理是交叉补贴原理,对高价值货物征收高运费率以弥补低价值货物的运费率。有的学者将这种交叉补贴定义为“货物承受能力”定价原理。而现代集装箱运输基本抛弃了上述交叉补贴定价原理,认为交叉补贴是一种“歧视定价”原理,而改采用成本导向原理,即相同成本征收相同运费率,而不论货物种类或托运人身份。按照上述定价原理,当前的基本费率存在如下两种基本形式:

(1)均一费率(Freight for All Kinds Rates,简称FAK)是指对所有货物均实行统一的运费率,不对集装箱内的货物种类进行区分,它的基本原理是集装箱内装运什么货物与应收的运费率没有相关性,即对所有相同航程的不相同货物征收相同的费率,因而本质上是一种“成本定价”原理。因为承运人运输或装卸的是集装箱而非货物本身,不论何种货物的标准集装箱占用的舱容和面积也是一样的,因而发生的成本也是相同的。

(2)包箱费率(Commodity Box Rates,简称CBR)或称货物包箱费率。这种费率按不同商品和不同的箱型,规定了不同的费率,即将各项费率的计算单位由“吨”(重量吨或体积吨)简化改为按“箱”计。对于承运人来说,这种费率简化了计算,同时也减少了相关的管理成本。本质上包箱费率是“从价定价原理”。该费率是按货物价值将货物划分不同等级,然后制定每一等级的包箱费率。

此外,当货物是由托运人自行装箱整箱托运并且使用的是承运人的集装箱时,运费计收有“最低计费吨”和“最高计费吨”的规定。最低计费吨是指托运人自行装箱的货物重量吨或体积吨没有达到规定的最低计费吨时,托运人应支付亏箱运费,以确保承运人的利益;而最高计费吨是指托运人自行装箱的货物体积吨超出了规定的最高计费吨时，承运人仍按规定的最高计费吨收取运费，超出部分免收运费。

2. 附加费的形式

班轮运输的费率体系除计收基本运费外，对于不同的货物种类、特殊的港口、特殊的运输要求，承运人会向托运人计收名目繁多的各种附加费。附加费的本质是通过征收超过基本费率部分的费用，以补偿在运输过程中各种原因产生的非预算的成本。一般而言附加费包括以下几种形式：码头作业附加费、港口拥挤附加费、变更卸货港附加费、选择卸货港附加费、燃油附加费、货币贬值附加费等。需指出的是，随着现代集装箱班轮运输的运力供给大于货物运输需求的矛盾越来越突出，集装箱航运市场上价格竞争的趋势日益蔓延。因此，目前班轮运输公司大多减少了附加费的征收种类，将许多附加费并入运费率当中，给托运人提供一个较低的包箱费率，一方面起到了吸引货源的目的，同时也简化了运费结算手续。在班轮运输中，主要的附加费有如下几种：

(1)码头作业附加费(Terminal handling charge，THC)。码头作业附加费是为了补偿在港口装卸集装箱产生的成本，这是因为不同港口会对班轮公司征收不同的费用，有些班轮公司将码头附加费纳入到直达费用中向托运人征收。理论上，在班轮运输中，装卸成本是由班轮运输公司承担的，为了弥补班轮运输公司所支付的装卸费，由班轮运输公司向托运人收取的费用。码头作业费是在20世纪90年代初才被引入海运附加费，目前已成为附加费中一项重要的费收项目。

(2)燃油附加费(The bunker adjustment factor，BAF)。燃油附加费是为了弥补一个较长航程中，由于燃油成本占航次成本较大比例，燃油价格非预期增长部分，导致航次成本增长所带来的班轮运输公司的损失。当燃油价格上涨时，导致班轮公司燃油成本支出的上升。通常油价的差额要转嫁到每一吨货物或分摊到货物上去，这就是所谓的燃油附加费。燃油附加费的计算方法是：先计算燃油上涨之前一个航次的总燃料费与涨价后总燃油费的差，除以船舶装载货物载重吨位，计算出每一载重吨应负担的差额。或简单计算燃料价格上涨幅度，将该幅度乘以基本费率，就可求出应征收的燃油附加费率大小。

(3)货币贬值附加费(Currency adjustment factor，CAF)。货币贬值附加费是为了保持在汇率波动时，确保承运人的收益不发生变化，由托运人补偿承运人由于货币费率波动导致的运费损失。班轮航线运费的计算通常要涉及到使用两种以上不同国家的货币，在多数情况下是以美元为计价货币。虽然班轮公司以美元计价不会有什么问题，但是如果美元等主要货币的稳定性比较差时，班轮公司就会产生财务成本的损失。为了弥补费率波动而产生的财务成本的损失，班轮公司会向托运人征收一种费用，称为货币贬值附加费。除上述各项附加费外，还有一些其他附加费。这些附加费包括：因战争、运河关闭等原因迫使船舶绕道航行而征收绕航附加费；每件货物的毛重超过规定重量或每件货物长度超过规定长度时的超重/超长附加费；托运人要求承运人将货物不经过转船而直接从装货港运抵航线上某非基本港的直航附加费；货物必须在中途港换装另一船舶才能运至另一目的港的转船附加费等。此外，对于贵重货物，如果托运人要求船方承担超过提单上规定的责任限额时，船方要征收超额责任附加费(表7-5是部分集装箱运输市场的费率)。

集装箱运输市场和费率　　表 7-5

运输市场	2009	2010	2011	2012
跨太平洋航线	美元/TEU			
上海至美西	1372	2306	1667	2287
变化百分比		68.21	-22.77	37.19
上海至美东	2367	3499	3008	3416
变化百分比		47.84	-14.03	13.56
远东至欧洲	美元/TEU			
上海至北欧	1395	1789	881	1353
变化百分比		28.24	-50.75	53.58
上海至中东	1397	1739	973	1336
变化百分比		24.49	-44.05	37.31
南北线	美元/TEU			
上海至南美(Santos)	2429	2236	1483	1771
变化百分比		-7.95	-33.68	19.42
上海至澳洲/新西兰	1500	1189	772	925
变化百分比		-20.73	-35.07	19.82
上海至西非(Lagos)	2247	2305	1908	2092
变化百分比		2.56	-17.22	9.64
上海至南非(Durban)	1495	1481	991	1047
		-0.96	-33.09	5.65
亚洲内部	美元/TEU			
上海至东南亚(新加坡)		318	210	256
变化百分比			-33.96	21.84
上海至日本东		316	337	345
变化百分比			6.65	2.37
上海至韩国		193	198	183
变化百分比			2.56	-7.58
上海至香港		116	155	131
变化百分比			33.62	-15.48

资料来源：Various issues of Container Intelligence Monthly, Clarkson Research Services.

第三节　集装箱班轮运输成本与航次估算

一、集装箱班轮运输成本分类

集装箱班轮运输成本的分类与散货运输比较，要复杂一些。集装箱班轮运输的成本一般包括船舶成本、集装箱成本、装卸和陆上物流成本、管理成本四大类。由于现代集装箱班轮运输已超出了传统杂货班轮运输的“钩—钩”原理，尤其是承运人作为多式联运承运人时，成本范围拓展至从发货人仓库到收货人的仓库(“门—门”运输)，包括内陆货运站、各种陆上运输、中转码头、车站，以及代理网和各种通信、管理设施等成本。表7-6为“门到门”运输中，各项成本在集装箱运输总成本中所占的比例以及各项成本是否存在规模经济的条件。

集装箱运输成本与规模经济　　表7-6

成本类型	占比	是否存在规模经济
船舶成本	40%	存在但达到一定规模后递减
集装箱成本	15%	不存在
装卸成本	10%	不存在
陆地物流成本	25%	不存在
管理成本	10%	存在于管理内部

资料来源：Martin stopford. . Containerisation international. 2010.

1. 船舶成本

船舶成本占总成本的比例为40%左右，包含船舶资本成本、经营成本和航次成本(燃油成本和港口成本)。船舶成本存在规模经济，但是当船舶达到一定的规模后，开始出现规模经济递减的趋势，因此集装箱船的吨位不可能无限增大。集装箱运输是资本高度密集型产业，这是因为集装箱船远比传统船舶的造价高，而且集装箱港口码头投资昂贵，各种类型的集装箱造价也很高。另外，与集装箱运输相关的其他设施的投资也相当高，因而决定了集装箱运输总成本中，资本成本所占的比例很大，约为传统班轮的4倍，但资本成本存在一定的规模经济。与散货船比较，集装箱船的港口成本在总成本中所占的比例大大降低。这是因为集装箱船装卸效率高，在港停泊时间相对较短。此外，在港口成本中是否存在规模经济，以该航线是否是支线运输为前提。如果是支线运输，不存在规模经济；如果是干线运输，就存在规模经济。

2. 集装箱成本

在总成本中，用于租赁或购买集装箱的成本占总成本的15%左右，集装箱的成本本质上是船舶成本的一部分，因此两者合计达到55%。集装箱成本是否存在规模经济的条件：集装箱使用过程中不存在拥挤，如果存在拥挤，则集装箱的规模经济就不存在。

3. 陆地物流成本

“门—门”的集装箱运输总成本中，很大比例的成本是陆地运输，陆地物流成本占总成本25%，而且这部分成本不存在规模经济。

4. 装卸成本

装卸成本约占总成本的10%左右，一般不存在规模经济。

5. 管理成本

管理成本约占总成本的10%，该成本存在规模经济。

集装箱运输成本中，除了装卸成本、陆地物流成本属于变动成本外，其余成本均可视为固定成本。如果按照固定成本与变动成本来划分，那么船舶固定成本约占总成本的65%，变动成本约占总成本的35%。可见，集装箱运输的固定成本所占的比例很大。由于固定成本比例大，这就决定了集装箱运输成本具有相对的稳定性。可见为了提高班轮运输公司在国际集装

箱运输市场的竞争能力，必须拥有雄厚的资本，才能实现规模经济。图7-2是在大西洋航线的集装箱班轮运输的规模经济图。如图7-2所示，在大西洋航线上，随着船舶逐渐增大，单位标准集装箱成本在逐渐下降。从750美元/标箱下降到450美元/标箱后，就不再下降。450美元/标箱为规模经济的转折点，过了18500标箱就出现规模不经济。

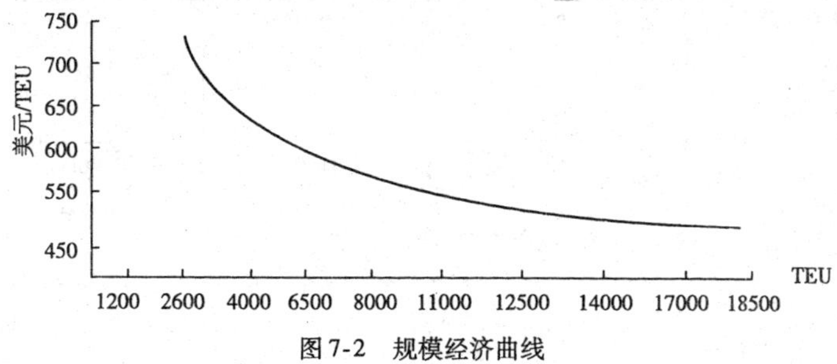

图7-2　规模经济曲线

二、集装箱班轮运输航次估算

集装箱直达运输成本包括三部分：海上运输、装卸或转船、陆上送货和空箱回场站。该成本与贸易类型、定价方式等有关。有些班轮公司对港区到客户之间的内陆成本单独征收费用，采用传统的“钩至钩”条款；而有些班轮公司则采用“门到门”运输，港口到客户之间的内陆成本则不需要另外征收。下面，我们从6个方面来分析集装箱运输成本，分别是航次概况、船舶成本、装卸成本、集装箱营运概况、集装箱成本和管理成本，见表7-7。

班轮运输成本形成概况　　表7-7

	船舶规模(TEU)			
	1200	2600	4000	6500
1. 航线概况				
航线距离(海里)	8500	8500	8500	8500
挂靠港口(个)	7	7	7	7
平均营运速度(节)	19	19	19	19
平均每港挂靠时间(天)	1.35	1.35	1.35	1.35
海上航行时间(天)	18.6	18.6	18.6	18.6
在港时间合计(天)	9.5	9.5	9.5	9.5
往返航次时间(天)	28	28	28	28
往向箱位利用率	80%	80%	80%	80%
返向箱位利用率	90%	90%	90%	90%
往向装载(TEU/航次)	960	2080	3200	5200
返向装载(TEU/航次)	1080	2340	3600	5850
航线运量(TEU/年)	106371	230471	354571	576179
2. 船舶成本				
经营成本(美元/天)	3500	6650	8550	9500
船舶造价(美元百万/艘)	25	42	58	80
折旧时间(年)	20	20	20	20

续上表

	船舶规模(TEU)			
	1200	2600	4000	6500
利息率(%)	8	8	8	8
资本成本(美元/天)	8904	14959	20658	28493
燃料消耗(吨/天)	50	65	80	95
燃料价格(平均美元/吨)	110	110	110	110
燃料成本(美元/天)	5500	7150	8800	10450
港口成本(美元/港)	22000	29000	35000	43000
单位港口成本(美元/TEU)	18	11	9	7
3. 码头装卸成本(美元/TEU)				
单位装卸成本(美元/TEU)	200.0	200.0	200.0	200.0
4. 集装箱营运概况				
20ft(占船舶箱位%)	37%	37%	37%	37%
20ft 箱位数(TEU)	444	962	1480	2405
40ft(占船舶箱位%)	57%	57%	57%	57%
40ft 箱位数(FEU)	342	741	1140	1853
冷冻箱(占船舶箱位%)	6	6	6	6
冷冻箱箱位数(TEU)	72	156	240	390
箱位数量合计(自然箱)	858	1859	2860	4648
箱平均周转时间(天/航次)	75	75	75	75
回场站空箱比例(%)	10	10	10	10
冷冻成本(美元/TEU)	150.0	150.0	150.0	150.0
陆地物流成本(美元/TEU)	150.0	150.0	150.0	150.0
空箱回场站成本(美元/TEU)	150.0	150.0	150.0	150.0
货物索赔(美元/TEU · 航次)	25	25	25	25
5. 集装箱成本				
20ft(美元/TEU · 天)	0.9	0.9	0.9	0.9
40ft(美元/TEU · 天)	1.4	1.4	1.4	1.4
20ft 冷冻箱(美元/TEU · 天)	8.5	8.5	8.5	8.5
维修(美元/TEU · 年)	75.0	75.0	75.0	75.0
6. 管理成本				
管理效率(TEU/员工)	400	550	700	950
员工数量(人)	266	419	507	607
人均管理费用(美元/人 · 年)	40000	40000	40000	40000
单位管理成本(美元/TEU)	100	73	57	42

资料来源:Martin stopford.. Containerisation international. 2010.

1. 航次概况

航线概况中有三个重要的计划内容，分别是班轮挂靠港口频率、挂靠港口数量和营运船舶载重吨位大小。假设在表7-7中，计划挂靠港口的频率为每周一班（即每隔7天挂靠指定港口一次），一个完整往返航次挂靠7个港口，营运的船舶分别采用1200TEU、2600TEU、4000TEU和6500TEU的船舶。一个完整往返航次距离为8500海里，单艘船舶以19节的营运速度航行，需要28天完成一个往返航次，因此该航线需要投入4艘相同类型的船舶。当然，班轮公司可以通过改变船舶的营运速度或挂靠港口的数量来调整配船数。如每一个单向航次只挂靠2个港口，则一个完整的往返航次所需要的时间仅为21天，就只需要配备3艘相同类型的船舶，这样就必须放弃许多经济腹地的货源；相反如果挂靠港口数量增加为10个，每一个港口挂靠时间为1.35天，一个完整往返航次的时间为32.1天，不符合传统的周班时间安排，此时可以将船舶的营运速度提高到24节，而营运时间就可调整到28天，但将产生较高的资本成本和航次成本。一旦航次周期确定后，剩余的变量就是船舶大小的选择，即运能的确定。这主要是由班轮公司的市场占有率、潜在客户的开拓以及航线运输方向的不平衡系数来确定。假定在往程方向航程上箱位的利用率为80%，而返程方向的箱位利用率为90%。在上述箱位利用率下，假设船舶全年均投入营运，采用2600TEU的集装箱船舶，一年可运输230471TEU；6500TEU的集装箱船舶，一年可运输576179TEU。

2. 船舶成本

船舶成本一般采用平均箱位成本来衡量，即将一艘船舶的资本成本、经营成本和航次成本进行累加，除以集装箱船舶的箱位数，得到平均箱位成本。在计算船舶成本时，资本成本和经营成本之间存在"跷跷板"效应。高资本成本时，一般表明船舶现代化程度高，所需要的经营成本就低；相反，低资本成本时，一般表明船舶老旧，则营运时需支付较高的经营成本。此外，船舶的规模经济会显著地体现在平均箱位成本上。1200TEU的船舶的每天平均箱位成本为16.6美元；2600TEU的船舶每天平均箱位的成本下降为11.1美元；4000TEU的船舶每天的平均箱位成本为9.5美元；而6500TEU的船舶每天的平均箱位成本下降到7.5美元。平均箱位的规模经济显著存在，但其也存在边际收益递减规律，即箱位数量每增加1400TEU，其每天每箱位平均成本下降幅度递减，从5.5美元下降到1.6美元。

港口成本是班轮公司基本不能控制的成本。该成本的征收一般按照船舶容积吨位（净吨或总吨）计费，这种计费方法也存在某种程度的规模经济，平均每箱位的港口成本随着船舶容积吨位增加而减少。如表7-7中1200TEU船舶的平均箱位的港口成本为18美元；而6500TEU的船舶的平均箱位的港口成本仅仅7美元。因此从港口成本的角度来看，班轮公司存在一种建造大船的冲动，也鼓励班轮公司在建造船舶时，选择每TEU的载重吨和总吨较低的船舶。

3. 装卸成本

在不同的港口，集装箱装卸成本或转船成本差异巨大。例如，1995年在新加坡港一个40ft的装卸成本大约是150美元；而同一时间的日本却需要350美元。表7-7中假设集装箱平均单位装卸成本为200美元。如果运输空箱，对于采用边际成本定价的经典案例就将产生。为了使空箱归位，任何只要能补偿集装箱装卸成本的货物，都值得运输。草料、废纸、建筑材料和动物食料都可运输，只要这些货物不会产生沉没成本，导致运输这些货物得不偿失。

4. 集装箱营运概况

为了从事集装箱班轮业务,班轮公司必须提供和管理大量的集装箱,以保证运输业务的正常进行。为了正常营运,班轮公司必须重点考虑三个方面的问题:第一,不同类型集装箱的组合,即一艘船舶应配置多少普通货箱位、特种货箱位。例如,表 7-7 中列出的船舶是按照 37% 的 20ft 集装箱、57% 的 40 英尺集装箱和 6% 的冷冻箱箱位来配置的;第二,集装箱周转时间的确定。在班轮营运时期,集装箱重箱送达到客户,接着是拆箱卸货、空箱集中和回收到场站,以准备下一次的使用。为了保证正常的营运,需要大量的集装箱空箱储备。一般一只重箱,必须配备大于1 以上的空箱储备。表 7-7 中假设一个集装箱的周转期为 75 天,28 天为海上运输时间;47 天为陆上周转时间;第三,由于船舶往返航次的货流方向存在不平衡,为了使空箱归位,必定会产生大量的空箱运输。假设往返航次货物重箱比率差为 10%,因而将产生 10% 的回柜箱。表 7-7 中假设内陆运输成本为 150 美元/TEU,空箱回场站成本为 150 美元/TEU。最后是集装箱索赔成本,假设不存在规模经济,即 1200TEU 的集装箱船舶与 6500TEU 的集装箱船舶类似,具有相同的集装箱索赔成本。

5. 集装箱成本

集装箱成本包括集装箱日常成本、维修成本等。集装箱成本高低与购买集装箱时的经济周期、融资方式等有关。20 世纪 90 年代中期,一个 20 英尺集装箱需要 2400 美元;40 英尺集装箱大概需要 3900 美元;20 英尺冷冻箱更贵,大概在 21000 美元。在实践中,一个集装箱的平均经济寿命大概是 12 ~ 16 年,回收时其残值大概几百美元。一个 20 英尺集装箱的日常成本每天大概需要 90 美分左右;40 英尺集装箱每天大概需要 1.4 美元。类似船舶和其他设备,集装箱每年都花费不少维修成本,因为集装箱需要持续的维修。

6. 管理成本

班轮公司一般是采用“分摊”的形式征收管理成本,即按照一定的比例将公司所有发生的管理成本按照船舶进行分摊。班轮公司管理的内容主要包括如下几个方面:

(1)海运操作:包括对船舶的管理、调度、货物配载、码头管理;

(2)后勤管理:负责对船队和租赁的集装箱进行维修和控制,包括维护、修理和调度;

(3)财务:包括费率修订、监督、收取费用、电子数据处理、管理账单和预算;

(4)商务:订舱、单证管理、处理与班轮公会的关系等;

(5)销售:揽货、客户维护、网页管理和公司宣传。

1995 年,ACL 在北大西洋有 22400TEU 的舱位,雇佣了大约 380 名员工进行管理,折合每名员工管理 589TEU,管理成本为 91 美元/TEU · 年。表 7-7 中,由于存在规模经济,所以 1200TEU 的船舶的管理成本为 100 美元/TEU · 年;而 6500TEU 的船舶为 42 美元/TEU · 年。

三、集装箱班轮运输利润估算

“门—门”集装箱运输的成本一般划分为五个部分,分别为船舶成本、集装箱成本、装卸成本、管理成本和陆地物流成本。通过上述五个部分的成本来计算每航次总成本,然后以航次总收入减去航次总成本计算航次利润。根据成本和利润随船舶大小的变化情况,来分析航运业规模经济的幅度。第一部分的船舶成本可以看出,虽然 6500TEU 的船舶成本是 1200TEU 的船舶成本的近 2.36 倍,但 6500TEU 的船舶运能是 1200TEU 的 5.41 倍。因而随着船舶运能的增

加，船舶成本占总成本的比例从42%下降到26%；但集装箱成本似乎不存在规模经济，其在总成本中所占比例从14%提高到19%；而管理成本分摊到每TEU的比例从8%下降到4%；最后是货物的装卸费和陆地物流成本也不存在规模经济，其占总成本的比例分别从11%、26%上升到19%、39%。每TEU的总平均成本：1200TEU为771美元、6500TEU为554美元。

假设往向运费率为820美元/TEU，返向运费率为750美元/TEU，则1200TEU的船舶总利润为25000美元，利润率为2%；6500TEU的船舶总利润为2530000美元，利润率为29%。上述利润是假设船舶能满载营运。但在实践中，经常出现班轮公司订购更大的船舶，为了满载营运而进行激烈竞争，导致运费率不断趋向平均成本。一旦6500TEU的船舶将运费率下降到其平均成本500美元/TEU，对于1200TEU的船舶而言，将会损失惨重（表7-8）。

某航线集装箱班轮航次运输成本（含陆地物流成本）估算　　表7-8

	船舶规模（TEU）			
	1200	2600	4000	6500
1.船舶成本（千美元/航次）				
经营成本	154	187	240	267
资本成本	250	420	580	800
燃料成本	103	133	164	195
港口成本	154	203	245	301
合计	661	943	1229	1563
占往返航次总成本百分比（%）	42	33	30	26
2.集装箱成本（千美元/航次）				
购买集装箱成本	125	272	418	679
维修成本	90	195	300	488
合计	215	467	718	1167
占往返航次总成本百分比（%）	13	16	17	19
3.码头装卸成本（千美元/航次）				
装卸成本	172	372	572	930
占往返航次总成本百分比（%）	11	13	14	15
4.陆地物流成本（千美元/航次）				
冷冻成本	11	23	36	59
内陆配送成本	306	663	1020	1658
空箱回场站成本	36	78	120	195
货物索赔成本	51	111	170	276

续上表

	船舶规模(TEU)			
	1200	2600	4000	6500
合计	403	875	1346	2187
占往返航次总成本百分比(%)	26	31	33	35
5. 管理成本(千美元/航次)				
分摊到航次的管理成本	120	189	229	274
占往返航次总成本百分比(%)	8	7	6	5
6. 往返航次总成本	1572	2864	4094	6121
往向航次成本(美元/TEU)	819	684	640	588
返向航次成本(美元/TEU)	728	608	569	523
平均成本(美元/TEU)	771	644	602	554
7. 往返航次总收入				
往向航次运费率(美元/TEU)	820	820	820	820
返向航次运费率(美元/TEU)	750	750	750	750
往向航次收入(千美元)	787	1706	2624	4264
返向航次收入(千美元)	810	1705	2700	4388
总收入(千美元)	1597	3461	5324	8652
8. 利润				
往返航次总利润(千美元)	25	597	1230	2531
利润率(%)	2	1	23	29

资料来源:Martin stopford. . Containerisation international. 2010.

第四节　班轮公会产生与运营

一、班轮公会的产生

2013 年,全球集装箱班轮公司前三甲,丹麦马士基、瑞士地中海航运和法国达飞(MSK/MSC/CMA)计划组成一个叫 P3 联盟的组织,并计划组建一个作业团队,统一调船、统一箱控、统一谈供应商费率。其市场份额占到接近 37%(MSK15.4%,MSC12.9%,CMA8.3%),这是当代最典型的班轮公会组织。分析班轮运输,必须了解班轮公会。班轮公会(Conference or

Shipping Ring)是指两家或两家以上在同一航线上经营班轮运输的班轮运输公司,为避免相互间竞争,维护共同利益,通过在运费率和其他经营活动方面签订协议而形成的国际寡头垄断组织。100 多年以来,班轮公会问题一直是国际航运界与法律界所争论的焦点问题。尽管公会体制在经济学理论上被认为违反公平竞争的基本原理,也不利于经济学者倡导的海上自由竞争体制,但由于航运业属于半公共产品、高资本密集低投资回报率等经济特点,班轮公会的存在对托运人和承运人交易双方都存在较大的利益,它获得了各国反垄断法或公平竞争法豁免的特别待遇,班轮公会也因此得以全面发展。在 20 世纪 80 年代以前的 100 多年里,几乎整个班轮市场都被公会所垄断,班轮公会的存在也的确为国际贸易的稳定发展起到了十分积极的促进作用。

二、班轮公会的分类

班轮公会,根据其性质,可以分为封闭式班轮公会和开放式班轮公会。

1. 封闭式班轮公会

该种公会的主要特点是限制公会成员的数量,为公会成员制定运费率,固定各公会成员的运输份额以及采用延期回扣制和以“战斗船”作为对外竞争手段,因此这种垄断组织的垄断性,受到航运业者的非议、指责和攻击。面对这种不满,1906 年英国曾设置“皇室委员会”对公会的实际情况进行调查。1916 年,英国又设置“帝国海运委员会”进行了同样的调查。两次调查都认为公会的组织并不存在所谓垄断的弊害,并且认为政府不必以立法手段对它加以限制。目前,欧洲诸国和日本均承认封闭式公会的合法性,以欧洲为中心的班轮公会均为此种形式的公会。

2. 开放式班轮公会

进入 20 世纪以后,出现了开放式公会,其主要特点是任何会外班轮运输公司只要具备简单的条件,并愿意遵守公会的运费率表,经过短时间的预告,就可以加入公会,该种公会始于 20 世纪初的美国。以维护托运人利益为主的美国,对封闭式班轮公会的运作方式持反对的态度。他们认为:延期回扣制度和战斗船的经营模式对行业是有弊的,应该公开班轮公会的费率本,并将它置于政府监督之下。这一意见后来被明文规定在 1916 年的《航运法》之中。其后,在 1920 年的《商船法》和 1936 年的同一法律中,也继承了这种观点,明文禁止以延期回扣制、战斗船、差别待遇等方式对违反公会协议者进行报复。而且规定,在进出美国的航线上不允许建立封闭式班轮公会,所有班轮公会都必须是可以自由加入或退出的开放式公会,并以“合同费率制”代替“延期回扣制”。因此,开放式公会主要以美国为代表。班轮公会都订有公会规则,并按照规则规定组成公会的执行机构的总部。各个班轮公会的执行机构的内部组织并不完全相同,但它们都对外保密。在公会规则中,特别能反映公会性质的规定是关于加入公会条件的条款。一般以欧洲班轮运输公司为中心的班轮公会都对参加公会的资格定出种种限制条件,规定除非要求加入的班轮运输公司具有一定的资格和经营上有实际的成绩,并得到会员公司的同意,否则不得参加。但是,以美国为中心的班轮公会,因为美国强调反垄断,认为如果对加入公会加以限制,就会妨碍自由竞争。因此,规定班轮公司只要每月可开航一个正规班次就可以自由加入公会,甚至可以长期不配置船舶在班轮公会确定的航线上也能保留会员资格,并且公会对其成员的内部竞争限制程度远较封闭式班轮公会宽松。

三、班轮公会经营方法分析

班轮公会作为一种市场垄断组织自第一次出现到现在已有100多年的历史。在这100多年中,班轮公会经过不断的发展、演变,目前在控制竞争方面已经建立起一整套行之有效的管理制度。由于班轮公会产生的目的就是为了控制竞争,维护其共同利益,因此,其垄断性决定了其经营方法的特殊性。这里,主要就其内部运营与外部协调的经营方法进行分析。

1. 班轮公会内部运营方法分析

为了防止班轮公会内部会员间的相互竞争,班轮公会采取的经营措施主要有:通过共同制定所控制航线的运费率,使参加公会的各班轮公司在收取运费率上趋于一致,避免相互间为争夺货载而降低运费率;并便于垄断航线货源,统一安排营运,统一分配航次和分配货载。当然,这些措施既可独立运作,也可结合运营,这主要取决于班轮公司会员之间的协议如何规定。协议一经确定,班轮公司会员就必须遵守公会做出的规定,无权擅自变更,否则将会受到公会制裁。班轮公会在限制或协调公会会员间竞争的主要经营手段包括:

(1)协定费率。寡头垄断市场结构与班轮运输市场的特点,决定了班轮公司的竞争主要体现在运费率的竞争,其结果必然导致航线运费率的下跌。因此,在参加公会的会员公司之间采取协定一个为全体会员公司所共同遵守的运费率,是所有班轮公会会员都须遵守的一项义务。从费率的协定的类型划分,可分为固定费率、最低费率或差别费率。固定费率是参加班轮公会的会员公司协议为某一航线制定一个固定的运费率,所有会员公司都必须遵守,按照这个统一的运费率计收运费,不得有任何增减。最低费率是参加班轮公会的会员公司协议为某一航线制定一个最低的运费率,所有会员公司只能按高于或等于这一最低运费率计收运费,不得低于这一最低运费率计收运费。最低费率实际上是一种所谓的"差别费率",这是因为考虑到参加班轮公会的会员公司的船舶设备、航速、船舶的性能等情况可能有所不同,而允许各会员公司以所规定的最低费率为下限来制定各自会员的不同运费率水平。对于性能、设备优良的船舶,可以按较高的运费率承运货物,反之则运费率可较低。另外,随着近年来码头装卸费、燃油附加费、货币贬值附加费等各种附加费引入运费中,并且在运费构成中日益占有重要的地位,因此会员公司的有关附加费费收标准也由公会制定。

(2)统一安排营运。所谓统一安排营运,实际上是做出一些规定对会员公司的营运加以种种限制。这些限制主要有:第一,限制航次。在公会控制的航线上,分别规定各会员公司在一定时期内投入营运的船舶艘次数和每一个航次的挂港数,并制定船期表,各会员公司都必须遵守。第二,限制营运区域。为了限制公会内部班轮运输公司之间的货载竞争,班轮公会采取分别为各会员公司划定装货区域(或港口)的办法。具体方式有两种:一是规定某些成员船舶只能停靠一些港口装货,另一些成员船舶只能停靠另外一些港口装货。例如,远东班轮公会规定将北欧港口划归挪威、瑞典、丹麦的会员公司装货;各会员公司都可前往西欧港口装货,但规定英国的蓝烟囱公司无权挂靠安特卫普港;新加坡、马来西亚会员公司不准停靠伦敦和利物浦以外的英国港口和北欧的任何港口,不准开辟曼谷航线等。另外规定某些成员船舶有权停靠公会控制的所有港口装货,另一些成员船舶则只能停靠部分特定的港口装货。例如,早期英国至澳大利亚航线上,公会内部的英国班轮运输公司可以在欧洲大陆和英国港口装货,但公会

内部的欧洲大陆班轮运输公司却只能在欧洲大陆港口装货。第三,分配货载。公会规定各会员公司在一定时期内货载的分配数额,并为此项分配额规定一定的伸缩百分比,伸缩限额内的实际装货量将作为下期分配比例的依据。这种限制货载数量的办法常用于整批货物的运输。

(3)统筹分配收入。统筹分配收入或称运费公摊制,是将运费收入的全部或部分集中于公会,然后按预先规定的分配比例在各会员间分配,以平衡各会员公司的利益,并对某些为公会利益做出某种牺牲的会员班轮运输公司给予一定的补偿。

2. 班轮公会外部运作模式分析

为了达到避免或应对来自公会以外的班轮公司的竞争,班轮公会常采用的措施有:

(1)延期回扣制。延期回扣制是初建班轮公会时采用的方法,其后主要在以欧洲为中心的班轮公会(亦即"封闭式公会")中使用。延期回扣制是班轮公会争揽货载时通常采用的回扣制度。按照回扣制度规定,托运人要与公会签订所谓"忠诚信约",双方约定在一定期间内,托运人将自己的货物全部交给经营某一班轮航线的班轮公会运输,即所谓对公会"忠诚"。这样,在计算期届满时,可按整个计算期间所支付的运费总额的一定比例从班轮公会取得回扣。但是,在延期回扣的情况下,托运人欲取得本期应得的回扣,还必须在下一计算期内将自己的货物也交给公会承运。通常的做法是,在每一个计算期届满时,托运人只能取得回扣的半数,另一半回扣则在延续期届满后才能取得。延期回扣制在连续的两段期间都约束着托运人,在这两段期间内,只要托运人有一次将货物交给公会以外的班轮运输公司运输,就将被剥夺享受回扣的权利。美国和日本都认为这种制度不利于正常交易的进行,所以都在法律中禁止采用这种制度。不过后来日本修改了海上货物运输法,规定在对托运人没有不适当约束的情况下,可以采用这一制度。

(2)合同费率制。在开放式公会中一般都采用合同费率制。正如上述,合同费率制实际上是延期回扣制的代替方式。班轮公会与各托运人之间,常常以合同的形式约定,如果托运人将所有的货物全部交给班轮公会所属的班轮公司运输,则班轮公会可以保证供应其所需的运力,而托运人则可以享受特别低廉的公会运费率,或享受运费率不变的待遇。通常将包含这些内容的合同称为"全部交运合同"或"保护合同",在全部交运合同中规定的适用于这种合同的特别运费率就是合同费率。与合同费率相对,班轮公会为未与其签订这种全部交运合同的托运人,即非合同托运人所规定的费率为"非合同费率"。

所谓合同费率制,又叫做双重费率制。在这种制度下,公会的费率本中分别规定了合同费率和非合同费率。对于与班轮公会约定了将全部货物交由班轮公会所属班轮公司运输的合同的托运人,按照合同费率计收运费,而对未与班轮公会缔结合同的非合同托运人,则按照非合同费率计收运费。如果班轮公会发现合同托运人将自己的货物交由公会以外的班轮公司运输,则托运人须按照规定向班轮公会支付罚款。除上述表明规定的延期回扣和合同费率外,各公会为了争夺货载,还向托运人提供名目繁多、花样百出的暗扣。据美国国会一次听证会的调查材料,这些暗扣从香槟酒餐会到现金暗扣,不下100余种。

(3)安排战斗船。安排战斗船是班轮公会与非会员船舶进行竞争的一种相当原始的方式。当公会所经营的航线上出现了非会员公司的船舶进行营运时,班轮公会按照与非会员公司所属船舶相同的开航时间和挂港派出战斗船,以低于非会员班轮运输公司所属船舶的运费率接受货载。经过压价、再压价多次反复的较量,直到对方无法维持,被迫退出在该航线上的营运,或接受公会的条件时,战斗船才退出竞争。至于战斗船在竞争中所产生的一切损失,则由公会成员共同承担。

小　结

本章重点阐述集装箱班轮运输三大干线中集装箱运输量的分布,接着阐述了集装箱定价的基本原理,集装箱班轮运输成本分类:船舶成本、集装箱成本、装卸成本、陆上物流成本、管理成本等,这些成本在不同条件下,分别存在规模经济,使得不同规模的集装箱在运营过程中,利润差异较大。最后本章阐述了班轮运输的定义,分析了班轮运输的寡头垄断市场结构对班轮公会产生的作用,以及班轮运输在发展过程中,所采取的一系列经营手段和定价方法,其中重点分析了班轮公会所采用的经营手段,包括价格制定、营运方法和收益分配。这些手段、方法随着传统杂货班轮运输进入到现代集装箱班轮运输,在不断进行修改以适应环境变化的需要。因此现代集装箱班轮运输或多或少地继承传统杂货班轮运输的原理、方法,因此我们必须了解传统班轮公会如何经营班轮运输。这些经营手段包括协定费率、统一安排营运、统筹分配收入、统一经营、延期回扣制、安排战斗船、合同费率制等。

专业术语

1. Open Conference:开放式班轮公会
2. Closed Conference:封闭式班轮公会
3. THC(Terminal Handling Cost):码头处理费
4. BAF(Bunker Adjustment factor):燃油附加费
5. CAF(Currency adjustment factor):货币附加费
6. Port congestion surcharge:港口拥挤附加费
7. FMC(Federal Maritime Commission):联邦海事局
8. Deferred rebate system:延期回扣制
9. Loyalty contract:忠诚协议
10. Contract rate system 或 dual rate system:合同费率制或双重费率制
11. Fighting boat:战斗船
12. Contingency clause:应急条款
13. Port Additional:港口附加费
14. Deviation Surcharge:绕航附加费
15. Over Weight/ Over Length Surcharge:超重/超长附加费
16. Direct Sailing Surcharge:支线附加费
17. Transhipment Surcharge:转船附加费
18. Additional for Excess of Liability:超额责任附加费
19. Base Ports:基本港
20. Out ports:非基本港

思　考　题

1. 集装箱运输成本有哪些项目的构成？
2. 集装箱的运费率基本结构有哪些？
3. 班轮公会产生的经济性原因是什么？
4. 阐述集装箱班轮运输代替传统杂货班轮运输的原因。

第八章　造船与拆船经济

造船业的任务是提供新造船舶，而当船舶不能再经营时，则最终由拆船厂购买并拆解。在经济结构上，两个行业差异甚大。造船是重工行业，出售大型和复杂的成品船，需要大量的资金投入和高水平的专业技术。造船业主要分布于日本、欧洲、韩国、中国大陆和中国台湾等工业化国家和地区。相比之下，拆船业主要分布在印度次大陆的发展中国家，是劳动力最密集的行业。在某些国家，拆船地点设在海滩上，工人仅用原始的手工工具和切割设备进行作业。本章第一节将阐述20世纪80年代全球船舶建造产能的地区分布格局，以及航运发展水平与造船业的关系；造船市场经济，特别是造船市场周期、定价机制及其对新船供求的影响；造船业的竞争力，以及建造产能的衡量、造船工序和建造效率等有关问题。本章第二节将阐述拆船工序、废钢船市场以及国际拆船业结构。

第一节　造船市场经济

一、世界造船业的地区及分布格局

大约有30个国家拥有重要的商船建造业，全球船舶建造量从1977年的2750万总吨降至1980年的1300万总吨，之后回升至1995年的2245万总吨。至2011年，全球总计生产了约1.02亿总吨的船舶，如表8-1所示。这次波动伴随与建造产能的地区性重组，欧洲的造船市场份额从41%降至17%，而远东地区则从46%升至75%。中国、日本、韩国目前主导着全球造船市场，其船舶建造载重吨位占全球的2/3。其余1/3吨位的建造地点则较为分散，主要在东欧和西欧国家。20世纪80年代，欧洲多数国家的船舶建造量下滑，其中瑞典更是完全停造。尽管造船市场整体上不佳，但中、韩两国的市场份额均快速增长。表8-1是2011年中国、韩国、日本等主要造船国家的下水吨位量。

2011年世界主要造船国家新下水船舶吨位　　（单位：千总吨）　　表8-1

	中国	韩国	日本	菲律宾	其他地区	全球合计
油轮	7613	11370	4764	0	617	24365
散货船	26719	11678	11658	1680	1290	53001
集装箱	4291	11794	2921	3	2418	21427
其他船舶	986	1008	26	0	1032	3052
合计	39609	35850	19367	1661	5357	101845

资料来源：依据联合国秘书处 *HIS Fairplay* 资料编辑。

对于船厂而言，造船经营是一种长期性的业务，船舶交付需要数年的时间，交付后船舶还需20～30年之久的营运维修。由于商船队每年仅有少量船舶进出，因此，新船需求的变化缓慢，变化趋势需数十年才能形成，远不如造船地点的地区性变化来得明显。一个世纪以前，英国主导着造船业；之后，欧洲大陆和斯堪的纳维亚地区，逐渐把英国的市场份额挤压至40%；至20世纪50年代，日本赶上了欧洲，到1969年取得了50%的市场份额；80年代，韩国造船业迅速增长，挑战日本的主导地位，并最终推动远东地区成为世界造船中心；90年代，中国造船业的重要性得到提升。在这一系列变迁当中，究竟是什么原因使得一个国家（比如，英、日、韩等国）能够取得造船业的主导地位？而且，为什么这种格局在数年间会有如此之大的变化？为回答此类问题，有必要回顾造船业的历史，分析航运业与造船业的关系。

1. 英国造船业

1892～1894年间，英国造船厂总建造吨位超过全球的80%，而且其商船队规模占到全球的一半。在1918年，英国航运和造船委员会评论道，“在英国制造业中，几乎没有其他什么重要行业能与造船和海洋工程行业的突出优势相媲美。”在1950年以前，英国在造船市场上一直占据着主导地位，其中有几年还再次取得60%的份额，但之后下滑趋势明显，这与其商船队的衰退密切相关。在20世纪初期，英国商船队规模占全球的45%，造船业的份额为55%。英国航运业的主导地位并不难理解，因为英国控制着巨大的贸易货流。当时，大英帝国正处于其发展的顶峰，航运公司控制着大西洋和太平洋的主要班轮航线，尤其是其自治领地之间的航线。而在不定期船运输市场，作为一个海岛型国家，英国是原材料和谷物等食品的主要进口国，同时，其制成品和煤炭的出口贸易同样突出。而随着贸易控制权的旁落，其航运业也就逐渐失去了控制权。在每次世界大战之后，大英帝国的版图均缩减。由于战时船舶损失，其商船队规模逐渐衰退，而相比之下，贸易伙伴国家逐渐有能力承运其本国的货物。至1960年，英国商船队仅占到全球吨位份额的20%，同期，其造船业的市场份额也大致相同。而30年以后，这两种行业的市场份额均降至2%以下。英国造船业衰退的一个原因被认为是，其未能从基于人工技能的造船工序向集成化建造技术转型。而20世纪期间，集成化建造技术在瑞典和日本却能得以发展。但是，这个原因对航运业与造船业之间关联性的影响程度也难以确定。在讨论英国造船业在19世纪的兴起时，英国历史学家霍斯邦恩（Hobsbawn）明确认为航运业与造船业之间存有关联性，其言辞如下：“在传统的木质帆船时代，英国曾是一个重要的、但绝非未曾受到挑战的造船国家。事实上，英国能成为一个重要的造船国并非缘于其技术优势，因为法国能设计而美国能建造更好的船舶，英国船厂更多的是受益于英国作为航运和贸易强国所拥有的巨大影响力，以及英国托运人对使用本国船舶的偏好。贸易、航运和造船三者之间的这种联系极为重要。在英国，船东和船厂之间的关系超出了正常的竞争关系。英国许多大型航运公司与特定船厂之间存在着长期性合作关系，而这似乎又强化了在本国造船的传统。即便在20世纪70年代，英国仍有一些船厂仅为单一船东造船。而当观察其他地区时，也可发现，并非英国独有这种情况。尽管造船市场具有国际性，关税等贸易壁垒得以消除，但本国市场概念在造船业中仍显得根深蒂固。即使在竞争激烈的90年代，船厂仍然非常依赖于其本国船东所提供的订造机会。”

2. 欧洲造船业

在欧洲大陆，造船业经历了与英国非常相似的增长和衰退的周期。任一国家均无法比拟日本、英国所曾达到的显著的造船规模。但是,在20世纪上半期,欧洲船厂整体上取得了20%~40%的市场份额。1902~1980年间,六个欧陆造船国家保持着约20%的市场份额,其中某些年份曾达到40%。在1945年以后的大多年间,其船队的市场份额均低于造船市场份额5%~10%。除了战后几年,在其他年间,航运业与造船业之间均密切相关。1902~1939年,欧陆造船国家取得了平均约23%的市场份额,同时,其商船队规模在全球中也约占到23%。而在20世纪60和70年代,其船队规模的下降也可反映出其造船市场份额的下滑。在90年代中期,其造船市场份额下降了10%。斯堪的纳维亚地区的主要造船国是丹麦、挪威、瑞典和芬兰,尽管其中任一国家均无足够的人口或重工业规模以使其成为主要海上贸易国,但这些国家却有着显著的航运传统。其船队非常类似于希腊船队,可被视为国际航运业的一部分。在1902年年初,其造船业仅有3%市场份额,明显低于其商船队的10%份额。该期间,造船份额落后于航运份额的原因可能是,其造船业在从木船建造转向资本更密集的钢船建造过程中遇到了障碍。而另一方面,钢船建造却需要进口原材料,并需建起配有昂贵重型机械和吊机的大型船厂。在19世纪90年代之前,蒸汽船的建造并未获得支持。在一战之前,斯堪的纳维亚地区的船舶建造量仍然很少,但在一战期间,其造船业开始了一轮迅速的增长,并最终于1933年取得了21%市场份额峰值。这种情况维持到20世纪70年代初期,之后其船队的市场份额与其造船业的市场份额同步下滑。船队规模下滑的部分原因可解释为,在该期间其船舶移籍海外进行方便登记。但是,该地区和欧陆的市场份额下降,恰能反映出日本造船业竞争力的增长。

3. 美国造船业

历史上,美国在世界造船业中扮演着与众不同的角色。在19世纪初期,美国曾是主要的造船国。但除了这段时期,在和平年代,美国造船业和航运业在国际上的地位并不特别显著。不及其储备船队(reserve fleet),在1900~1986年间,美国在航运市场的平均份额较低。当然,美国也有重要的航运公司,但是,美国船东却首先大量利用国际登记。然而,在两次世界大战期间,美国却展示了其造船能力,在二三年间就能实施一项重大的造船计划。"一战"期间,美国的建造量从1914年的20万总吨升至1919年的400万总吨,这年美国建造的船只数量超出"一战"爆发之前世界建造量的30%。美国在霍格特拉华船厂(Hogg Delaware Complex)采用标准船型和标准建造方法,该船厂在特拉华河岸设立了50个造船泊位,并将其分成5个泊位群,每群10个泊位。单船建造期约为275天,这是造船标准化的第一阶段,尽管该船厂的建造方法并未符合下文所称的整船组装方法。"二战"期间,美国实施了更大规模的造船计划,建造10902载重吨的"自由轮"(Liberty ship,一种标准船型的干散货船舶)和16543载重吨的T2型油轮。这些船舶在泊位建造,而主要组件则在泊位外安装——通过焊接取代铆接使得这种建造方式成为可能。自由轮的建造始于1941年,于1944年达到顶峰,当时共有1930万总吨新船下水——几乎是1939年世界建造总量的10倍。美国共造了2600艘自由轮和563艘T2型油轮。"二战"后,部分自由轮售予私人经营者,其余的则从事运输贸易。但由于航速慢(仅有11节),营运上不够经济,最终约有1400艘停航并成为美国储备船队的一部分。20世纪的美国造船业有两方面值得观察。其一是,在紧急情况下实施和解除一项重要造船计划的效率。美国造船业曾先后两次,在两年间建成了庞大的造船设施,并在相同时期内予以拆除。其二是,尽管美国造船业的效率明显,但在国际上并不具有竞争力。在20世纪30年代和战后时

期,美国政府向其船厂提供了造船补贴,用以弥补与外国船厂之间的差距,补贴比例高达建造成本的30%至50%。瑞典也有类似的模式,尽管瑞典在70年代的建造效率最高,但补贴的比例也最高。

4. 日本造船业

日本造船业的兴起从不同角度例证了造船和航运的关联性。日本是海岛型国家,"二战"后日本经济的发展急需海上运输。起初,日本造船业从"航运和造船协调计划"中获得支持。在1951~1972年间,日本开发银行将31.5%的贷款额度提供给了航运业。毫无疑问,这项国内造船计划造就了日本造船业的成功。然而,日本商船队从未达到英国商船队在19世纪和20世纪初期所取得的市场主导地位。日本船队的市场份额从1948年的1%上升至1984年的10%,但仍远低于日本船厂后来所取得的50%市场份额。对此,存在两种解释。其一,由于日本船籍缺乏竞争力,运输日货的许多船舶则由中国香港和希腊的国际船东所购买,并进行方便登记。在1995年,日属船舶中有73%移籍国外。其二,日本造船业具有强劲的竞争力,深度渗入到出口市场,尤其是针对独立船东的大型油轮市场。日本造船业所遵循的策略类似于其他主要行业,建立大型的现代船厂,以国内市场为根基,并强有力地渗入到出口市场。造船设施投资巨大,尤其是大型的现代船厂,配有码头,能够以每年5、6艘的速度,大量建造大型原油运输船(VLCC)和大型散货船。有些船厂建在主要的工业中心地带,比如千叶(Mitsui)船厂、横滨的石川岛播磨重工(IHI)船厂、坂出的川崎(Kawasaki)船厂。其他船厂设在偏远地带,比如香烧的三菱(Mitsubishi)船厂。

5. 韩国造船业

韩国进入世界造船业,与其邻国日本一样,也是缘于其详细的造船计划。在20世纪70年代初期,韩国规划了一项重大的投资计划,由现代集团(Hyundai)在蔚山(Ulsan)开建世界上最大型船厂,配有一个380m长的干船坞,可同时承造多船,吨位合计可达40万载重吨。此后10年间,由大宇集团(Daewoo)建成了第二个重要船厂,配有一个530米长的干坞,也可同时承造多船,高达100万载重吨。在20世纪80年代初期,这些船厂开始投产。韩国另外两个工业集团"三星"(Samsung)和"汉拿工程"(Halla Engineering)也建成了新船厂。至90年代中期,韩国拥有了25%的造船市场份额以及全球五大船厂之中的4个。与英、日相比,韩国造船业更依赖于出口市场,而英、日则依靠其国内船队实现初始的扩张。尽管韩国经济增长迅速,但其贸易量远低于日本和欧洲。韩国造船业的成就也可反映出散货运输业全球化的加剧。在这期间,随着船舶国际登记和跨国公司的发展,船舶、船东和国家之间的利益联系日渐衰弱。

6. 中国大陆和中国台湾地区以及其他国家的造船业

造船业的特点之一是随时有一些新加入者挑战已有的市场主导者。在1995年,中国大陆和中国台湾地区的船舶建造量合计超过了130万总吨,确立了其在造船市场的重要性。东欧也正逐渐确立其在世界造船市场中的地位。另外,也有少数的其他国家加入了造船市场,但在1995年仅取得2%的市场份额。2011年,中国在全球生产的1.02亿总吨船舶中,共制造了0.39亿总吨船舶,占全球市场份额的39%。

二、造船市场周期

造船市场的地区格局变化引发了长期的激烈竞争,新加入国、欧洲大陆、斯堪的纳维亚地区、日本以及韩国均在竞争市场份额、竞争的激烈程度因造船需求的周期性而加剧。20 世纪可分为 11 个周期，船舶建造量从峰值至谷值的平均降幅为 50%。其中，在和平时期的最大降幅出现在 30 年代大萧条时期，该时期的降幅达 84%。这 11 个周期又可归纳为 4 个较显著的周期。

1. 第 1 个周期为 1886 ~ 1919 年间

在这个周期，造船业呈"周期性"上升，每次峰值均高于前次峰值，其中也有几个下滑期。造船技术变化很快，钢质蒸汽船的吨位和性能迅速提升，并取代了帆船。造船周期紧随着贸易周期，建造量对贸易市场的每吨变化均作出敏捷的反应。各贸易周期推动着船舶投资，在贸易高峰期，大量先进的新船投入；而在漫长低谷期，技术落后的旧船则被淘汰。通过这种原始、有效的新技术利用方式，船东可从现有的船舶存量中获得最大经济收益。

2. 第 2 周期为 1920 ~ 1940 年间

在这个周期，造船业面临着由 1931 年大萧条所引发的持续的严峻市场问题。在初期，为了满足战时的运输需求，船舶建造产能得到巨大提升。在 1919 年，产能达到 700 万总吨，是航运业基本需求的 3 倍。此外，有些欧洲国家因战争而深信拥有本国航运能力的重要性，遂将公共基金专用于创建本国的造船业。在贸易的周期性影响下，造船业的这些供给情况导致了长达 20 年之久的连续运力过剩。在 1924 年早期，业者普遍认为造船业的衰退已经触底。但令人想像不到的是，复苏竟是如此的短暂。如今的观点是，其严重性超乎想像。其中，1926 年是造船业最为萧条的一年；1930 年是造船业最难熬的时期，船厂泊位的利用率仅为 1/4；1935 年在造船业中被视为"标志性"的一年，在本已严重衰退的产能中，仅有 1/3 得到利用。当时，英国主导着世界造船市场，但其造船就业人数仍从 1920 年的 30 万人持续降至 1931 年的 6 万人。这种情况与战前时期不同，并非简单的周期性失业情况，而是呈平稳下降态势。新船订单量的不足导致国际竞争的加剧，典型例子是 1926 年德国船厂接受"佛尼斯维"（Furness Withy）所下的订单，其售价比英国船厂所能接受的最低售价（只能收回边际成本）还低 24%。

3. 第 3 个周期为 1941 ~ 1975 年间

在这个周期（其中包括"二战"后的 20 年间），造船业出现异常的增长。尽管在初期建造量达到了 700 万总吨，但其中有 3/4 的吨位是根据美国战时造船计划建造的，而在"二战"结束时，美国实际上已退出了世界造船市场。由于战争破坏致使德、日两国的建造量下降，世界建造产能严重不足。这种情况持续到 50 年代后期，其中数年出现了卖方市场。而至 1958 年，由于当年美国经济严重衰退以及 1956 年苏伊士型油轮订单暴涨，战后造船业出现了第一次萧条，这种情况持续到 60 年代初期。世界建造量从 1958 年的峰值 900 万总吨降至 1961 年的波谷值的 800 万总吨。在 1963 年，贸易恢复增长，新船订单量平稳上升，产能出现了史无前例的扩张，至 1975 年建造量达到 3600 万总吨。仅此一年，建造量就超过了两次大战之间的建造吨位的总和。

4. 第 4 个周期缘于 1973 年的原油危机，又与第 2 周期相关

这一周期的国际贸易增长缓滞多变，难以预测；技术淘汰趋缓，船舶技术无甚重大进步；船队规模和结构更趋稳定，尤其是油轮船队；而且，作为一个主要造船国，韩国加入造船业更是加剧了世界造船产能的过剩。在此情况下，造船业丧失了在以往任何周期均具有的清晰的周期性。这个周期始于 1975 年，当年建造量达到峰值 3600 万总吨，但出现了 50% ~ 100% 的产能

过剩。在之前20年间的连续增长之后,海上贸易停止增长并迅猛下滑(尤其是原油运输),新船需求从1975年前的水平急剧下降。在造船市场上,由于韩国的加入,产能过剩加重,日、韩、西欧三方之间为了争夺不断下滑的订单量展开激烈竞争。在70年代后期,建造产能严重缩减,许多船厂关闭。1979年,建造量减少了60%,降至1400万总吨。这轮衰退所经时期也折射出,世界造船业在1974年持有大量的新船订单。70年代后期,世界经济的复苏带来了贸易的再度增长。而在产能大幅缩减之后,这足以刺激造船市场短暂复苏,船舶闲置吨位降至最低水平。在1980~1981年,世界造船业出现了新一轮繁荣。但此后,新船订单量却急速下降,这主要缘于全球海上贸易的崩溃。在1979~1983年,海上贸易量从38亿吨降至33亿吨,减少了16%,新船价格和订单量面临巨大的下行压力。在1988年,建造量降至1962年以来的最低值1080万总吨,世界造船业的就业人数减半,许多边缘性船厂关闭。在90年代,造船业再度增长,原因是70年代繁荣时期所造的船舶已届更换期限。至90年代中期,船舶建造量达到1988年谷值的2倍之多。韩国已巩固了其主要造船国的地位,中国大陆和中国台湾地区以及东欧的船厂也逐渐确立了其国际地位,同时开启了新一轮的竞争局面。在20世纪中,造船市场难有几个平稳的年份。航运市场的周期性和不断变化的竞争格局,使得造船业较之航运业,处于更加多变的状态之中。

三、造船市场的经济原理

1.造船业周期的成因

在了解了造船市场的周期性变化后,就不难理解造船市场为何如此多变,可举例说明。比如,在海上贸易繁荣期,商船队规模达到7亿载重吨。在20世纪90年代中期,海上贸易量年增长率为5%,这将产生3000万载重吨的新船扩充需求,此外,假如每年拆船规模为2000万载重吨,则每年对新船的总需求量合计将达5000万载重吨。但是,假如连续两年海上贸易量并非年增长5%,而是停留在相同水平,那么船队规模则无须扩充,每年新船的需求就仅为2000万载重吨。进一步分析,假如海上贸易量下降5%,那么航运界将不需要新船。总之,海上贸易量的变化幅度尽管很小,但对造船需求也会产生明显的牛鞭效应。而事实是,海上贸易量5%或10%的变化幅度并非罕见,在1975年和80年代初期变化幅度甚至更大。造船市场的另一问题是,供给对需求变化的反应滞后。建造一艘新船通常需要一年多甚至两三年时间,为维持供需平衡,船东需提前两三年预测需求的变化,但又明显缺乏预测能力。从市场周期来看,通常情况是,在高峰期新船订单量达到峰值,而在两年后交船时,市场已经下滑,最终导致运力过剩的加剧和订单量的下降。供给问题由于各种"原因"而进一步加重,建造产能的供给不能对需求的下滑作出快速的反应,这主要归因于政府维持就业的政策。许多船厂所在地区(尤其在西欧和日本)缺乏替代性的就业机会,因此,政府通常阻止关闭船厂。与20世纪30年代相比,建造产能现在需要更长时间才能对需求的严重衰退作出反应。

造船周期与航运周期有着密切的联系,但由于经济结构不同,造船周期也有其特殊之处。在一定程度上,这就是所要探讨的问题所在。除非船舶需求变得固定,或者船厂因无订单而关闭,否则,造船业仍会周期性运转。在20世纪,这种简单的市场机制已造成各种不同的行情。应用经济原理分析航运与造船的关联性,能够针对某一市场行情找出可行的发展途径。

2. 船价是如何确定的?

造船周期受制于价格机制,这是船价分析的起点。造船市场是世界上最为开放和竞争的市场,船东在订造新船之前必然会收到数份报价。船价波动性大,并取决于参与竞标的船厂的数量多寡。而造船市场并不存在通常的贸易壁垒,可向船厂提供本国的市场保护。面对如此多变的船价,船厂和船东均难以制订未来的订造计划。不同类型船舶的船价变化具有相关性,比如,当油轮船价上升时,散货船和滚装船的船价也会上升,反之亦然。因此,难以选择"市场利基"以规避市场风险。多数船厂会竞造多类型船舶,但如果订单量少,也会竞造通常不予考虑的船舶类型。船价水平由什么因素所决定呢?其中一个明显的因素是费率。船价与费率的周期性变化相似,这说明航运市场是一个重要的影响因素。当然,这种观点又过于简单。尽管与航运市场密切相关,但造船市场又相对独立,其中一些变化并非缘于航运市场的影响。在解释船价的变化时,需回答以下三个问题:

第一,什么因素决定着船东将要订造的新船的数量?

第二,什么因素决定着造船业将要出售的新船的数量?

第三,什么因素决定着船舶的出售价格?

为回答这些问题,需考虑到政府政策和银行融资策略等外部影响因素。

首先,须明确造船的供给(函数)关系,即在每个船价水平,造船业所供给的建造量。长期看来,供给关系取决于可投产船厂的数量。但为明确短期供给关系,须确定实际参与竞标的船厂数量。而这又取决于另外两个因素,即船厂的订单量和建造成本,最具竞争性船厂的订单量已至饱和,不再继续竞造。在没有低成本船厂的竞争下,竞争性较低的船厂可在较高成本下赢得订单。这一情况可称为短期供给关系,反映出在一段时期,当造船业的产能和订单量可确定时,造船业供给关系的形态。

在任何时候,各国船厂均处于不同成本水平,之间存在着类似于新加入者与已有船厂之间的竞争关系。500 年前,荷兰船厂与威尼斯船厂竞争,后来日本与欧洲以及韩国与日本竞争。在造船业的繁荣时期,当低成本船厂的订单量已满时,高成本船厂才能赢得订单,而在船价高位徘徊期间,高成本船厂也可能生存下来,但极易衰退。随着时间的推移,高成本船厂将逐渐淡出市场,让位于新加入的低成本船厂。然而,高成本船厂常获得政府补贴,可报出低水平船价。比如,倘若欧洲国家向其船厂提供 13% 的造船补贴,那么欧洲船厂就可以以最低的报价,有力地与日本大型船厂竞争,这在造船的供给曲线上增加了"补贴值"。根据现有资料,造船供给关系的数值模型不可能确定,船厂通常会报出较高船价,从需求上看,这很可能产生负面作用。造船需求关系表示的是,船东如何对船价变化作出反应而购买船舶。当船价上升时,造船融资规模减少,只有那些极具市场机会或急需新船的投资者才愿意支付高船价,新船订单量也因此缩减。在高船价时,相比而言,船东可以较低代价延长其现有船舶的使用期限。反之,随着船价的下降,造船融资规模增加,同时,新船需求量上升,直到新船订单量受到融资限制时或受到市场预期的抑制时为止。此时,无论船价降幅多大,船厂也不能再获得大量的新船订单。

3. 造船市场的供求模型

在分析造船市场的供求关系时,须考虑到实际情况,密切注意供求关系的影响因素。根据最近数年来的经验,影响造船需求的重要因素包括航运市场费率、航运市场预期以及造船资金

信贷的可得性;影响供给的重要因素则包括造船业的造船能力、造船的建造成本和政府对造船业的补贴,如表 8-2 所示。

造船市场的需求和供给模型　　表 8-2

需求变量	供给变量
市场费率 市场预期 信贷可得性	造船能力 单船建造成本 造船业补贴

就需求关系而言,较易理解的是费率对新船订单量的影响。高费率将激励船东订购更多新船以增加利润。如果高费率持续的时间长,这将产生另一作用,即船东可积累内部基金用以购买新船。历史上,航运市场的高峰期与新船订造的高峰期有着密切的联系。但是,由于交船相对于新船订单的滞后性,以及船舶使用期限长,当前费率对新船需求只能产生部分影响。对于船东而言,关键问题在于,交船后的数年期间费率将处于何种水平。这也就需要引入影响新船需求的第二个主要因素——市场预期。而第三个主要因素则是信贷可得性。如果航运公司的购船资金仅来自内部收益,这将在资金来源上限制船东的购船数量。而信贷可得性将消除这种制约,为了拓宽市场,许多缺乏大额资金的船东也可通过信贷来购得船舶。

在分析新船的供给关系时,随即遇到的是船厂产能这个难题。供给水平基本上取决于可投产的船厂数量,以及在当前价格下每家船厂通过可行的融资渠道而建造的船舶数量。实际上,产能水平不仅取决于船厂设施,而且也取决于用工的人数和效率。其中,船厂设施预设了产能的上限,而船厂的用工效率将决定实际的建造量。影响短期供给曲线的另一个重要因素是,船厂产能欠缺灵活性。在 50 年前,以频繁的雇佣和解雇为特征的临时就业政策为社会所接受,在无船可造时,船厂可短期关闭。但如今,裁员所需的社会成本往往很高,船厂很难再通过这种方式来调整人力资源。因此,更为经济的做法是,在亏损情况下仍然继续建造和出售新船,倘若政府提供补贴,这种情况可持续数年甚至数十年,从而改变了供给曲线。建造成本取决于用工成本、用工效率、材料成本、汇率以及政府补贴(后者决定了船厂能否报出低于一般资本回报率水平的船价)。假设产能、成本及政府补贴的资金数值不变,则在理论上可以确定每家船厂的供给曲线。在这条曲线的下端是供给价格底限,低于此价,则无船供给。如果售价预计不足以支付造船所需的材料和用工成本,则船厂不会出售船舶。而随着船价上升,船舶供给将迅速上升,当升至价格上限时,产能将充分释放,而所需的补充产能只能通过高成本的措施来获取,比如昂贵的加班作业。

四、造船工序

为更好地理解造船市场的供求模型,有必要阐述造船工序。船厂码头和泊位的数量及其布局和设备,预设了船厂每年所能建造的船舶数量的上限。船厂之间差异很大,有的完全投产;有的却缺乏竞争力,设施利用率偏低。

1. 船厂类型

尽管现代船厂灵活性高,可建造多种船型,但从要素和市场的角度分析,现代船厂仍可分类。广义上,现代船厂可分为小型、中型和大型船厂三类。小型船厂专注于建造 6000 载重吨以下的船舶。其用工规模一般不足 1000 人,有的甚至只有 100 ~ 200 人。其中,有些船厂专门建造特种船舶，比如挖泥船、海上供应船等，但特种船的类型仍很多，包括小型杂货船、小型散货船、化学品船以及拖轮和挖泥船等各种专业船舶。多数小型船厂非常灵活，适合于建造多类型特种船。这个市场相对独立，大型船厂很少参与竞争。中型船厂建造 6000 ~ 40000 载重吨的船舶，有的甚至承建巴拿马型船舶。产能的制约因素通常是码头和泊位的大小以及大量钢材所需的加工设施。这类船厂的用工规模一般为 500 ~ 1500 人，但各船厂之间仍有较大差异。建造的船型主要是集装箱船、散货船以及小型油轮。技术较高的船厂也可建造近海滚装船、渡轮和液化气船。在一些非常大型的船厂、码头可同时承建合计多达 100 万载重吨的多艘油轮。少数大型船厂的用工规模可达 10000 人以上。而且，大型船厂一般配有高自动化的设备来加工和装配钢材。

2. 造船设施和工序

商船是世界上最大的工厂制成品。一艘 30000 载重吨的散货船一般需要 5000 吨钢材和 2500 吨其他组件，后者包括主机以及电缆、管线、家具和属具等数以千计的小型组件。但是，按照现在的造船水平，这种吨位的船舶也只能算是小型船舶。建造成本当中一半以上是材料成本。其中，钢材占建造成本的 13%、主机 16%、其他材料 25% ~ 35%，其余为工资和管理费。对于装备精良的船舶（比如邮轮）而言，材料成本比例较高；而对于装备简单的货船（比如大型散货船）而言，材料成本比例则较低。商船的建造周期，依船舶吨位和船厂订单量而定，可长达 12 个月至 3 年。船舶的基本构造，在一定程度上也颇为简单。船体是由薄钢板组成的箱体结构，通过舱壁和分舱增加强度。船体内配有各种设备，用以推进和控制船舶、装卸货物和监控船舶状态。造船的复杂性在于如何尽量减少所需的原材料和工资，但又须达到船级社所定的建造标准，其解决方案依具体船型而定。散货船使用钢板来建造舷侧、双层底、舱壁以及强肋板等组件，同时在钢板上焊上一些加强材。这种结构看似简单，但也颇为复杂。船舶主甲板上设有几个舱口；船体强度来自以下组件：双层底、舱壁、舱口围板以及肋骨；船体内安装了以下各种组件：主机、辅机、管线、控制系统、电缆和液泵等；全船结构还需予以有效油漆，以便在最低维护水平下可获得较长的使用期限。船厂须能承担以下三项主要作业：船舶设计、钢质船体建造以及船舶设备安装。这些作业并不必然按照以上顺序，其中有很多项目是交替进行的。船厂的布局表明从钢材堆场一直到码头组装的整个建造流程。尽管这种布局可明确不同的建造阶段，但很少有船厂采用。更常见的是，各种设施散布于船厂当中，需用低架拖车在不同设施之间运送所需设备。建造工序实为组装过程，仅有少量项目需要复杂的技能。商船建造需要在计划和实施众多项目方面的技能，材料需预订并及时送到船厂，钢板、组装配件和管线必须准确安装避免返工。造船工序通常可分为如下九个阶段。

（1）设计和估价。由船厂进行船舶设计和估价并制订建造计划，开始时仅是概要，以后逐步细化，包括提出详细的建造图纸和构件清单。在设计阶段，目前广泛利用电脑制图设备以加快设计进程，创建精确的综合性数据资料；同时，还须订购所需材料。这个阶段是提高建造效率和质量的最为关键的阶段之一。材料成本约占到建造成本的 50% ~ 60%，其余为工资和管理费。一艘大型商船可能需要数千份的构件订购清单。在整船设计完成之前，通常需要进行成本估价，同时需要订购所需材料，尤其是主机等订制期长的项目。

（2）钢材堆存。钢材是首先需订购的材料，送到船厂后，在钢材堆场用龙门吊有序堆存和提运。其中，两种主要的钢材是钢板和轧钢，后者主要用于增加钢板强度。

(3)钢材除锈。钢板和钢材构件从堆场送至除锈车间，进行除锈处理。这项作业需要翻转、拉出钢材，在核实所用的材料正确之后，喷丸除锈，最后涂上底漆。

(4)钢材和加强材的加工。已涂底漆钢板，需用切割机按所需尺寸精准切割。无须切割的钢板，则要消除粗糙的边角并进行焊边处理。若有必要，利用轧钢机将钢板弯曲成形。肋骨则用钢材构件，按所需尺寸切割，之后用肋骨弯制机使之弯曲成形。经此过程，船体所需的数千件钢材组件即可备齐，按照设计图纸已切割成形并加以编号。这个流程是钢材组件有序通过各加工区的过程。

(5)分段组装。在码头上，将钢材组件组装成各个分段(building blocks)。经加工成形的钢材组成小型组件，重量大多低于半吨。大块船体钢板送至平面分段装配区，焊接上肋骨，形成平面分段组件。最后，将各组件焊在一起，构成立体分段。

(6)预装。船舶需安装数万件的设备，比如管线、电缆、开关面板、家具和机器。在钢材构件组装的各阶段，须进行设备的预装。在施工的最初阶段，需尽可能安装管线和设备。预装需要大量精准的资料和材料，因此，需要制订计划、订购材料并按时送至作业区。设备须按要求准确安装到组件上，避免重新调试或返工。这个阶段需要谨慎计划和精确控制。

(7)油漆。传统上，油漆是造船的最后阶段，而且经常成为瓶颈工程。近年来，油漆作业越来越常见于船体建造当中，这主要有两个原因。首先，客户现今要求在建造阶段对钢材组件提供有效的防腐蚀保护，以此作为降低船舶维护成本的方法之一；其次，油漆有技术性要求，而且须在受控条件下进行，因此需要一个合理设计的油漆区，这些需求导致了油漆工程被谨慎地融入到建造工程当中。但若有可能，在最终组装之前，钢材组件将在专用的油漆区进行喷砂和油漆。

(8)总组装。最后，各分段组件和预装设备被吊移到组装码头，进行详细的校验，然后焊接到位，并连接上管线等装备。

(9)装配。船体建成后，船坞注水，船舶起浮后移到装配码头，进行船舶装配，测试船上系统，确保系统可正确操控，并在港池或码头上测试主机。

现代造船技术主要在以下几方面取得进步：采用托盘来搬移材料；扩大设备预装的范围；在组装前油漆组件。这些技术的使用取得了显著的成效，与传统方法相比，人时数可以减半。可见，现代造船业发展的关键在于合理组织。

五、建造成本与竞争力

由于造船工序复杂，各船厂在效率和成本水平上差异甚大。尽管船厂设施通常被视为竞争力的决定性因素，但实际上仍有许多影响因素。广义上，船厂的价格竞争力取决于六个主要变量，即，材料供应、设施、工人技能、工资、工人效率、汇率。在某些情况下，政府补贴也是决定船厂建造量、成本以及收益的重要因素。其中，材料成本和供应非常重要。日、韩等造船大国拥有各种船舶材料的供应商，包括机器和设备制造商、一些特殊项目的制造商和分包商。由于船舶建造周期长，这些供应商具有竞争优势，可从其库存中交付种类繁多的高质量构件。建造量低的船厂较难获得材料供应，即使可从国外获得，但组装的复杂性也会使之难以实施。

1. 造船设施和建造效率

全球各船厂的建造效率之间存在着巨大差距，船厂设施是其原因之一。船厂设施设定了其年产量的上限,然而,建造量还取决于船厂效率。不同于“工序流程”(只需启动机器并喂给原料)行业,商船建造要求船厂在计划、组织和控制方面具备更为娴熟的管理技能。建造量的最大化不仅取决于设施规模,还取决于设施的利用效率。建造同样一艘船,有的船厂所用的人时数可能高达其他船厂的十倍之多。而建造效率是如何衡量呢?一般说来,用工效率是以每单位产量所用的人时数来表示的。但遗憾的是,这种方法在国际上难以用来衡量和比较不同船厂的建造效率,因为缺乏详细的用工统计资料。而且,更重要的是,难以衡量这样一个制造各种大型产品的行业的产量。船舶建造效率的衡量存在以下四个主要问题:

(1)建造量的衡量。在这方面,极难确定用来衡量各船厂建造量的“标准船舶”。尽管存在一些标准船型,但多数船舶并无标准化船型。即使一些船舶具有明显的类似参数,比如,巴拿马型散货船,但在设计、机器和整体质量等方面,这些船舶仍存在很大差异。目前,最佳的衡量方法是采用“修正总吨”(CGT,或称修正登记总吨 CGRT),但对装备精良和复杂的船舶而言,CGT 方法也具有局限性。

(2)外包差异。船厂的建造工序包括多个阶段,不同船厂有不同的工程外包习惯,比如,有的船厂把电气和木作工程外包,而有的却不予外包。多数船厂的财务惯例是把外包工程视为“外包商品和服务”,将其划入材料成本。因此,如果不考虑外包上的这种财务惯例,人时效率将被扭曲。但若要虑及这种财务惯例,国际上却极难做到。

(3)交船波峰期和波谷期。对于船厂而言,可能全年雇工造船,但由于各船交付日期分布不均,当年并无船舶交付。考虑到这个因素,年建造量需要根据数年的交船量来计算,才能获得准确的数值。

(4)其他业务。由于许多船厂还承建了军舰和海上装置以及承担了修船等业务,因此,实际上难以统计商船建造中的用工情况。

2. 工资和竞争力

工资约占船舶建造成本的 40% ~50%,工资对竞争力有着重要影响。工资决定着造船所需支出总额,包括底薪、加班费和应付奖金。为便于比较,每小时工资成本应换算成通用货币(比如美元)金额。各国的工资水平相差甚大。人均年工资除以人均年建造量(CGRT),可得每 CGRT 的用工成本概值。各国之间建造效率的差异,在一定程度上,可因工资水平不同而得以缩小。

3. 汇率变化和竞争力

尽管汇率变化发生于船厂以外,但却是决定船厂竞争力的一个重要因素。在 1971 年布雷特森林体系崩溃以后,世界经济转向浮动汇率体系,船厂面临着严重的汇率风险,用工成本随汇率而变化。显然,汇率是决定船厂竞争力的一个非常重要的因素。比如,船厂与船东商谈出售一艘小型散货船,假设船厂的建造成本为 1000 万英镑,汇率为每英镑 1.4 美元,那么,最低售价则为 1400 万美元。遗憾的是,船东并不愿意付出超过 1000 万美元的船价。因此,若要赢得订单,船厂需降价 30%。由于建造材料约占船舶建造成本的 60%,船厂不可能通过降价来弥合这个巨大的差价。谈判时间因此拖延了六个月,直到汇率降至每英镑 1.06 美元。在此汇率时,船厂就具备竞争力,双方可签约成交。尽管如此大幅度的汇率变化实属罕见,但恰可表明,面对着汇率风险,船厂是何等的脆弱。

在综合考虑了各种因素后即可理解,世界造船业的竞争结构事实上是如何发生变化的。

在一种极端情况下，有些船厂的建造效率低，但工资也低至对用工因素（人时数）几无影响，这些船厂可凭低薪与其他船厂竞争。而在另一种极端情况下，有些船厂的效率高，但人均工资也高，因此逐渐淡出造船市场。在20世纪80年代初期，瑞典船厂即为这种情况，尽管当时其效率在全球最高。其他船厂的情况介于上述两者之间，其工资和效率的组合情况均有不同。而横扫整个造船业的则是汇率风险，可导致各船厂的竞争力排名每月均会发生变化。所有这些因素的综合影响使得船厂难以应对。因此，船厂需要可靠的本国市场、高水平的管理技能，以及强大的抗风险能力。或许由于这些因素的影响，在航运有关的各行业中，造船业变得最具韧性。

第二节　拆船市场经济分析

一、拆船业发展历程

拆船厂大多分布于发展中国家和地区，废钢材经加工后出售给建筑行业。如表8-3所示，在20世纪80年代中叶，将近3/4的拆船厂位于中国的台湾和大陆地区以及韩国。但十年之后，中国台湾和韩国已退出这个行业，中国大陆的市场份额接近9%，而印度、孟加拉和巴基斯坦业已赶上并成为这个市场的主导者。拆船业的迁移性较大，这种非常低端的行业集中于低用工成本的国家和地区。以中国台湾拆船业的演变为例，中国台湾拆船业始于拆解"二战"期间受损船舶，其规模在1956年解除进口管制后得以迅速扩大。由于政府鼓励拆船以满足本地区的废钢材需求，并受益于专用的拆船场所和充足的低成本用工，中国台湾拆船业确立了在世界上的主导地位，配有高效的设施。在深水港高雄建有两个公立拆船厂，配以专用泊位和码头吊机，在码头边两船并排系泊、同步拆解，拆解周期30～40天。但随着经济发展和用工成本增加，拆船业的吸引力逐年下降。至90年代初期，中国台湾关闭了拆船厂，将其改建成集装箱码头。而韩国虽然较晚进入远东拆船市场，其拆船业也有类似的演变过程。在80年代初期，韩国拆船业取得了13%的市场份额，成为第三大拆船国，主要由"现代"的两个拆船厂开展这种业务。而至80年代后期，由于工资水平上升以及造船业扩张，韩国关闭了拆船厂。在80年代初期，中国加入到拆船市场，并迅速成为全球第二大废钢船购买国。大陆地区对钢材的需求量大，向中国台湾地区购买了大量废钢材。至90年代，因受制于船舶融资政策以及严格的环境法规，中国大陆拆船业的市场份额已由1986年的23%降至1995年的9%。

2011年世界主要国家拆船吨　（单位：千吨）　表8-3

	印度	中国	孟加拉	巴基斯坦	土耳其	其他	合计
油轮	1811	610	830	1485	98	157	4992
散货船	3215	4387	4527	1240	205	114	13668
集装箱和客轮	3370	1318	464	176	830	353	6511
近海和其他船舶	366	59	136	548	18	260	1388
合计	8762	6354	5957	3449	1152	884	26556

资料来源：依据联合国秘书处 *HIS Fairplay* 资料编辑。

在20世纪90年代,拆船业大多迁移至印度、孟加拉和巴基斯坦。巴基斯坦拥有一个全球最大的拆船基地,位于甘达尼(Gandani)海滩,其中,拆船厂超过100个,每个拆船厂平均占地2500平方米。甘达尼拆船基地并无电源和管道淡水供给,只有少数几个拆船厂配有发电机。可见,其拆船业仅处于最初级水平。船舶上滩后由工人拆解,在旺季时用工规模多达15000人,但可用的机械极其有限。拆下的废钢材在将军柱、滑车和滑轮的协助下,仍由人工搬移。但利润较高的几个拆船厂现已有机械化操作,配有叉车和移动式液压吊机。由于用工成本高以及废钢材市场需求不足,西欧国家很少参与拆船市场。况且,在西欧,拆船业还面临着健康与安全立法以及环境保护方面的难题,而此等问题在第三世界国家并不突出。过去数年间,在拆船业中,具有一定重要性的欧洲国家仅有西班牙、意大利和土耳其。此外,尚有一些小型拆船厂散布于英国和欧陆国家,大多仅有10~100个雇工,专门拆解军舰和其他高价值船舶。与造船业比较,拆船业是一个不需要什么尖端技术的行业。大多数拆船是通过手工,即使可以通过机械来提高拆船的效率,但由于使用机械会导致该行业资本密集,从而导致大量的资本投资,许多发展中国家由于劳动力便宜,资本成本昂贵,为降低成本,拆船基本采用手工劳动。拆船是船舶退出航运市场的重要途径,也是调节航运供给的重要方法,它一般需要经过三个程序:首先,拆船工人封闭船舶所有的进口和出口,抽出船舱底部的压舱水,搬走所有非固定的金属件。如果被拆解的船舶是油轮,还必须清除有毒气体。接着拆除大金属构件、管线、甲板设施、主机、螺旋桨、船壳。最后船舶的剩余部分被放置在沙地上,将镶板切割成所需要的形状,运送到钢铁厂。可见船舶拆解并不是一件技术性尖端的行业,关键是要如何确定船舶的经济性能、使用寿命以及是否必须拆解等。

二、船舶寿命的概念

一艘新船从投入使用开始,无论采用何种程度的保养、维修,随着时间的流逝,也必然会因磨损导致经济性能变差等原因而被淘汰,需要由新船替代旧船。船舶磨损包括有形磨损与无形磨损。有形磨损是指在船舶营运过程中,由于机械摩擦、振动、自然锈蚀或操作不当,产生船体变形及设备损坏,使船舶负荷降低,功能减退。这种随着船龄的增大而导致的船舶技术状态的下降,称为有形磨损;无形磨损则是由于造船技术的进步和建造成本的降低,使原有的船舶在技术性能和经济性能上均处于相对陈旧的状态,船舶原有的使用价值也相对退化,这种磨损称为无形磨损或精神损耗。正是船舶有形磨损和无形磨损的存在,使得船舶在营运过程中的价值伴随着磨损逐渐退化。根据船舶有形磨损和无形磨损的程度,可将船舶寿命分为自然寿命、技术寿命和经济寿命。

1. 自然寿命

自然寿命指一艘新船从投入使用开始,因有形磨损导致其技术性能变差而不能再使用所经历的时间。船舶的自然寿命取决于船体和主机的损耗程度,船体和主机的损耗速度与船舶的建造质量、使用强度和维修保养程度有关。

2. 技术寿命

技术寿命指一艘新船从投入使用开始,直至由于新技术出现,使其丧失使用价值所经历的时间。船舶技术寿命不仅与船体和主机的损耗程度有关,还与造船技术的发展速度及造船成本的变化情况有关。

3. 经济寿命

经济寿命指一艘新船从投入使用开始，直到继续使用从经济上看已不合理所经历的时间。船舶的经济寿命除了与新技术、新船型的出现有关外，还与船舶营运成本、营运收入及海上贸易需求有关。

三、船舶折旧

船舶在使用过程中，因逐渐磨损老化，造成其效能降低，价值逐年减少，企业为了补偿船舶的损耗，在船舶使用年限内，按以确定的比率每年提取的一项费用称为折旧费。企业提取的年度折旧费的大小主要取决于船舶的造价或购置费用、船舶的使用年限及残值、所采用的折旧计算方法等。由于船舶的价值随着使用年限增长而递减，所以必须考虑折旧的影响，其目的有以下几点：第一，投资的固定资产（船舶）逐渐回收；第二，折旧费分摊到使用船舶所完成的运输服务费用中去；第三，由于折旧费的提取是更新改造船舶基金的主要来源，如果折旧费取的较低，则不利于船舶的更新改造。正确计提折旧，合理使用折旧基金，将会促使船舶更新和技术改造，提高航运企业的经济利润。由于每年折旧费的多少直接影响到国家的税收，因此除固定资产原始价值是已知数据外，固定资产的折旧寿命（使用年限）和残值在投资过程开始之前就已经由有关部门确定。

四、影响拆船业的主要因素

拆船市场的需求者即拆船商，其购买废船的目的是回收废船的各类拆解原材料，这些原材料包括：可轧钢材、铸锻钢和废钢；可利用的设备；有色金属。钢材有的可直接再次利用，如用于土木工程、造船和修船等。有的可经加热轧制或回炉，可加工成其他类型的钢材。船上许多设备、仪器可以再利用，如发电机组、冷冻装置、油水分离器、冷凝器、蒸发器、导航设备、仪器仪表等，均可合理使用于在其他船舶。此外，船上含有的有色金属如青铜、紫铜、黄铜、铅、锌、锡等，市场需求量大，出售价格高，给拆船业带来很大的经济收益。

1. 废船价格

对于拆船商来说，废船价格是影响其生产决策的一个重要因素，废船拆解量与废船价格呈负相关关系。即废船价格高时，拆解量少；反之，则拆解量高。而废船价格又受到以下几个因素影响。

（1）船型。对于不同的船型来说，船价也不相同。一般滚装船、集装箱船、工程船的价格要高于散货船和杂货船。在拆船市场上，船型的变化标志着世界船队结构的变化，又与世界航运市场的变化密切相关。在拆船市场上某类型船舶越多，说明该类船型的闲置量越大，其价格也就越低。

（2）船舶的完整程度。一艘船进入拆船市场，一般是由于产品老化、船型不适应国际航运市场需求或者由于船舶受损。一般来说，受损船舶的价格比市场价格低，至于幅度大小，则由船舶受损程度确定。

（3）船舶的锈蚀程度。船舶的锈蚀程度影响到废船拆解后钢材的回收率问题，因此它是影响废船价格的一个重要因素。对于锈蚀较为严重的废船，钢材的回收率较低，因此其价格也较低。

(4)船舶洁净程度。洁净程度即废船的油污状况,它关系到拆解的工作环境、拆解费用和拆解时的安全。从某种角度看,迄今的拆船业只要有可让船舶冲滩的适当海岸线和廉价的劳动力就可以经营。但是,今后如果不解决游离燃气(gas free)等安全问题和沉淀物处理等海洋环境问题,就将不能经营拆船业。

(5)船舶装备。这关系到废船拆解后的经济价值问题,可用拆解物资回收率来表示,即:

拆解原材料回收率 = [拆解回收材料吨/废船轻吨(lightweight,简称 lwt)] × 100%

2. 航运市场提供的废船数量

废船上市的数量是影响拆船市场的另一重要因素,而废船上市的数量与国际航运市场费率水平呈负相关关系。在航运市场处于波峰的时期,由于航运市场费率对船东有利,船东会延长本应报废的旧船的使用年限,此时投入拆船市场的废船数量相对较少;相反,在航运市场的波谷时期,船东会将未到使用年限的旧船或者闲置的船舶提前报废,投入拆船市场的废船数量就会相应增加。虽然航运市场供给和需求的均衡在某种程度上由运费率调节,但需求是任何船东都无法影响的。船东只能通过调节供给被动适应航运市场需求的变化。其中新造船下水、闲置船舶和拆解船舶是船东调节供给的重要手段。通过运用上述三种手段,尤其是拆解船舶,会导致拆船市场上船舶吨位的变化。

3. 拆船原材料的需求情况

废船拆解后,能回收的重要原材料是钢材。例如,油轮拆解后,可轧钢材占其拆解原材料的60% ~70%,散货船占55% ~65%,杂货船占50% ~60%,此外还有铸锻钢和回炉废钢。当钢材价格昂贵的时候,拆船业是很有吸引力的行业。因此,钢铁工业及建筑业对拆船钢铁材料的需求量和收购价格的变化,将直接影响到废船市场废船的价格。当对拆船钢材需要量增大,废船收购价格将不断上涨;反之,废船的收购价格将下降。

4. 废船的最终交船地点和时间

废船的最终交船地点,对于拆船的市场价格有直接的影响。如果交船地点位于拆船厂及拆解材料的销售地点,就可节省大量的拖船费用及拆解材料的运费,那么废船的销售价格就比较高。目前,拆船市场的中心在远东地区,欧洲地区拆船业逐渐缩小和消失。这是因为远东地区拆船成本低而拆解材料的售价高,欧洲地区拆船成本高而拆船材料逐步失去市场,因此出售给远东地区的废船价格一直比出售给欧洲地区的废船价格高。

国际船舶市场上废船的交易有一定季节性规律,每年废船成交的旺季一般都在 3 月至 5 月份,而成交较少的淡季则是 7 月至 8 月份。由于世界拆船业最发达的东南亚地区和南亚地区都属于台风地区,每年的台风季节从 6 月初至 10 月底,拆船商往往都希望在台风季节之前采购废船,并且将废船安全地停泊在拆船场地上。因此,拆船商在每年 3 月至 5 月份都集中采购废船而形成废船成交的旺季。在这段时间内,虽然船东都会提供较多的废船上市,但由于采购比较集中,在旺季内废船的市场价格比平时有所提高。在台风季节中的 7 月至 8 月份台风最频繁月份,拆船厂商都尽量减少购进废船,此时的废船价格就较低。此外,废船价格还受成交方式的影响,一般有通过中间商成交、拍卖成交、现金交付、国内交易、转售、私下交易等,由于不同的交易方式,有关方受益存在差别,所以就产生不同的废船价格。

五、废船价格的确定

按照国际船舶市场惯例和拆船行业的传统做法，废船交易是按废船实际重量即轻吨来计算废船的价格，并以每轻吨的美元单价来进行报价，轻吨计算公式为：轻吨 = 夏季满载吃水状态下的排水量 - 船舶夏季总载重量。由此可见，船舶轻吨也就是空船排水量，它包括固定压载的重量。根据废船轻吨数据，从近期船舶市场成交废船价格资料中，选取与需估算价格的废船船型相同而船龄和轻吨数相近的已成交废船作为参考，按下列公式估算废船的价格：

$$P_2 = \frac{LDT_2}{LDT_1} \times P_1 \tag{8-1}$$

式中：P_1——已成交的废船价格（美元）；

P_2——需估算的废船价格（美元）；

LDT_1——已成交的废船轻吨数（吨）；

LDT_2——需估算价格的轻吨数（吨）。

然后，根据国际船舶市场废船价格水平变化的情况，对上面估算的价格进行修正，就得到其符合市场实际的拆船价格。拆船投资的效益取决于拆船的销售额和拆船成本，拆船的销售额主要是再生钢材与废钢的销售额，有色金属及废船设备的销售额占比例较小。拆船成本包括废船购入的资本成本、工资、管理费及机械租赁费等。在拆船成本的各项成本中，废船购入的资本成本占总成本 60% ~70%，因此拆船的经济利润主要取决于废船的价格。当拆船的销售收益等于拆船成本时的拆船价格称为盈亏均衡船价，只有当船价小于这一价格时，拆船商才能获得经济利润。

小　　结

本章讨论了国际造船业和拆船业。造船业与航运业密切相关，但造船业和航运市场的经营环境差别很大。造船市场通过国际竞争而产生作用，即通过价格机制促使市场发生变化。当建造产能不能满足新船订单时，船价就会上升；反之，若产能过剩，则船价下降。造船工序在理论上似乎简单，但事实上很复杂，需要组装数千个不同构件，而每个构件均需精确制作并在正确时间送到建造地点。因此，船厂必须具备高效的运营系统，用以制订建造图纸、控制材料供给以及获得高精度的构件，因而造船业严重依赖于企业的管理和组织能力。由于各种原因，建造效率难以准确衡量，但有事实表明，各国的实际效率大约介于低值人均 15CGT 与高值人均 40CGT 之间。造船厂竞争力并非仅取决于效率，还取决于包括材料成本、工资率和汇率在内的影响单船成本的诸因素。船舶建造量的地区分布取决于竞争力，但显然又与航运业密切相关。大多数地区的造船市场份额，整体上也与该地区所取得的航运市场份额相当。拆船市场是否兴旺，则与航运市场行情呈负相关的关系。一般而言，航运市场费率高企，运力紧张时，拆船市场因船东拆解老旧船舶的积极性较低而萧条；当航运市场费率低迷，运力大量过剩时，船东会将旧船或闲置的船舶提前报废，以缓解船队运力过剩的现象，拆船市场的也因此繁荣。

思 考 题

1. 影响造船市场的供给与需求因素有哪些？

2. 影响拆船市场的供给与需求因素有哪些？

第九章 国际航运政策

航运政策指对待本国航运企业、外国航运企业态度的总称。目前世界各国的航运政策按照其开放性程度大致可以划分为保护主义航运政策和自由主义航运政策。保护主义航运政策认为:单纯依靠本国航运企业的竞争力和创造性,尚不足以推动整个国家航运业的发展,必须通过国家在经济、行政、法律上的直接干预,才能加强和促进本国航运企业的发展。通过国家直接干预,促进和提高本国航运企业的市场竞争能力,进而促进本国航运业发展。自由主义的航运政策指不管船舶悬挂何种国旗,必须坚持航运市场的公平竞争。托运人可自由选择承运人,而不需要考虑承运人是本国船东还是外国船东。自由主义航运政策本质是要求航运业经营不存在任何政府、团体、或其他代理人的干预。因而"非干预"是自由主义航运政策的核心,任何形式的航运干预都是违背自由主义航运政策的理论。

第一节 自由主义和保护主义航运政策

一、航运自由主义的起源

航运自由化政策产生于17世纪的航运强国荷兰,由一名历史学家、律师－格拿惕斯(Hugo Grotius)提出的。在那一时期其他航运强国,尤其是英国日益增长的航运保护主义政策阻碍了荷兰航运业的扩张。当时的航运自由化的政策实质是要保护荷兰航运业的继续繁荣。19世纪早期,荷兰的航运霸权被英国取代,此时英国开始放弃象征其航运保护主义政策的克伦威尔航运法,转而执行航运自由化政策,这个过程整整花了两个世纪的时间,使英国从一个航运保护主义国家转变为航运自由化的倡导者,并成为世界航运领域自由与公平竞争的主要领导者。

但从19世纪英国成为航运霸权开始,直到20世纪90年代,航运自由化逐渐失去其实质意义,成为各国反对航运保护主义的一个口号。因为即使包括历史上航运霸权的荷兰和英国在内,航运自由化政策从来没有一个国家彻底执行过。人们也很难去给一个国家下定义即哪一个国家属于航运自由化阵营;哪一个国家属于航运保护主义阵营。人们一般采用一个国家对待本国航运的态度粗略地划分两个阵营。实质上,采用上述标准划分的航运自由化的国家或多或少地执行航运保护主义政策;而航运保护主义国家则也执行一些航运自由化政策。在执行航运自由化的国家中,又可以划分为三种类型的航运自由化国家。第一类国家是那些允许国外船东悬挂本国国旗,本国政府对船东不做任何干预。这一类国家实质上是国际开放登记型国家,也称为开放方便旗船登记国家,这些国家一般没有任何真实的船东;第二种类型的国家是一些船东完全属于私人,政府的各种补贴完全采用间接补贴的方式;第三种类型的国家是一些对航运采用直接的补贴,尤其是金融补贴,或者政府直接涉及航运领域。但这些国家倡导自由竞争,反对货载保留。虽然上述划分过于简略,不能将任何一个国家简单地归类于某一类型的国家,但上述划分策略能了解某一个国家自由化的程度。

20 世纪 60 年代,欧共体国家(OECD)曾经制定一些关于航运自由化的法律。主要内容包括:第一,政府不能对托运人采用任何压力使其选择某一船东,托运人的选择只能是基于商业考量;第二,政府不能通过采用进出口许可证来歧视那些在进出口时使用外籍船舶的托运人;第三,政府管制的企事业单位应当基于商业考虑来管理航运业。到 80 年代末,这些条款形同虚设,因为这些法律得不到任何国际性组织的认可和支持。到 90 年代初期,随着乌拉圭谈判的成功,WTO 组织协议的达成,农业、纺织业等先后纳入到 WTO,航运界再一次掀起自由化的浪潮。

二、自由主义和保护主义航运政策的理论依据

如何区分保护主义航运政策和自由主义航运政策?一般从航运政策的概念出发,进行分析和识别。本国政府对待本国航运企业的态度,是将航运企业作为特殊企业还是普通企业?如果是属于特殊企业,那么政府财政就必须对航运企业采取特殊的财政政策。

这种特殊的财政政策包括造船融资和税收采取优惠政策。如果是普通企业,那么就根本不存在特殊的财政政策,不存在造船融资和税收政策的优惠。航运企业属于特殊企业的理论依据是根据航运企业的产品属于"半公共产品"。该理论认为,航运企业产品只满足公共产品两个条件中的一个条件,即满足"竞争性"特性,因此航运企业属于"半公共"产品(表 9-1)。此外,本国政府如何对待外国航运企业?是将外国企业作为本国国民对待?如果对其采用"非国民待遇"原则,则必须对外国企业采用市场准入限制和货载保留等政策。如何对待外国航运企业的理论依据是"特殊竞争"理论。该理论认为,外国航运企业进入本国的沿海和内河,与本国航运企业进行竞争,是一种不公平的竞争,因为双方的航运企业各自享受的宏观经济政策不一样。在不同宏观经济政策下,进行微观经济层面的竞争,是一种不公平的竞争。

航运政策的区别

表 9-1

	自由主义航运政策	保护主义航运政策
理论依据	半公共产品	
对待本国航运企业态度	普通企业	特殊企业
	普通企业财政政策	造船融资、税收优惠
理论依据	特殊竞争	
对待外国航运企业态度	国民待遇	非国民待遇
	普通国内企业政策	市场准入限制、货载保留

三、自由主义航运政策的特征

采用自由主义航运政策必须具备一定的条件:第一,必须有一个发达的金融市场。航运业作为一个资本密集型行业,实物资本耗费巨大,一艘船舶动辄上千万。没有一个发达的金融市场,仅仅靠企业的自由资本,要培育一支具有国际竞争力的船队是不可能的;第二,本国航运业

的确具有巨大的要素禀赋。这些禀赋有自然的，如该国家是岛国或具有很长的沿海岸线、内河航道纵横交错，也有后天形成的，如该国家是一个贸易大国。

一般来说，自由主义国际航运政策大致具有以下三个基本特征：

(1)在行政上，政府对于国际航运业通常不采用“有形之手”去直接干预，而主要依靠“无形之手”——即通过成熟的市场机制进行调控，并以此来刺激和驱动本国船公司迸发出最大的国际竞争力。

(2)在经济上，政府一般不实行直接的补贴措施，而主要是通过国际间的双边和多边谈判，支持本国航运企业的自由竞争诉求，敦促他国实行相应的市场准入和国民待遇政策，以求得本国航运业在国际市场上发展的优势。这种由政府出面的间接支持，在政策手段上还包括对他国政府支持的他国航运企业，在进入本国实现商业活动或开展相应的商业活动时，予以必要的限制、报复或制裁措施。

(3)在营运上，力主各国实行全面放开的市场准入政策和完整的国民待遇政策，呼吁取消所有排他性歧视性的船旗差别待遇，取消所有的货载保留和货载优先制度，渐进性开放各国的沿海航运运输市场，强调实行统一的船舶安全技术标准和港口国监控，鼓励在完全平等的基础上展开自由竞争。

然而，严格地判定哪些国家是属于航运自由政策，哪些又不属于是很困难的，有的国家根本就是不参与到它们的航运工业中，或者只是轻微地参与一点，而另外有的国家宣布它们是自由的，同时却又采取一系列的保护措施以针对于它们的航运界，这些措施是以津贴、税收等形式出现。

四、航运自由主义政策的意义

目前，美国、日本、欧盟和中国四个地区的国际贸易量和航运运输周转量约占世界总量的五分之四。从需求角度分析：由于国际航运是国际贸易的派生需求。一个有效率的国际航运市场，是国际贸易迅速发展的保证。无论是采用航运保护主义或航运自由主义，获得利益或者受到损害的最终是本国的国际贸易。此外，从供给角度来分析，按照新古典经济学理论：市场创造竞争，竞争提高效率。要获得有效率的国际商船队，靠航运保护是不可能得到的，必须使本国的商船加入到国际航运市场的竞争中。而且任何形式的保护政策都会涉及到一个国家财政的扶持，通过财政的扶持，航运企业用低成本与外国企业竞争，最后形成低价格运输外国货物，形成一个国家的国民向另一个国家国民纳税的经济现象。此外，随着中国加入 WTO，中国企业也自觉地按照 WTO 的原则运作。

第二节　主要大国的传统航运政策

一、当代美国的航运政策

美国是国民经济高度发达的国家，也是世界上的航运大国，在当今国际航运业发展中占有重要的地位。传统的美国航运政策，是一种强势保护主义航运政策，其对本国航运业的保护，传统上与发展中国家航运政策极为相似。究其原因，主要是美国政府历来对航运业非常重视，将航运业看作是维系国家经济与安全命脉的一个重要组成部分。归纳起来，美国的航运政策主要包括如下几个方面：

1. 造船营运补贴政策

根据美国1936年《海商法》，美国政府对造船业实行了两种财政直接补贴政策，即建造差额补贴(Construction Differential Subsidy，简称CDS)和营运差额补贴(Operating Differential Subsidy，简称ODS)。CDS是美国政府对美国航运企业在美国国内建造的船舶造价与在外国建造的船舶造价差额给予50%或35%的补贴。CDS规定，美国政府对造船进行补贴的目的是促进美国对外贸易；同时还规定，接受补贴金的船舶，必须"在战时或紧急情况下为国家服务"。《1936年海商法》第501(a)条，船舶所有者被限定为美国籍船队的航运经营者。这对美国航运业的发展的确起到了一定的推动作用，并在一定程度上刺激了美国船舶所有人在国内造船的积极性，但同时也耗费了美国政府的大量资金。到1989年，美国政府完全停止了补贴的支付，至此，美国的CDS计划制度完全终止。

ODS是美国政府对美国航运业实行的另一种重要的补贴形式。ODS规定，美国政府在一定条件下，根据同样航线营运条件，对那些悬挂美国国旗、使用美国籍船员的航运公司，实行ODS。ODS补贴金的计算方式是以航线为标准，逐条进行计算，目的是尽可能通过计算确定该航线美国经营人与外国竞争者之间的营运成本差额。近年来，ODS的补贴金额呈下降趋势，从1982年最高额的4亿美元到1993年的2.1亿美元，而1995年进一步降为4600万美元。到1997年，ODS最终终止。美国政府代之以"航运安全方案"，对纳入"航运安全船队"的船舶(1997年共38艘商船)继续给予每条船210万美元的补贴，为期10年。

2. 税收优惠政策

税收优惠是美国政府对航运业采取的另一种补贴形式，相当于政府给予航运业的一种无息贷款资助，而不是纯粹的直接提供资金补贴。税收优惠有两种形式：资本准备金(Capital Reserve Fund，简称CRF)与资本建设基金(Capital Construction Fund，简称CCF)。这对经营人来说也是有很大利益。

美国的税收补贴制度始于1936年。1936年《海商法》规定，对领取补贴的美国航运经营人设立制度，该制度规定经营人可以将一部分收入资本充作准备金，并对这部分资金予以免税。后来美国国内对此做法出现了不同的争议，最后达成协议，决定从1964年开始，存入CRF的一般收益不能视作税收豁免，而应视作税收延期，并且最终得征取这些存款的税收。

1970年海商法在CRF的基础上，又修改设立了CCF，并将基金的范围扩大到非补贴公司。同时CCF的项目也适用于在外国航线、五大湖以及阿拉斯加、夏威夷与本土之间营运的船公司。基金可用于美国国内建造、登记的船舶。经营人仍然需要纳税，其纳税的方式与以前相同，只是经营人可以一再把款项用于新造船的再投资存入CCF，这样纳税又可以无限制地延期。1986年美国的税制改革，新的CCF税收延期存款要求经营人预交20%的法人税。

3. 货载保留

通常情况下，美国政府对本国的外贸货物的运输，均有一些相应的立法，为美国籍船舶保留一定比例的货载或货载优先权。美国关于货载保留的立法颇多，但最重要的是以下三项法规：《1904年货载保留法》、《1934年第17号政府决议案》以及《1954年货载保留法》。美国的货载保留政策在美国的航运政策中占有重要的地位，在美国籍船运输的货物中，约有40%的

货物属于货载保留的配额,可见其对美国籍船来说实属至关重要。除了上述三项立法外,还有另外一种形式,即双边航运协议。它是通过两国政府之间签订双边航运协议的形式,为两国商船保留一定数额的货载优先权。尽管多年来,《国际法》一直承认每个国家具有把本国的沿海贸易运输保留给本国的权力,并且在实践中许多国家也都确实是将沿海航运运输权保留给本国,但是迄今为止,没有一个国家像美国那样,实行得如此坚决和彻底。美国沿海航运运输权是美国政府严格保护的。按美国的惯例,其沿海贸易运输不仅包括美国本土、大西洋和太平洋沿岸的贸易运输,而且还包括两洋彼岸之间贸易运输,美国本土大陆与阿拉斯加、夏威夷、波多黎各之间、美国本土及属地之间的贸易运输。

二、欧洲主要大国的传统航运政策

1. 英国的传统航运政策

英国是一个历史悠久的传统航运国家。十六七世纪,英国航运航道的畅通使当时英国对外贸易蓬勃发展,不断对外殖民扩张,成为当时最为强大的资本主义国家。直到今天,作为一个岛国的英国经济仍十分依赖国际贸易,其船队也是世界上最现代化、种类最多的船队之一。

(1)造买船政策。英国的造买船政策主要包括三项内容:①以贷款的方式对船厂造船给予支持。目前,贷款的比例为船价的80%,年利率为7.55%,还款期为8.5年;②对船舶所有人贷款造船采取不变的利率,即从1967年以来一直为5.3%,利率波动部分由政府补贴;③英政府用船舶建造调整基金对造船合同进行补贴,对多数新造船舶的支持最高限额规定:1991年为13%;1992年和1993年为9%。另外,对建设造船厂的投资,英政府也从财政上给予支持,从而鼓励对风险资本的投资。其他鼓励船舶经营的方法有:商船进口免征关税,造船材料和设备进口免征关税。

(2)税收优惠。英国的船舶折旧,是根据船舶建造合同的预期折旧和船舶建造前先期付款,使用余额递减法,这也是该国允许使用的唯一方法。英国规定,悬挂英国国旗船舶的最大折旧率是每年25%。它还采用减免法人税(含地方税)、免征船舶固定资产税等方法鼓励船舶经营。

(3)沿海航运运输权。英国是世界上少数几个放弃本国沿海航运运输权的国家之一,目前,英国不限制悬挂外国国旗的船舶从事其沿海航运运输。但是,国家以财政津贴方式给经营沿海航运运输的本国船队以航线补贴,从而增强其竞争力。

(4)其他政策。1995年8月1日起,英国政府放宽对英国籍船舶的高级船员国籍限制。可由外籍公民担任船长、大副和轮机长的职务,条件是他们需持有适任的英国证书。但超过24m长的油轮、滚装渡船等船舶的船员仍有国籍限制。在货载保留方面,1985年6月28日,英国成为《联合国班轮公会行动守则公约》的缔约国后,则在班轮公会货载分配上也享受相应的权利和义务。

2. 法国的航运政策

(1)造买船政策。从历史传统上看,法国政府对航运业一向采取扶持政策,进入80年代以来,面对日趋激烈的国际航运竞争,相继制定了一系列支持船舶生产及经营的政策,为航运业生存与发展创造了十分有利的条件。

1981年12月10日,法国政府公布了振兴法国商船队、港口和造船业新政策,重点是对船

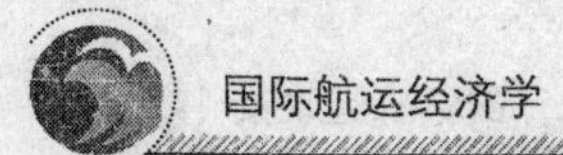

舶所有人增加补贴;制定新的补贴政策以加速购买新船,对从事沿海航运运输的船公司增加补贴等;对船厂给予资助,以发放建造津贴的方式来刺激本国造船业的发展,间接扶持本国商船队。对造船材料及其机电设备的进口免征关税,进口船舶因维修、保养、营运所需的物料、零配件等,也免征进口关税。

(2)税收优惠。法国政府在1990~1994年计划中已确定每年给予航运公司6000万法国法郎的减税额度,主要通过对法国公司航运部分返还实现(返还部分根据船舶租金和船员工资来确定)。同时,船公司还可以设立免税留存收益账户用于购买或修理船舶,通过收入记账,将移后扣减5年亏损,以获得税收上的优惠。

(3)货载保留。法国历史上曾以法律形式确定货物优先权。1928年3月30日的法律规定,出于"国家安全"的原因,2/3的法国原油应由悬挂法国国旗的船舶承运(全部由公共、准公共和军用船舶运输)。1934年的法律要求,40%的进口煤炭由悬挂法国国旗的船舶的承运。另外,1985年10月4日法国成为《联合国班轮公会行动守则公约》的缔约国,并根据《布鲁塞尔规则》进行了货载保留。

(4)沿海航运运输权。法国的沿海航运运输要求全部由在法国本土登记的船舶承运(其船员必须全部是法国人),如果没有适合的运输船舶,可由在克尔格伦岛,即法国的第二船舶登记处登记的,悬挂法国国旗的船舶承运,再其后是欧洲共同体的船舶。在没有适合的前述船舶的情况下,可以由法国和欧共体以外的船舶承运。法国对船舶所有权没有要求,但经营悬挂法国国旗的船舶公司,其董事会成员至少有50%是法国人。

三、日本传统航运政策

1. 集约化政策

航运产业集约化是战后日本振兴航运业,发展国民经济的一项重要政策措施。它是通过国家的宏观运作,使众多航运企业形成一个既能统一、又可分散经营的集约体系,从而增强企业活力,推动经济发展。实践证明,该项政策在当时是成功的,因而成为日本航运经济发展的基本模式。其具体做法是,根据企业的资产状况和船舶租约关系,将其分别划为中核会社(核心会社)、系列会社和专属会社等不同档次,再经过多层次合并后,形成集团规模。由于对参加集约的对象给予很优惠的待遇,故而为保证集团成员的质量,政府又提出了严格的条件限制。

2. 国际船舶制度为核心的新航运政策

以集约化为核心的扶持政策,把日本推向航运大国的地位。但是随着日本经济的迅速发展,20世纪90年代前中期日元大幅度升值,航运成本也随之上升。同时日本海员的高工资以及国际航运竞争的加剧,都严重影响了日本航运企业的经济效益,导致大量日本籍商船向海外移籍。这导致日本航运业发生了重大的结构性变化,而且对日本海岛型经济的发展也构成了严重的威胁。为了扭转这种对日本不利的航运格局,1996年确定了国际船舶制度。它是日本政府对从事运输本国贸易物资的日本籍船,设立有关船舶海外让渡的申请、中止劝告制度、降低其登记许可证税以及固定资产税等的一套政策体系。旨在吸引日本远洋商船在本国登记注册,并保持具有一定数量的日本船员队伍,以恢复和重振日本商船队在世界航运市场上的强大竞争力。

3. 1997 年航运政策的改革

日本船舶所有人协会在 1996 年 8 月召开的理事会上决定修改 1997 年航运税制,并向运输省及政府的其他有关部门提交了税制改革方案。同年底,自民党税制调查委员会也通过了 1997 年税制改革大纲中与航运相关的改革措施。其主要内容如下:

(1)运税制的改革。继续实行现行的船舶特别折旧制度,并将折旧期限延长 2 年;国际船舶固定资产课税标准为 1/15,并将其适用范围扩大到一定数量的海外让渡船。

(2)船员政策。在船员雇佣方面,对正在进行的船员雇佣,提供 19800 万日元的补贴;对因公离职的船员给予 9900 万日元补贴;对向“外国船舶”派遣船员补贴 28400 万日元,并向“日本船员福利雇佣促进中心”提供共计 76500 万日元的船员技能训练事业费和技能训练派遣补贴。

(3)提倡自由竞争,放松行政管制。目前,日本政府在各个经济领域中正加紧推行鼓励竞争的政策。保留反托拉斯豁免权,并进而明确国际承运人得以享受反托拉斯豁免权的程序,以便各主管当局审查承运人之间草拟的合约。

四、中国的航运政策

1978 年 12 月,中共中央召开了十一届三中全会,会议确定了把工作重点转移到社会主义现代建设上来的战略决策,从此中国进入了社会主义建设新时期,即改革开放时期。随着改革开放的不断深化以及市场经济体制的过渡,中国从事国际远洋运输的国有航运企业的改革大致经历了以下几个阶段:放权让利阶段(1978 ~ 1984 年)、承包经营责任制阶段(1987 ~ 1991 年)、转换经营机制阶段(1991 ~ 1995 年)和建立现代企业制度试点阶段(1995 年至今)。与之同步的是,中国国际航运政策进行全面而重大的改革,从而形成了一个与由计划经济向市场经济过渡相适应的,具有明显的中国特色的国际航运政策体系。

1. 买船政策

改革开放以来,随着中国经济体制向市场经济过渡,国家造船与买船政策也出现了重大的调整。自 1981 年起,国务院决定凡是实行独立核算、有偿还贷款能力的航运企业,其包括造买船在内的基建投入,均由原先的计划拨款改为企业贷款。1997 年贷款利率下调至 10% 以下。

2. 货载保留政策

中国是世界上最大的、也是正在快步改革开放的发展中国家,其货载政策基本上可以以 1988 年为界,分为有货载保留和无货载保留两大阶段。20 世纪 80 年代以前,在中国自有远洋船队形成一定规模后,在国际运输任务中,基本上实行“国货国运”政策。然而,自 1988 年起,随着中国改革开放的进一步深化以及“复关”谈判步伐的加快,货载保留政策发生了重大的变革。1988 年 7 月 5 日,国务院口岸领导小组在《关于改革我国国际海洋运输管理工作的补充通知》中宣布:为实施沿海地区的经济发展战略,适应大进大出,发展外向型经济的需要,对外贸管理体制进行改革,货代、船代业务全部放开经营,对外贸进出口货物的运输不再执行中方派船比例和国轮承运的份额。国有航运企业全面转向市场揽货,货主可择优选择承运人。同时,运价也得到开放,实行随行就市。从 1988 年下半年起,中国在国际航运中的货载保留政策已基本取消,仅在已与巴西、泰国、孟加拉、扎伊尔、阿尔及利亚、阿根廷和美国等 7 国签订的双边航运协定中,尚有部分残留的货载分配条款。此后在交通部外事司发出的《关于答复欧共体在关贸总协定乌拉圭回合服务贸易谈判中对我具体要价的函》及《中国和欧共体航运会谈纪要》中,中国政府已对外公开承诺,在新签各种双边航运协定中将不再有此方面的内容。

3. 营运补贴政策

中国在营运补贴方面的政策不如有的外国那样明确。在20世纪80年代之前的计划经济时期,国有航运企业的全部盈亏由国家承担,一切大包大揽,因此无补贴政策之说。改革开放以来,对于以运量承包或利润承包的国有航运企业来说,其营运模式主要是自负盈亏,在政策上也无明文规定的营运补贴。

4. 其他政策

在沿航运输权政策方面,1987年10月1日施行的《中华人民共和国水路运输管理条例》规定:未经交通部准许,外商不得以任何形式经营我国沿海、内河运输。1992年7月25日,交通部在《关于印发〈关于深化改革、扩大开放、加快交通发展的若干意见〉的通知》中,允许适度发展中外合资水路运输企业,从事我国境内沿海和内河运输。1993年7月1日起施行的《中华人民共和国海商法》第4条明文规定:"中华人民共和国港口之间的海上运输和拖航,由悬挂中华人民共和国国旗的船舶经营,但是,法律、行政法规另有规定的除外","非经国务院交通主管部门批准,外国籍船舶不得经营中华人民共和国港口之间的海上运输和拖航。"1994年颁布的《船舶登记条例》进一步明确规定,中国籍船舶至少50%的所有权由中国公民或企业拥有,船员应为中国公民。在运价报备制度方面,为了促进航运市场的公平竞争,保护船舶所有人和货主的合法权益,交通部决定自1996年11月1日起实行班轮运输报备制度。同时还规定,在上海、浙江、江苏口岸从事国际集装箱运输的船公司,应当将其班轮运价向航交所书面报备;如变更运价,应提前30天向航交所书面报告。目前,班轮运价报备制度已在上海—欧洲等洲际干线上得到了较好的贯彻。

小　结

本章分析传统航运强国的传统航运政策,这些大国能成为世界性的航运大国,与其国家的航运政策是分不开的。因此,了解这些国家的航运政策就能了解这些国家成为航运强国的原因。传统的航运政策分为保护主义航运政策和自由主义的航运政策。目前,在经济全球化和一体化的趋势下,全球开始向自由主义航运政策过渡。这对中国的航运业发展很有利,由于中国是航运自由主义政策获益者,因此,中国未来的航运政策,应该继续高举自由主义航运政策旗帜。

思 考 题

1. 什么是自由主义航运政策?
2. 什么是保护主义航运政策?
3. 自由主义航运政策的理论依据有哪些?

参考文献

[1] IEA tatistics[DB/OL]. http://www. iea. org/stats/surveys/di/surv. pdf.

[2] UNCTAD Statistics[DB/OL]. http://unctad. org/en/pages/statics. aspx.

[3] The Economist[DB/OL]. http://www. ecomomist. com.

[4] Martin Stopford (1988). Maritime Economics. London (London: Routledge 11 New Fetter Lane), HarperCollinsAcademic, 77 – 85 fulham Palace Road Hammersmith.

[5] Deakin. B. M. and Seward, T. (1973). *Shipping Conference: A Study of their Development and Econimic Practices* (Cambridge: Cambridge University Press).

[6] Deane, P. andCole, W. A. (1969). *British Economic Growth*, 1688 – 1959, Cambridge: Cambridge University Press.

[7] Lewis, A. W. (1954) *Economic development with unlimited supplies of labour*, Manchester School of Economic and Social Studies, 22, 139 – 91.

[8] Rostow, W. W. (1958) *The Stages of Economic Growth: A non – communist manifesto*, Cambridge: Cambridge University Press.

[9] Williamson, J. and Miller, M (1987) *Targets and Indicators: A blueprint for the international coordination of Economic policy*, Washington: Institute for International Economics.

[10] BDI[DB/OL]. http://value500. com/BDI. asp/In July ,2012.

[11] 多恩布什,等. 宏观经济学[M]. 北京:中国人民大学出版社,1996.

[12] 高鸿业. 西方经济学[M]. 北京:中国经济出版社,1995.

[13] 郭国庆. 市场营销学[M]. 武汉:武汉大学出版社,1999.

[14] 吉利斯,等. 发展经济学[M]. 北京:人民大学出版社,1996.

[15] 朱富强. 博弈论[M]. 北京: 经济管理出版社,2013.

[16] J · M · 伍德里奇. 计量经济学导论[M]. 北京: 人民大学出版社,1996.